Susanne Becker (Hg.)
Zeit der Wunder

Susanne Becker (Hg.)
Zeit der **Wunder**

Wenn Kinder in
die **Pubertät**
kommen

ARISTON

Fotonachweis:
Uwe Frauendorf 3, 15, 26, Anja Frey 16-23, Werner Hartl 43, Heike von Lienen 28, 30-36, Axel von Lienen, 29, Kerstin Mönnich 1, 4-10, Björn Teichmann 25, Sofianos Wagner/Pressefoto Frinke 37-39, 45-47, Oleg Welk 2, 11-14, 24, 27, Susanne Zechmann-Hartl 40-42, 44.

Nach Absprache wurden Namen von Freunden und Familienmitgliedern geändert.

Bibliografische Information der Deutschen Bibliothek

Die Deutsche Bibliothek verzeichnet diese Publikation in der Deutschen Nationalbibliografie; detaillierte bibliografische Daten sind im Internet unter http://dnb.ddb.de abrufbar.

© Heinrich Hugendubel Verlag, Kreuzlingen/München 2006
Alle Rechte vorbehalten
Lizenz durch ZDF Enterprises GmbH

Textredaktion: Dunja Götz-Ehlert
Umschlaggestaltung: ZERO Werbeagentur, München
Lektorat: Usha Swamy
Produktion: Inga Tomalla
Satz: EDV-Fotosatz Huber/Verlagsservice G. Pfeifer, Germering
Druck und Bindung: Pustet, Regensburg
Printed in Germany

ISBN-10: 3-7205-2833-2
ISBN-13: 978-3-7205-2833-7

Inhalt

Vorwort: Die Zeit heilt alle Wunder 7

1. Das Ende der Kindheit 14
Rebecca: Bin ich jetzt eine Frau? 14
Renke: Ich bin, wie ich bin, aber ich werde
halt erwachsen 26
Florine: Pubertierende Jungs sind das Letzte! 45
Moritz: Pubertät ist Love, Sex and Rock'n Roll 60
Man wird größer, alles verändert sich: Biologische,
psychische und soziale Veränderungen in der Pubertät 72

2. Verbotene Sachen 84
Rebecca: Raus hier!!! 84
Renke: Wenn ich nachgebe, bin ich ein Loser 97
Florine: Ich kann jetzt meiner Mama
auf den Kopf spucken 113
Moritz: Ich bin eher so ein Ausgeflippter 122
Nein, du bist ein ganz normaler Mensch! –
Unterschiede im Zeitpunkt der körperlichen Reife
in der Pubertät 131

3. Flugzeuge im Bauch 140
Rebecca: Ich habe praktisch keinen Respekt mehr
vor meinen Eltern 140
Renke: Ich möchte Schlagzeug studieren! 154
Florine: Die Pubertät ist noch nicht zu Ende 171
Moritz: Es muss aus Liebe sein 187

Die anderen dürfen das aber! – Von der Mehrheit abweichen:
Folgen im Jugend- und Erwachsenenalter 204

Anhang 221
  Literatur 221
  Die Autoren 222

Vorwort: Die Zeit heilt alle Wunder

von Susanne Becker

Zwischen Wunden und Wundern

„Bin ich jetzt eine Frau oder bin ich's eigentlich nicht? Irgendwie bin ich so ein Mischmasch, eigentlich bin ich ja nichts", überlegt die 12-jährige Rebecca in einem der ersten Gespräche mit uns. „Ich bin irgendwie nichts", sagt auch Renke, 14, gegen Ende dieser Geschichte. Dazwischen liegen lange Jahre voller Staunen, Schmerzen, Herausforderungen und ungeahnten Verwicklungen – Jahre, die weder Rebecca noch Renke sich so vorgestellt hatten. Eine für sie sehr wichtige Zeit, die diese beiden und zwei weitere Teenies, Florine und Moritz, uns miterleben lassen. Für eine Fernseh-Dokumentation und dieses Buch dürfen wir bei ihrem ganz persönlichen „Abenteuer Pubertät" dabei sein: offen für alles Erstaunliche, Verletzende und auch Wunderbare, was sie für die Kids bereit halten.

Es ist eine Zeit des Wunderns und tiefer Wunden, diese Zeit, die jeder einmal durchmacht. Wenn Kinder in die Pubertät kommen, dann wankt die Welt, nicht nur für sie selbst, sondern für alle, die mit ihnen zu tun haben. Sie werden zum Rätsel – unberechenbar, launisch, provokant, schockierend. Warum das so ist, und was beim Erwachsenwerden in Körper und Psyche geschieht, erforschen vor allem Entwicklungspsychologen in immer spannenderen Untersuchungen. Die Pubertät als vielleicht „größte Krise des Lebens", als Abschied von der Kindheit und Schritt in die völlig fremde Welt der Erwachsenen, und nicht zuletzt als „umfassendster Gestaltwandel (siehe Seite 73)": So fassen sie diese Phase zusammen. Überraschende Zusammenhänge zwischen körperlichem Wachstum, seelischer Reifung und den emotionalen Spannungen dazwischen kommen zutage. Neue Erkenntnisse lassen uns staunen, warum – vor allem für Mädchen – die Pubertät immer früher beginnt, wie Hormone ihre Launen bestimmen, welche Rolle die Gene spielen, die Ernährung, der Sport.

Doch so viele Fragen bleiben offen. Was geht in den Kids vor, wenn die Tür knallt? Wenn am Bügelbrett der Mutter die Wut eskaliert? Wenn beim Kräftemessen der Stiefvater der Stärkere bleibt? Wie sehen die Teenies selbst diese Welt, die sie zurücklassen – und mit welchen Erwartungen oder Befürchtungen tun sie den vielbeschworenen Schritt hin zum Erwachsensein? Wie erleben sie die Wunden und die Wunder dieser Zeit – ihre Pubertät?

Die ZDF-Dokumentation „Zeit der Wunder" fragt ausdrücklich nach den Gefühlen beim Erwachsenwerden. Rebecca und Florine, Renke und Moritz – Kids in Leipzig und Bayern, die über zweieinhalb Jahre ein Kamerateam begleitet: durch Abgründe und bei Höhenflügen, auf der berühmten Achterbahn der Emotionen, und durch ihren Alltag zwischen Familie, Schule, Freunden und Feinden. Als 12-Jährige lernen wir sie kennen:

- Rebecca, die eben noch ein liebes Mädchen war, jetzt aber ankündigt: „Vorsicht, ich kann richtig zickig sein!" und selbstbewusst ihr neues Hobby präsentiert: Flirten.
- Renke, der als Größter in der Klasse immer noch am liebsten Waffen bastelt und Ritterspiele spielt und mit Mädchen überhaupt nichts anfangen kann.
- Moritz, der so gerne größer wäre und für den gerade seine Muskeln, seine Klamotten und seine Frisur ungeahnt wichtig werden – er hätte schon gerne eine Freundin.
- Und die träumerische Florine, die jetzt ernsthaft mehr über die Welt erfahren möchte, und die über die andere Seite des Schulhofs ohne Gnade richtet: „Pubertierende Jungs: furchtbar."

Sie spüren schon, dass ihre gewohnte Welt aus den Fugen gerät. Etwas Neues, völlig Unvorhersehbares beginnt ... Wie erleben die Vier ihre ganz persönliche Reise aus der Kindheit? Und wer werden sie sein – fast drei Jahre später?

Am Anfang

Im Frühling 2004 wurden an Schulen in Bayern und Leipzig Flyer verteilt, die unser neues Fernsehprojekt beschrieben: Die Hamburger Produktionsfirma doc.station suchte für eine Dokumentation Kinder im Alter von 11 bis 12 Jahren, die zusammen mit ihren Familien bereit waren, sich die kommenden zwei Jahre lang von einem Fernsehteam begleiten zu lassen und damit eine größere Öffentlichkeit ihre gerade anstehende, persönliche Entwicklung und schon fühlbare immense Umwälzung ihres Lebens erleben zu lassen. Irgendwie attraktiv, aber auch keine leichte Entscheidung für einige. Und doch: „Ich war gleich gespannt darauf, was das Fernsehen wohl daran interessiert, wenn ich erwachsen werde", sagt Renke von Lienen, der als damals 12-Jähriger seine Eltern davon überzeugte, bei der Sache mitzumachen. Er war ja selbst neugierig darauf, was da wohl kommen würde: Pubertät, für ihn war das irgendwann „eine Art Ausprobierphase".

„Es gab einige Lehrer, die unser Vorhaben gleich Klasse fanden und unser Casting unterstützten", erzählt Martina Sprengel von doc.station, die in dieser Zeit zahllose Gespräche mit Schulen, Kindern und Familien führte. Wir hatten gemeinsam die Idee entwickelt, das Thema Pubertät aus der Sicht der Kinder selbst über einen längeren Zeitraum zu erzählen. Jetzt waren wir gespannt, ob die gefragten Teenies überhaupt „Bock" haben würden, sich auf so eine lange und persönliche Geschichte einzulassen!

Doch tatsächlich haben fast 300 Kinder und ihre Familien die Bewerbungsbögen ausgefüllt und darüber nachgedacht, wie das wohl wäre, in Begleitung eines Kamerateams in die Schule zu gehen oder zu Hause den Abwasch zu erledigen, oder eben auch neue Freunde zu finden, auf neue Parties zu gehen, neue Abenteuer zu erleben. Natürlich sollten sie auch immer wieder in Interviews über all dies Neue nachdenken und es erzählen. Darüber hinaus gab es die Aufgabe, mit einer eigenen kleinen Kamera selbst zu filmen. Sie konnte als Videotagebuch dienen, dem man Geheimnisse oder Stimmungen anvertraute. Oder auch als willkommene Gelegenheit, endlich die eigenen Filmideen umzusetzen und ein eigenes Video zu drehen.

Vier Kinder in Leipzig und Bayern starteten also in ihr Fernseh-Abenteuer, dazu noch Benni (12) und Susanne (11) im bayerischen Holzkirchen, da zusätzlich zur ZDF-Dokumentation auch eine Doku-Serie für arte über insgesamt sechs Kinder gedreht wurde. Das Autorenteam Dominique Klughammer, die bereits für ihre mit viel Feingefühl erzählten Reportagen bekannt und preisgekrönt ist und Wolfgang Klauser, der zu den Kindern schnell einen eigenen „Draht" entwickelte, besprachen alles nun Anstehende mit den Familien. Eltern setzten Grenzen, Kinder sicherten sich Freiräume, Familien freundeten sich mit der Kamera und den Kamerateams an, Filmemacher tasteten sich ran an Kinderzimmer, Küchendiskussionen und Treffpunkte im Wald: Aufbruchstimmung zu einem außergewöhnlichen und spannenden Projekt für alle Beteiligten.

Die Dokumentation

„‚Zeit der Wunder' ist etwas ganz Besonderes" sagte Karina Weichold am Telefon. Sie hatte gerade die ersten Rohschnitte nach eineinhalb Jahren Drehzeit gesehen und erläuterte mir die Entwicklung der Kinder aus wissenschaftlicher Sicht: Dr. Weichold forscht und lehrt Entwicklungspsychologie an der Friedrich-Schiller-Universität in Jena, mit Spezialgebiet Pubertät. Sie hat die gesamte „Zeit der Wunder" beratend begleitet – vom Casting über die ersten Interviews und Material-Zusammenschnitte bis hin zur Analyse der Entwicklung bei Dreh-Ende. „Sowas gibt es im Fernsehen gar nicht mehr", meinte sie ermunternd, „haben Sie mal ‚Die Kinder von Golzow' gesehen"?

„Die Kinder von Golzow" – ein ambitioniertes Filmprojekt der DEFA, begann 1961 damit, die Kinder einer ersten Klasse in der Grundschule Golzow zu porträtieren und durch ihr Leben zu begleiten. Gedacht zunächst als Chronik des Alltags in der DDR wurde daraus ein faszinierendes Dokument über 40 Jahre persönlicher Schicksale vor dem Hintergrund der wechselvollen Zeitgeschichte. Die mit viel Sympathie erzählten völlig unterschiedlichen Biografien spiegeln die Zeitläufte aus ganz eigenen Blickwinkeln – und sie lassen den bei solchen Experimenten gerne gesagten Satz in neuem Glanz erstrahlen: den Satz, dass das Leben die besten Drehbücher schreibt. Und der trifft, trotz anderer Rahmenbedingungen, auch auf „Zeit der Wunder" zu.

Ähnlich wie bei dem Golzow-Projekt ist auch bei „Zeit der Wunder" die Perspektive wichtig. Aus einem neuen Blickwinkel eine bekannte Geschichte zu sehen, kann faszinierend sein, und das Thema Pubertät wird klassisch zumeist aus Sicht der begleitenden Erwachsenen behandelt. Nach längerer Ruhe um das Thema entstanden in den vergangenen Jahren wieder zahlreiche Veröffentlichungen über Pubertät. Viele davon verbinden die neuen wissenschaftlichen Erkenntnisse mit praktischer Erziehungshilfe, gerichtet an „betroffene" Eltern. Da gibt es eine ganze Reihe bestens recherchierter und bitter-süßer Leidensberichte, Ratgeber und „Überlebens-Trainings" im Angesicht von „Pubertisten", „Primadonnen" oder „Prahlhänsen", die das häusliche Gefüge zur Grenzerfahrung machen. 1999 erschien „Crazy", der autobiografische Roman von Benjamin Lebert, der ein Bestseller und Kinofilm wurde und ein großes Publikum über das Erlebnis des Lebens als 16-Jähriger staunen ließ. Manche erinnerte er an die Klassiker der Entwicklungsliteratur – Goethes Wilhelm Meister, Hesses Peter Camenzind, oder den jungen Hanno Buddenbrook, dessen Perspektive das wohl unvergesslichste Kapitel von Thomas Manns Familiensaga gewidmet ist. Dabei ist es immer der Blick der Jungen selbst auf die kleinen und großen Dinge ihres Lebens, der die Frage nach dem Erwachsenwerden neu, ernst und existenziell stellt. Wenn dieser Blick in der neueren Pubertäts-Literatur vorkommt, so oft kurz und augenzwinkernd – wie im treffenden Motto des „Pubertisten": „Solange ich meine Beine unter euren Tisch strecke, könnt ihr gefälligst auch meine Wäsche waschen." (siehe Literaturhinweise). In „Zeit der Wunder" soll aus der Sicht der Teenies selbst die Geschichte erzählt werden.

Mit dem wirklich selten gewordenen Fernseh-Genre der Langzeitbeobachtung spürt „Zeit der Wunder" der Verwandlung der Kinder nach, bis sie wie fremde Wesen mittendrin stecken, in ihrem Abenteuer Pubertät. Immer wieder sprechen sie in sowohl spontanen als auch Tiefen-Interviews über das Erlebte aus ihrer persönlichen Sicht. Komisch, traurig und manchmal überraschend wunderbar entstehen persönliche Bilder von unvorhersehbaren Reisen ins Erwachsenenleben. Anhand dieser intensiven Gespräche und der immer vertrauter werdenden Begegnungen beschreiben Dominique Klughammer und Wolfgang Klauser die „Zeit der Wunder" von Rebecca und ihrer Freundin Susanne aus Bayern und Moritz, Renke und Florine aus Leipzig auch ausführlich für dieses Buch. Manchmal dürfen wir bei ganz persönlichen Situationen nah dabei sein – und dabei die verstörte Umgebung und die eigene Verwirrung der jungen Helden ganz neu sehen und verstehen.

Das Buch

„Viel Glück mit den Mädels" so verabschiedet die Friseurin Moritz nach seinem alles entscheidenden Haarschnitt – bald schwärmt er für „eine aus der b" – und dann: kommt sie, die heiß ersehnte Freundin? „Es ist eine Ehre mit ihr befreundet zu sein." sagt anfangs Susanne über Rebecca, doch die zieht bald nur noch mit Älteren und Jungs herum, und übt sich im knallharten Nahkampf mit den Eltern. „Ich will noch mindestens zwei Jahre Jungfrau bleiben.", schwört Florine – oder hat auch sie „Flugzeuge im Bauch"? Was ihnen alles passiert in dieser Zeit, hätte sich niemand so vorstellen können. So, wie die Filme ganz nach den Regeln der Dokumentation gemacht sind – ohne versteckte Kameras oder andere Überraschungen – so geht auch das Buch offen und neugierig mit in ihre eigene Zeit des Wunderns.

Dieses Buch erzählt ihr Abenteuer Pubertät in drei großen Kapiteln. Teil 1, „Das Ende der Kindheit", stellt die Kinder und ihre Familien im Moment des ersten Schocks auf allen Seiten vor – hoppla, eben war hier doch noch alles in Ordnung – warum jetzt das Geschrei? Warum sind Eltern plötzlich doof? Warum darf ich nicht was die anderen dürfen? In Teil 2, „Verbotene Sachen", hat man sich zwar daran gewöhnt, dass alles anders wird, die Wogen schlagen aber trotzdem hoch, wenn Geheimnisse gelingen oder noch rechtzeitig verhindert werden sollen. In Teil 3, „Flugzeuge im Bauch", sind die Kinder aus dem ersten Kapitel – teils gereift, teils noch auf rasender Reise – irgendwo auf einem anderen Stern gelandet, und wir dürfen gespannt sein, wie sie von da aus wieder auf die Erde zurückkehren. Dabei werden die Beobachtungen der Autoren verbunden mit Ausschnitten aus Interviews, Gesprächen mit Familien und Freunden, Video-Tagebüchern der Kinder und Aussagen aller Beteiligten. Wissenschaftliche Kommentare runden ihre Geschichten ab: Die Entwicklungspsychologin Karina Weichold beobachtet die Abenteuer der Vier aus dem Blickwinkel der Pubertätsforschung und erläutert manch überraschende Wendung vor dem Hintergrund neuester Erkenntnisse.

An dieser Stelle mein Dank an Dominique Klughammer, Wolfgang Klauser und Karina Weichold für die gemeinsame Arbeit an den Filmen und an diesem Buch; an Martina Sprengel, Bernd Reufels und die Partner bei doc.station und montage+ für die große Anstrengung, die diese Produktion bedeutete, an meine Chefs beim ZDF, Peter Arens und Klaus Heckenhahn, für ihr Vertrauen und ihre Unterstützung bei diesem außergewöhnlichen Doku-Projekt; an unsere arte-Partner Heiko Holefleisch und Anne Even für die konstruktive und partnerschaftliche Zusammenarbeit; an meine EPLs Donald Jenichen und Andreas Wolf für die erstaunliche Ermöglichung des Unmöglichen; an Petra Staab und Olga Pessina für ihre absolut zuverlässige Redaktionsarbeit auch während meiner Babypause; an Usha Swamy vom Heinrich Hugendubel Verlag für ihren Mut zu diesem Buch; an meine Schwägerin Katharina und ihre Töchter Anna (19) und Solveig (13) für fachkundige Beratung und natürlich an meine Familie – Bernhard, Max und Leo – die noch Lichtjahre von den Wundern der Pubertät entfernt ist!

Ja, und ganz besonderen Dank an Rebecca Hartl, Renke von Lienen, Florine Baumbach, Moritz Mönnich, Benni Lecce und Susanne Thurner! Dank auch an die Familien. Danke, dass wir diese Filme und dieses Buch mit Euch zusammen machen durften. Das war ein wirkliches Abenteuer, auch für uns. Zusammen genommen schaffen Dokumentation und Buch ja einen ungewöhnlichen Einblick in das persönliche Leben von Kindern und Familien in einer besonderen Zeit. „Eigentlich bin ich nichts" – nicht mehr Kind und noch nicht erwachsen – Wunden, die die Zeit selbst heilt, so hoffen die Beteiligten immer wieder: „Wir kommen schon durch diese Pubertät durch!" Und doch, so dürfen wir erfahren, ist sie nicht nur ein Horrortrip. Wie singt Judith Holofernes von „Wir sind Helden" so tröstlich und schön – „… auch das größte Wunder geht vorbei!" Es gibt sie, die schönen Momente – und wir dürfen mit dabei sein.

1. Das Ende der Kindheit
Rebecca: Bin ich jetzt eine Frau?

von Dominique Klughammer

Was ist Pubertät?
Rebecca: „Ich verstehe unter Pubertät, dass die meisten Mädels dann immer zickig sind oder dass sie einfach Launen haben. Oder sie kriegen andere Interessen als in der Kindheit und wissen oft nicht: Bin ich jetzt eine Frau oder bin ich's eigentlich nicht? Irgendwie bin ich so ein Mischmasch, eigentlich bin ich ja gar nichts. Und dann ärgert man sich über sich selber, dass man so hässlich ist, dass man so fett ist, und im Grunde genommen müssen die Eltern einen dann doch wieder trösten, und sagen: ‚Nein', du bist ein ganz normaler Mensch.'"

Am Anfang
Bei unserer ersten Begegnung im März 2004 warnt mich Rebecca: „Ich bin vom Sternzeichen her Zwilling. Das heißt zu 50 Prozent bin ich freundlich, hilfreich und nett, den Rest der Zeit musst Du Dich allerdings auf ein zickiges, stures und freches Girl einstellen. Ich raste oft aus." Sie schaut mich mit forderndem Blick an und grinst selbstbewusst. Da ist Rebecca gerade mal 12 Jahre alt. Dass sie eine gute „Kandidatin" für unser langes Doku-Projekt über Pubertät sein könnte, ahne ich sofort.

Seit Wochen schon machen wir Castings an bayerischen Schulen und verteilen dort Fragebögen, um die Kinder von ihrem Entwicklungsstand her erst einmal zu verstehen. Dabei werden wir von einer Entwicklungspsychologin beraten. So erfahren wir, dass Rebeccas Körper vermutlich bald einen größeren Schub machen wird – es könnte also auch in dieser Hinsicht interessant werden. Aus Rebeccas Fragebogen geht außerdem hervor, dass sie Kindergärtnerin werden will und momentan total auf Avril Lavigne und Anastacia abfährt, dass sie Basketball spielt und reitet. Weiteres Hobby: Flirten. Ich frage Rebecca, was sie darunter versteht. „Jungs fertig machen. Was sonst?"

Ihre direkte Art gefällt mir. Sie hat keine Hemmungen vor der Kamera und sie weiß schon ziemlich genau, was sie will. Was sie nicht will, weiß sie allerdings noch genauer. Das wird die Dreharbeiten mit ihr immer wieder etwas „anstrengend" machen, aber dazu später.

Steckbrief: Rebecca Lena Hartl
im April 2004

Alter: 12 Jahre
Geburtstag: 27. Mai 1991
Größe: 1,55 m
Schuhgröße: 36
Gewicht: 42 kg
Lieblingsessen: Hauptsache Nudeln
Zuhause: Reiheneckhaus in Holzkirchen (südlich von München)
Schule: Gymnasium Tegernsee, Klasse 6d
Mutter: Sozialpädagogin (momentan Hausfrau mit Teilzeitjob)
Stiefvater: Beamter
Geschwister: 2 Halbbrüder (Dominik und Johannes), 1 Halbschwester (Veronika); Johannes und Veronika leben beim leiblichen Vater, Dominik (9 Jahre) wohnt im selben Haus mit Rebecca
Taschengeld: 20 Euro im Monat
Berufswunsch: Kindergärtnerin
Sommerferien: 2 Wochen Italienurlaub im Campingmobil mit Eltern und Bruder, anschließend 2 Wochen mit Oma und Opa in der Steiermark
Hobbys: Basketball, Reiten, Lesen
Spitzname: Becky
Lieblingsfach: keines!!!
Lieblingsgruppe: Shania Twain, Avril Lavigne

Rebecca Lena Hartl ist in München aufgewachsen. 1999 zieht sie mit ihrer Mutter Susanne, ihrem Stiefvater Werner und ihrem um drei Jahre jüngeren Halbbruder Dominik nach Holzkirchen – in Rebeccas Augen „ein Scheißkaff, wo absolut nichts los ist." Der wohlhabende 16.000-Einwohner-Ort liegt 30 Kilometer südlich von München und hat die Berge und den romantischen Tegernsee direkt vor der Haustür. Bayern wie aus dem Bilderbuch.

In diesem Frühling 2004 weiß das bald 13-jährige Mädchen nichts mit sich anzufangen. Im Garten oder mit ihrem kleinen Bruder zu spielen macht immer weniger Spaß. Das ist Kinderkram und als Kind fühlt sich Rebecca nun wirklich nicht mehr. Sie ist dabei sich zu verändern –

wird größer, selbstbewusster und vor allem zickiger, und das spürt die ganze Familie. Als „Beinahe-Teenager" möchte sie endlich ernst genommen und nicht mehr als Kleinkind behandelt werden.

Die Familie Hartl wohnt in einem Reiheneckhaus mit Garten, Rebeccas Zimmer ist schön groß und sonnendurchflutet, sie hat sogar einen eigenen kleinen Balkon. Doch sie kann dieses „Kinderzimmer" nicht mehr ertragen: An der Wand Pferdetücher und Pferdeposter, im Regal Pferdebücher und das komplette Diddl-Sortiment vom Schmuckdöschen bis zum Briefpapier, auf der Bettdecke wachen Plüschtierchen über das Kinderreich.

Aus dem ersten Interview im Juni 2004:

Denkst du, dass dir deine Eltern genügend Freiheiten geben?
Rebecca: „Im Winter beim Ausgehen, das ist noch ein bisschen wenig. Mal schauen, ob das diesen Winter besser wird. Ich bin ja älter geworden, und meine Mama hat vielleicht auch ein bisschen mehr Verstand in dieser Hinsicht bekommen.

Worüber ich eigentlich zufrieden bin, ist, dass meine Mama das akzeptiert, dass mein Zimmer mein Reich ist, mehr oder weniger. Oder dass ich mit meinen Freundinnen Sachen bespreche, die sie nichts angehen. Das akzeptiert sie auch, und das finde ich gut so, weil es gibt auch andere Eltern, die sagen: „Nee, du bist immerhin unsere Tochter, und wir wollen das jetzt wissen, und jetzt sag schon." Oder dass das dann so ausartet wie bei einer Freundin, dass der Vater dann eben aggressiv wird, wenn sie nicht gleich spurt."

Wenn du künftig länger wegbleiben willst, wo möchtest du dann hin?
Rebecca: „In den Ferien zum Beispiel in die Eisdiele, dass ich da am Abend bis um acht, halb neun bleiben kann. Oder auch dass ich mit ein paar Freundinnen am Tegernsee baden gehen darf, und dann fahren wir mit dem Zug abends um zehn oder so zurück, aber wirklich nur, wenn wir mindestens vier sind. Aber das erlaubt meine Mama nicht. Da kann ich sie dann auch verstehen, aber nächstes Jahr sollte sich das vielleicht dann doch irgendwann ändern.

Partys sind generell schlecht. Es gibt bei uns viele Mädchen, die sind erst 12 und sagen, das interessiert mich noch nicht so, ich finde Jungs und Partys langweilig, da sitze ich lieber zu Hause und lese ein

Buch. Und wenn mal eine Party ist, sind dann da lauter Kiffer und widerliche Typen."

Was sollten denn deine Eltern ganz dringend ändern?
Rebecca: „Ich möchte, dass es ihnen komplett egal ist, was ich in meinem Zimmer mache, dass mein Zimmer mein Reich ist, und wenn da Saustall ist, dann ist da Saustall. Dann muss ich halt irgendwann mal saugen, aber dann kann meine Mutter mir nicht sagen: „Du räumst auf, sonst darfst du nicht zu einer Freundin gehen." Das muss sie unbedingt bleiben lassen. Denn dann schalte ich auf stur und räume erst recht nicht auf."

Kinderzeit
Von Rebeccas Kindheit gibt es etwa 20 Fotoalben, jeder kleine Moment in ihrem Leben ist liebevoll festgehalten. Als Kleinkind ist sie ziemlich unkompliziert, freundlich und kommunikativ und sie schläft von Anfang an wunderbar durch. Bald entdecken die Eltern die Leidenschaften ihrer Tochter: Zahlen, Bücher und vor allem Sport. Mit Skifahren, Reiten und Basketball verbringt Rebecca auch heute noch einen Großteil ihrer Freizeit.

Mutter Susanne erinnert sich gern an Rebeccas erstes Lebensjahr: „Rebecca hat nach dem Aufwachen immer sofort laut losgeplärrt. Wenn sie dann was zu futtern hatte, war die Welt wieder in Ordnung, sie saß dann da wie ein kleiner Buddha mit süßen Speckröllchen und hat mich angestrahlt. Es zählten nur die berühmten drei S: Schlafen, Saufen, Scheißen." Sie erzählt, dass Rebecca als Kind glücklich und sorglos wie in einem Kokon lebte – bis sie etwa vier Jahre alt war. Dann begann sie eigentlich direkt zu pubertieren, meint die Mama halb scherzhaft. Rebecca hatte anscheinend ganz früh schon ihre eigene, praktisch unabänderliche Sicht auf die Dinge. Die Realität musste sich dieser Sicht dann eben anpassen, selbst wenn man dazu den Lauf der Dinge hätte verändern müssen! Diese Sturheit und gleichzeitig dieses Selbstbewusstsein ist Rebecca bis heute geblieben ...

**Aus dem ersten gemeinsamen Interview
mit Rebecca und ihrer Mutter**

In der Küche: Rebecca weigert sich strikt, ihrer Mutter währenddessen beim Kochen oder Tischdecken zu helfen.

Was ist denn momentan euer Hauptthema oder auch euer größtes Problem?

Mutter: „Das ist schwierig, Jungs noch nicht. Die Ausgehzeiten auch nur bedingt, es geht mehr um Rebeccas Selbstbestimmtheit, ob sie, was sie und wann sie etwas tun soll und dass sie das selbst bestimmen möchte. Also schlichtweg diese typischen Mutter-Tochter-Machtkämpfe. Die führen wir im Moment am meisten. Und dieses Sofort-Beleidigtsein, wenn man meint, die Kritik ist falsch. Oder wenn die Mutter wieder vollkommen unbegründet schimpft." (aufmunterndes, ironisches Grinsen in Richtung Rebecca)
Rebecca: „Genau. Das ist nämlich eigentlich andauernd so."
Mutter: „In den Ferien läuft es ja immer relativ entspannt. Wenn dann der Schulalltag wieder anfängt, ist es schon was anderes. Und für mich ist natürlich auch das Loslassen ein ganz großes Problem. Ich merke schon, dass die Rebecca mehr Loslassen fordert, als ich bereit bin zu geben."

Gab es ein Schlüsselerlebnis, wo du überrascht festgestellt hast, dass deine Tochter schon groß geworden ist?

Mutter: „Ja, witzigerweise im Außenverhalten, im Verhalten gegenüber anderen. So in der Familie, da denke ich mir manchmal: Ist sie überhaupt schon 13?"
Rebecca wirft ein: „Also, damit sind Rülpsen, Essverhalten etc. gemeint."
Mutter: „Ja, das betrifft die Manieren. Aber wenn man dann mal woanders ist, dann denkt man sich: Ach, die Erziehung hat doch gefruchtet! Oder was ich ganz toll finde, ist ihr Umgang mit kleinen Kindern ... So mit Zwei-, Dreijährigen, die gerade anfangen, sich zu artikulieren. Und das macht sie auch total gerne, mit denen dann spielen, die beschäftigen. Das gefällt mir eigentlich total gut, wie sie das macht."
Rebecca (schnippisch): „Ich bin eben doch nicht so unbegabt."
Mutter: „Was mir noch einfällt, was ein Riesenthema ist, das ist das Zimmer aufräumen. Aber wenn man sich mal so umhört, ist überall der Ordnungssinn der Kinder ein anderer als der der Mütter. Ich habe mal meine Mutter gefragt, denn ich dachte, das war ja voll-

kommen easy mit mir. Die hat dann bloß die Hände über dem Kopf zusammengeschlagen."
Rebecca: „Jetzt weiß ich das auch endlich einmal. Du erzählst mir ja gar nichts."
Mutter: „Nein, du musst ja auch nicht alles wissen."
Rebecca: „Aber jetzt weiß ich es."
Mutter: „Ja, doch manchmal kommt sie mir schon ganz erwachsen vor, und manchmal kommt sie mir noch sehr kindlich vor. Das Lotteriespiel ist immer: Auf welchem Fuß erwischst du sie gerade? Manchmal denkst du ja, jetzt mal von Erwachsenem zu Erwachsenem, und dann: ‚Oh, nein, das war doch der falsche Fuß, doch mehr der kindliche.' Das ist manchmal ein bisschen schwierig zu erraten."

Aufräumen!
Der erste Drehtag ist im Juni 2004, Rebecca ist gerade 13 geworden, jetzt darf sie sich also endlich zur Spezies Teenager zählen. Der neue Lebensabschnitt beginnt mit einem Signal – die komplette Umgestaltung ihres Zimmers steht an. Britney Spears und sämtliche Pferdebilder werden abgehängt, Anastacia und orange Saritücher aufgehängt. Überhaupt: Das, was sie bis vor kurzem noch geliebt hat, ist jetzt alles einfach nur noch „voll peinlich". Auch in den Kleiderschrank darf ich erst einmal keinen Blick werfen, da sind ja auch noch Nikkipullis und Sweatshirts mit süßen Tiermotiven zu finden. Raus damit. Rebecca füllt den Schrank mit ein paar eng anliegenden und bauchfreien T-Shirts und beschwert sich währenddessen über die kindischen Jungs in ihrer Klasse, die immer noch mit Playmobilfiguren spielen und „total hinterm Mond lcbcn". Deswegen hat Rebecca ausschließlich Kontakt zu den Mädchen in ihrer Klasse. Insgesamt sind sie 30 Schüler in der Klasse, genau die Hälfte davon sind Mädchen.

Die beste Freundin
Rebeccas Tag beginnt morgens um sechs. Sie quält sich so früh aus dem Bett, da sie unbedingt 45 Minuten im Bad braucht. Schminken (für die Schule) ist noch nicht angesagt, eher lange duschen und herumtrödeln. Die Schulsachen packt sie immer schon am Abend zuvor, da sie morgens „völlig Banane im Kopf" ist. Schlaftrunken geht Rebecca also die paar Meter zum Bahnhof Holzkirchen, wo sie jeden Tag ihre beste

Freundin Susanne trifft. Gemeinsam fahren die beiden mit dem Zug nach Tegernsee. 25 Minuten bleiben für den neusten Klatsch und Tratsch, das muss sein, denn die beiden Mädchen teilen die große Leidenschaft fürs Ablästern.

„Becky" und „Su" besuchen die sechste Klasse am Gymnasium Tegernsee und verbringen auch außerhalb der Schule jede freie Sekunde zusammen. Susanne ist 11, fast anderthalb Jahre jünger als Rebecca. Aber: Vor kurzem hat sie jemand sogar schon auf 12 geschätzt! Susanne meint, das liege an ihrem Henna-Tattoo, das auf ihrem Oberarm. Körperlich sind die beiden relativ weit entwickelt, und sind – zumindest meistens – stolz darauf, „Frühzünder" zu sein: „Wenn ich die Freundinnen in Holzkirchen mit mir vergleiche, würde ich sagen, ich bin eher ein Frühzünder. Und wenn ich die in Tegernsee mit mir vergleiche, würde ich sagen, wir sind relativ gleich weit entwickelt, sowohl körperlich als auch geistig. Und die Su, da würde ich immer sagen, die ist ein totaler Frühzünder, die ist eineinhalb Jahre jünger als ich und ist eigentlich mehr oder weniger auf dem gleichen Stand" sagt Rebecca. Aber die emotionale Berg- und Talfahrt in der Pubertät ist für sie schon manchmal ziemlich verwirrend.

Susanne und Rebecca verbindet eine innige Freundschaft, als ich die beiden im Frühling 2004 kennenlerne. Gleichzeitig sind sie ein sehr ungleiches Gespann. Die freche, selbstbewusste Rebecca hat ihre jüngere Freundin Susanne fest im Schlepptau. Susanne wirkt noch wie ein süßes Kind. Sie musiziert zu Hause mit ihren Eltern, sonntags geht sie zum Ministrieren in die Kirche. Zum zwölften Geburtstag wünscht sie sich eine Schnitzeljagd und Kuchen. Seit Monaten führt sie ihren allerersten kleinen Kampf mit ihrer Mutter, es geht um die Bettgehzeiten. Susanne will künftig bis acht Uhr wach bleiben dürfen. Aber sie hat keine Chance gegen ihre Mutter anzukommen, die auf einem ruhigen Feierabend ohne Kinder besteht. Und so muss Susanne um halb acht ins Bett, genauso früh wie ihre um drei Jahre jüngere Schwester Lena, und das findet Susanne „wahnsinnig ungerecht". Sie traut sich aber nicht zu rebellieren, weil sie immer Angst hat, ihre Eltern zu verletzen. „Dann sage ich halt weiterhin zu allem Ja und Amen, aber manchmal hasse ich mich dafür. Ich bin doch kein Baby mehr!" Rebecca geht gegen halb zehn ins Bett, größere Diskussionen darüber mit den Eltern gibt es nicht.

Susannes Bewunderung für Rebecca ist zu Beginn unseres Drehs schier grenzenlos:

„Sie ist mein Vorbild, sie ist die absolute Klassendiva, eine Traumfrau. Ich finde, es ist eine Ehre, mit ihr befreundet zu sein. Irgendwann möchte ich auch mal so werden wie sie." Rebecca ihrerseits sieht die Sache ganz klar: „Ich komme deswegen besser bei den Jungs an, weil ich denen immer Kontra gebe. Ich schlage zurück."

Jungs
Rebecca scheint das Spiel, das Taktieren zwischen Jungs und Mädchen schon bei den anderen, etwas älteren Mädchen abgeguckt zu haben. Auch wenn der Flirt noch eher als Herumhacken, Piesacken und hysterisches Gekichere verstanden wird, so sieht sich Rebecca doch schon als große Männerversteherin und vor allem als Kupplerin: „Bei Susanne muss man halt nachhelfen. Sie ist viel zu schüchtern", meint sie wissend.

Verliebt, oder besser: verknallt sind die beiden ständig, sie haben auch schon kleine Beziehungen gehabt – „So ein, zwei Wochen mit einem gehen und dann ist meistens schon wieder die Luft raus. Wenn man sich jeden Tag sieht, weiß man irgendwie bald gar nicht mehr, was man machen und reden soll. Und immer rote Rosen und so – nein danke! Romantischer Scheiß ist das. Hihihi."

Rebecca und Susanne können mit dem Gefühl des Verliebtseins noch nicht viel anfangen, meistens werden Gespräche über das, was in ihnen vorgeht, ganz schnell von Albernheiten abgelöst. Alle Fragen, die sich dem Thema Sexualität auch nur nähern, sind noch völlig tabu. Zumindest ich, eine neugierige Erwachsene, darf einige Fragen partout nicht stellen. Dann besprechen sich die Mädchen untereinander, denn sie wollen keine Erfahrungsberichte oder gar Tipps von den Erwachsenen. Die verstehen ja doch nur „Bahnhof". Und wenn sich die Eltern vor ihren Augen küssen, dann ist das zumindest momentan auch einfach nur „voll peinlich". Aber was bedeutet dann das „miteinander gehen" eigentlich für die 13-jährige Rebecca und die 11-jährige Susanne? „Naja, so ein Bussi halt, ins Kino oder zum Eisessen gehen. Oder Flaschendrehen spielen. Also nicht heftig flirten oder so betatschen irgendwie. Davor hätten wir Angst."

Das Herz hat ihnen zum Glück noch keiner gebrochen! Noch weit und breit kein erster, großer Liebeskummer ...

Spieglein, Spieglein an der Wand
Rebecca und Susanne verbringen sehr viel Zeit vor dem Spiegel und experimentieren mit Mamas Kajal und Lippenstift. Sie genießen das Spiel, mit Schminke erwachsen, weiblich, sogar sexy auszusehen. „Wie sieht das aus?" ist sowieso die am häufigsten gestellte Frage. Rebecca be-

merkt auch schon seit geraumer Zeit Veränderungen an sich, rein körperlich wird sie zur Frau, Hüfte und Po bekommen Rundungen, ihre Brüste wachsen. Vor dem Spiegel ein einziges Posen, dann wieder Kichern, sexy Tanzen, dann schnell ein Losprusten. Die Frau und das Kind in Rebecca wechseln im Sekundentakt. Schließlich zieht sie ihr T-Shirt straff.

Rebecca: „75B wäre toll, 75C würde mir schon nicht mehr gefallen. 75A habe ich ja schon."
Susanne: „Ich habe mich mit den ganzen 75- und 70-Teilen noch nicht so ganz beschäftigt."

Körperlich also fast schon Frau, hadert Rebecca im Moment eigentlich nur mit ihren Pickeln und mit ihrem angeblich zu runden Gesicht. In ihrem Kopf dagegen herrscht ein ziemliches Gefühlswirrwarr, eine Achterbahnfahrt zwischen himmelhoch jauchzend bis zu Tode betrübt.
Susanne kennt diese Launen noch nicht. Sie wäre einfach nur gerne zehn Zentimeter größer (mit 11 Jahren misst sie 1,51 Meter), sie würde gerne endlich nicht mehr in der Kinderabteilung einkaufen gehen müssen, sie findet ihre Finger hässlich und die Speckröllchen am Bauch müssten auch weg. Und die Knie sind auch zu dick! Aber auf Diät haben die beiden absolut keine Lust.

Neben Flirten haben Rebecca und Susanne ein zweites, neues Hobby: Shoppen. Das Taschengeld reicht zwar nicht für alle Klamotten-Wünsche, aber einfach mal nur tausend Teile anprobieren und groß Modenschau machen ist für Rebecca und Susanne auch ein Riesenspaß. Rebecca zerrt ihre Freundin, die gerade 12 geworden ist, zum ersten Mal in die Wäsche-Abteilung. Ein BH muss her!
Für die passende Unterwäsche hat ja bislang die Mama gesorgt – meist Baumwollteile mit Blümchenmuster. Jetzt möchte Rebecca lieber etwas Frauliches. Susanne ziert sich noch ein bisschen und albert herum. Rebecca kommt mit einem giftgrünen, sexy BH aus Spitze angerannt.

Susanne: „Boah, nee!"
Rebecca: „Bitte, bitte ich will nur mal sehen, wie der dir von der Farbe her steht."
Susanne: „Nee, der steht mir nicht, kann ich dir gleich sagen. Das sind ja lauter Riesenteile."
Rebecca: „Wo ist denn da hinten bei dem Ding? Der ist geil. Den nehme ich."

Rebecca entscheidet sich für den komplizierten BH und rennt zur Verkäuferin: „Ich hätte gerne den in 75B, äh 70B."
Verkäuferin: „70B? Nein, tut mir leid. Der fällt aber groß aus, den kannst du ruhig mal in 70A anprobieren."
Rebecca: „Nein, nein, das passt auf gar keinen Fall mehr."
Susanne geht noch ein paar BHs anprobieren. Rebecca muss natürlich mit in die Umkleidekabine. Aber ob es nun ein praktischer, sportlicher Baumwoll-BH oder so ein sexy Teil für Susanne sein soll – heute wird noch keine Entscheidung getroffen.
Die Mädchen schwanken zwischen albernem Kind und heranwachsender Frau. Die eine Rolle passt nicht mehr, die andere aber auch noch nicht.

Zickenalarm!

Nach dem Sommerurlaub in Italien werden Rebeccas Launen insbesondere für die Eltern oft unerträglich. Körperlich hat sie in nur wenigen Wochen einen richtigen Schub gemacht, und immer wenn das passiert, beobachtet Rebeccas Mutter diese dramatischen Stimmungsschwankungen an ihrer Tochter. Im Hause Hartl herrscht Zickenalarm. Das 13-jährige Mädchen führt regelrechte Machtkämpfe mit ihrer Mutter und ihrem Stiefvater Werner, der als Beamter beim Freistaat Bayern arbeitet. Werner war zu keiner Zeit der unerwünschte neue Freund der Mutter, sondern von Anfang an ein Vater, den Rebecca längst lieb gewonnen und angenommen hat. Immerhin lebt die Patchwork-Familie schon seit zwölf Jahren gemeinsam unter einem Dach. Zum leiblichen Vater besteht so gut wie kein Kontakt.

Zum ersten Mal ist Rebecca eine heftige Beleidigung herausgerutscht – „Halt's Maul" hat sie Werner angefahren, als er ihr bei den Hausaufgaben helfen wollte. Ein kleiner Schock für die ganze Familie. Das Kindliche, das Rebecca noch vor einem halben Jahr hatte, ist nun eindeutig vorbei. Gerade eben war doch alles noch in Ordnung und nun sind die Eltern plötzlich nur noch doof.

Rebeccas Mutter Susanne, eine studierte Sozialpädagogin, erzählt, dass sie seit kurzem anklopfen muss, um das Zimmer ihrer Tochter betreten zu dürfen. Gemeinsames Kuscheln vor dem Fernseher oder über Jungs mit der Mutter sprechen – auf einmal tabu. „Das Loslassen fällt mir schon ganz schön schwer", sagt die Mutter. „Vor allem weiß ich nie, auf welchem Fuß ich sie gerade wieder erwische. Manchmal will sie ja doch noch in den Arm genommen und beschützt werden. Und in der nächsten Sekunde dreht sie wieder durch und macht auf ‚Rühr-mich-nicht-an', das ist manchmal, als würde sie ihr Gehirn aushängen. Hoffentlich bilden sich da noch die fehlenden Synapsen!" Sie lacht.

Wir sind direkt nach den Sommerferien wieder bei Hartls. Beim Mittagessen war die Stimmung gut, nachmittags entwickelt sich auf einmal ein Streit zwischen Mutter und Tochter, der verblüffend schnell eskaliert. Rebeccas Mutter bügelt, Rebecca liegt daneben auf der Couch und liest. Im Haushalt zu helfen ist nicht wirklich „ihr Ding", und auch die Ordnungsprinzipien der Eltern will sie nicht mehr anerkennen.

Mutter: „Du musst das Mathezeug noch aufräumen."
Rebecca: „Ja, nachher."
Mutter: „Warum machst du das denn nicht gleich?"
Rebecca: „Weil ich jetzt lese." Rebecca schaltet auf den klassischen Durchzug-Blick.
Mutter: „Ich sag' dir mal eines, Fräulein, du lebst hier in einer Gemeinschaft, und diese Gemeinschaft hat gewisse Regeln, und dazu gehört auch, dass du den Tisch jetzt aufräumst."

Rebecca springt auf, schreit wie wild geworden gegen ihre Mutter an, lässt das Mathezeug auf dem Esstisch liegen, rennt die Treppe hoch und verschwindet mit einem lauten Türenknallen in ihrem Zimmer, ihrer Trutzburg.

Der Bruder kommentiert: „Schon wieder Zickenalarm hier!" Die Mutter holt erst mal tief Luft: „Das sind dann so Momente, da könnte ich sie echt an die Wand hinschmieren. Das gibt's doch nicht, wir sind zu viert, und sie führt sich auf wie eine Prinzessin. Und andererseits hab' ich dann mal mit meiner Mutter gesprochen, weil ich ja fand, dass meine Pubertät mit meiner Mutter ganz toll war und dass sie da überhaupt keine Probleme mit mir gehabt hat. Und sie hat nur gesagt: ‚Oh, hör bloß auf!' Okay, hab' ich mir gedacht, ist gut, ich sag' nichts mehr."

Rebecca liegt schon oben auf ihrem Bett, sie hört in voller Lautstärke Anastacia – „Left outside alone". Manchmal fängt sie dann aus Wut an zu weinen, manchmal ruft sie Freundinnen an, um Dampf abzulassen. Aber immer endet es so: Nach 15 Minuten ist zumindest bei Rebecca alles wieder vorbei. Der Streit vergessen, fast wie verflogen. Und ihre Mama ist zum Glück auch nicht nachtragend.

Was mich gerade beschäftigt:
Rebecca: „Dass das Wetter schön ist, dass ich raus gehen kann, das ist halt jetzt ganz wichtig. Ich schaue auch, dass meine Eltern mir immer mal wieder ein Diktat diktieren, aber irgendwie will ich es machen, und seit drei Tagen mache ich es nicht. Das beschäftigt mich jetzt auch. Aber was mich sonst noch beschäftigt? Meine Freundinnen. Oder irgendwelche Bücher, die ich gelesen habe und an denen mir etwas liegt. Oder Filme wie „Harry Potter" oder „Herr der Ringe", zum Beispiel die Hauptdarsteller, die haben ja meist irgendwann so eine traurige Phase im Film, wo sie weinen, da möchte ich am liebsten mitweinen, und das beschäftigt mich oft tagelang oder nächtelang. Und sonst eigentlich nichts."

Renke: Jetzt bin ich, wie ich bin, aber ich werde halt erwachsen

von Wolfgang Klauser

Was ist Pubertät?
Renke: „Also in den Biobüchern steht ‚körperliche und geistige Veränderung zum Erwachsenwerden', aber ich denke ... es ist erwachsen werden und kein Kleinkind mehr sein wollen. Ich möchte einfach nicht mehr auf das hören, was Mama und Björn sagen. Sondern ich möchte meine eigenen Dinge machen und mit Freunden das machen können, was ich machen möchte."

Steckbrief: Renke von Lienen
im Mai 2004

Alter: 12 Jahre
Geburtstag: 5. Juli 1991
Größe: 1,77 m
Schuhgröße: 43/44
Gewicht: 59,3 kg
Lieblingsessen: Lasagne
Zuhause: eine 5-Zimmer-Altbauwohnung in Leipzig
Schule: Robert-Schumann-Gymnasium in Leipzig, Klasse 6b
Mutter: Lehrerin
Stiefvater: Stadtplaner
Halb-Geschwister: Remo (6 Jahre) und Bero (2 Jahre)
Taschengeld: 12 Euro im Monat, oft wird aber sein Taschengeld gestrichen
Berufswunsch: Tontechniker oder Schlagzeuger
Sommerferien: 3 Wochen in Niedersachsen bei seinem leiblichen Vater und 3 Wochen in Italien
Hobbys: Waffen bauen
Spitzname: hat keinen Spitznamen
Lieblingsfach: „Habe ich jemals Lieblingsfächer gehabt? Nein!"
Lieblingsgruppe: Guns and Roses und Deep Purple

Erste Eindrücke

Die Casting-Bänder zeigen einen großen, 12-ährigen Jungen mit nach vorne gebeugter Körperhaltung, dem lange rote Haare lässig ins sommersprossige Gesicht hängen. Ein Meister der Gesichtsmimik, besonders vor der Kamera. Spannend sein Blick, der von einem Moment zum nächsten wechselt: zwischen kindlicher Unschuld und – ja, was? Wut? Schlechter Laune?

Ohne Atempause drischt Renke wie wild auf seinen Boxsack und spricht in die Kamera: „Immer wenn ich Streit mit Mama habe, und eigentlich habe ich mit Mama immer Streit, gehe ich in mein Zimmer und lasse hier meine Wut raus." Bei den ersten Gesprächen gibt er kluge Antworten. Aber er spielt noch vor der Kamera. Wird er zwei Jahre Dreharbeiten durchstehen?

Es ist Mai 2004. Renke erzählt stolz von seinem bevorstehenden Auftritt mit der Schulband beim Stadtteilfest am Lindenauer Markt in Leipzig. Er lädt mich ein und wir verabreden uns zu unserem ersten Treffen – ohne Kamera. Ich erkenne ihn sofort. Er fällt auf: der zu groß geratene Junge zwischen all den 16- bis 18-jährigen Bandkollegen. Während sich die Älteren mit Küsschen begrüßen und lauthals über ihr Outfit und den Auftritt debattieren, baut Renke ohne großes Aufsehen sein Schlagzeug auf und stimmt sich am Saxophon ein. Er wirkt unsicher und versucht gar nicht erst, mit den Großen mithalten zu wollen. Ich gehe auf ihn zu.

Renke berichtet, dass er leider nur der zweite Schlagzeuger ist und nur bei manchen Liedern spielen darf. Er ist halt der Jüngste in der Band. In der Zwischenzeit spricht sich bei den Schülern herum, dass wegen Renke „das Fernsehen" da ist. Von allen Seiten wird er mit Sprüchen bedacht, wie „Fernsehstar" oder „Könnte ich bitte ein Autogramm haben?" Er zeigt kaum Reaktion, versucht interessierten Mitschülern nur zu erklären, „dass seine Pubertät gefilmt werden soll". Das beschert ihm noch mehr Sprüche: „Was, das Fernsehen will deine Pickel zeigen?"

Auf der Bühne gewinnt er. Das Schlagzeugspielen macht ihm sichtlich Spaß und auch sein Blues-Brother-Saxophon-Auftritt wird von den Zuschauern gefeiert. Nach dem Auftritt gehen wir in ein Café. Renke verschlingt einen riesigen Eisbecher mit Sahne. Er ist viel weiter als seine Altersgenossen. Er denkt nach und reflektiert, was man sagt, zumindest in diesem Gespräch. „Dieses Projekt wird vielleicht anders, als du denkst", erkläre ich ihm. Renke schluckt: „Warum? Ich finde diesen Pubertätsfilm total gut und ich werde mir wirklich Mühe geben, auch

gut zu sein." Das ist genau das Thema: „Renke, du musst nicht für die Kamera gut sein", erkläre ich. „Die Kunst des Filmes wird sein, dass ihr alle einfach das tut, was ihr sowieso tun würdet. Die Kamera ist einfach dabei, o.k.? Und beim Casting wolltest du gefallen. Das ist dir auch gelungen." Renke unterbricht das Eisessen. „Ich möchte aber wirklich mitmachen!"
Er wird mitmachen, mit seiner offenen und ehrlichen Art und seinem hintergründigen Humor. Wir reden über die kommenden zwei Jahre, dass wir uns immer wieder treffen und schauen, was er gerade macht, dass wir auch über intime Dinge sprechen, und dass er immer ‚Nein' sagen kann, bei Themen, die ihm zu nah gehen. Wichtig ist, dass wir einen Draht zueinander bekommen, so gut wie das geht zwischen einem 12- und einem über 40-Jährigen.

Kinderzeit
Renke hat schon als kleines Kind „seinen Dickkopf gehabt" und ist „oft beharrlich an einer Sache drangeblieben ... Er ist immer wieder zu den Blumentöpfen gerobbt", erzählt seine Mutter als Beispiel, „hat mit seinen kleinen Patschhändchen mit unheimlicher Energie alles ausgeleert und dann die Erde akribisch in den Teppichboden verrieben. Dabei hat er mich so angelacht, dass ich ihm überhaupt nicht böse sein konnte."

Das Frühchen (31. Woche) hat das sogenannte „Kiss-Syndrom" bekommen, das bedeutet – einfach ausgedrückt – ein Bein ist länger als das andere geworden. „Deshalb lebt Renke auch in so einem Ungleichgewicht", sagt Mutter. „Seine Augen versuchen es zu kompensieren ... Renke hat leider immer wieder jegliche Therapieansätze im Keim erstickt. Jetzt ist er krumm und hat einen schiefen Biss."

Als Renke drei Jahre alt war, trennten sich seine Eltern voneinander. „Ich habe schon damals versucht", erzählt seine Mutter, „ihm alle seine Fragen zu beantworten und ich glaube auch, dass es unsere Bande miteinander unheimlich verstärkt hat. Renke weiß – besonders als Trennungskind – dass es immer zwei Wahrheiten gibt. Vielleicht ist er auch deswegen ständig auf der Suche nach der Wahrheit. Und er besitzt auch einen unheimlich ausgeprägten Gerechtigkeitssinn."

Renke wünschte sich nach der Trennung seiner Eltern nichts sehnlicher „als eine komplette Familie". „Als er vier Jahre alt war", sagt Mutter, „ist ein wildfremder Mann im Park vor uns hergegangen. Und Renke bedrängte mich: ‚Mama, der Mann ist doch auch alleine, können wir den nicht mitnehmen. Ich möchte noch ein Geschwisterchen ...'. Als mein jetziger Lebenspartner Björn zum ersten Mal bei uns war, hat Renke (damals 9 Jahre alt) zu ihm gesagt: ‚Ich finde dich sympathisch, doch wenn Mama und du noch ein Kind bekommt, dann darfst du dich auch nicht verändern...' Björn und Renke mögen sich. Als Björn beim dritten Besuch mit allen ein Spiel spielte, das er nicht kannte, fühlte er sich benachteiligt: „Er schmiss plötzlich die Karten hin und verließ schimpfend den Raum". Mutter und Renke brachten ihr Spiel zu Ende. Als Renke später im Bett lag, belehrte er Björn: „Was Hänschen nicht lernt, lernt Hans nimmermehr."

Das waren noch Zeiten. Renke ist „früher immer alles zugeflogen" und „er hat nie um etwas wirklich kämpfen müssen", sagt Mutter. „Damals hat er in der Schule immer Einsen gehabt und es deswegen auch nicht für nötig gehalten, zu lernen und weiter am Ball zu bleiben." In der Grundschulzeit ist er „bei seinen Mitschülern überhaupt nicht angekommen", meint seine Mutter, „weil er den Leuten immer skeptisch gegenüberstand". „Er hat sich alles immer genau angeguckt und angehört und kann bis heute mit Oberflächlichkeit nichts anfangen. Hinter seiner riesigen Erscheinung und Schluffigkeit verbirgt sich ein wahnsinnig sensibler Junge."

Familienfrühstück

Familie von Lienen wohnt mitten in Leipzig. Die 163 Quadratmeter große Altbauwohnung ist gemütlich eingerichtet: überall Regale, voll mit Büchern und jeder Menge Musik. Alle drei Kinder haben ihr eigenes Reich. Auch Mutter und Björn haben ihr eigenes Zimmer – eigentlich Tabuzone für die Kinder. Doch Renke entdeckt immer mehr die Vorzüge von Björns „ziemlich geiler" Stereoanlage und seiner Schallplatten-Sammlung. Der 12-jährige legt dann schon mal eine Jazzplatte auf und trommelt mit den Schlagzeugsticks den Takt nach.

Die geräumige Wohnküche ist der Familienmittelpunkt der von Lienens. Sie sind eine Patchwork-Familie. Mutter Heike hat drei Söhne aus drei Beziehungen. Mit Björn lebt sie seit fünf Jahren zusammen; ihr gemeinsamer Sohn Bero ist das Nesthäkchen. Renke liebt seine beiden kleinen Brüder sehr. Oft spielt er mit ihnen oder liest eine Geschichte vor. Inzwischen bekommt auch der 6-jährige Remo mit, dass sein großer Bruder sich irgendwie verändert und immer öfter „Streit mit Mama" hat.

Der Alltag ist ausgefüllt: Heike steht täglich um fünf Uhr morgens auf, um sich „in Ruhe" für die Ausbildung zur Lehrerin vorzubereiten. Um kurz vor sieben werden die Kinder geweckt und von Björn und Mutter abwechselnd in den Kindergarten bzw. in die Schule gebracht. Danach geht Mutter bis mittags zum Unterricht, dann heißt es Essen machen für die drei Jungs, Hausaufgaben betreuen und spielen, Besorgungen machen, das Abendbrot vorbereiten und die Kinder ins Bett bringen. Gegen 20 Uhr kommt Björn aus dem Architektenbüro, wo er als Freiberufler für die Stadtentwicklung in Leipzig tätig ist, und meist bringt er auch noch Arbeit mit nach Hause. Die Eltern sprechen kurz über den vergangenen Tag und planen für den nächsten. Und dazu die neuen Diskussionen und Streitereien mit dem immer stärker pubertierenden Renke.

Es ist der erste Drehtag im Juni 2004. Der Sonntag ist Mutter Heike heilig. Die ganze Familie trifft sich am Frühstückstisch und nimmt sich die Zeit, zum Beispiel über den nächsten Familienausflug oder größere Anschaffungen zu sprechen. Doch inzwischen dominiert meist ein Thema das Familienfrühstück: Renke. In der Schule geht es mit seinen Leistungen rapide bergab, er kommt mit schlechten Noten nach Hause und häusliche Aufgaben, wie den Müll runterzubringen oder Getränke zu holen, vergisst er schlichtweg. Heike schlägt vor, dass wir beim Frühstück die Kamera mitlaufen lassen.

Mutter Heike lacht: „Da bekommt ihr genügend Material über den ganz normalen Wahnsinn, nämlich über das Familienleben mit einem Pubertierenden."
Erst mal erzählt sie uns weiter: „Der wird einfach immer großkotziger. So richtig der Typ Mann, den ich überhaupt nicht mag. Aber wenn wir beide dann mal alleine sind, da ist er total anders, wesentlich ruhiger, ausgeglichener, höflicher und zuvorkommender."

Renke: „Das liegt alles an meinem Nicht-Vati ..." Er schielt Richtung Kamera und wartet auf unsere Reaktion. Wir hoffen, irgendwann vergessen zu werden ... und so kommt es auch.
Mutter: „Wenn der Tag anfängt, dann kommt er angeschlurft, sagt noch nicht mal ‚Guten Morgen'. Er ist dann einfach da und nimmt seinen Platz ein. Nach dem Motto: ‚Hep! Hier bin ich.' So empfinde ich das im Moment. Und früher war das total anders, da war er wesentlich lieber und netter ..."
Björn: „... und sensibler."

Mutter: „Ja, wesentlich sensibler. Jetzt kann man überhaupt gar nicht mehr richtig mit ihm über irgendwelche Dinge tiefgründig sprechen."
Renke: „Ja, aber mit dir ja auch nicht. Da fängst du immer gleich an (nun mit schriller Stimme): ‚Ja, du unterbrichst mich immer, du lässt mich nie den Satz zu Ende reden.'"

Großes Gelächter am Tisch, aber nicht wegen Renkes schrillen Auftritts, sondern wegen Bero – der Zweijährige hört aufmerksam seinem großen Bruder zu und patscht sich dann mit Wonne das dick geschmierte Schokobrötchen ins Gesicht.

Renke: „Du sagst immer gleich: ‚Ich will nichts mehr hören.' Und das war's dann."
Mutter: „Na, das dauert aber, bis ich das sage."
Björn: „Weil du einen sonst in Grund und Boden diskutieren würdest."

Das Telefon läutet. Renkes beste Kumpels wollen heute Nachmittag Waffen bauen. Renke ist sofort Feuer und Flamme und fragt seine Mutter um Erlaubnis.
Mutter sagt o.k., erklärt aber: „Es ist inzwischen so weit, dass Renke absolutes Waffenverbot hier in der Wohnung hat. Das respektiert er aber überhaupt nicht. Sobald ich nicht dabei bin, gibt er die Waffen dann auch seinen Brüdern."

Es entspinnt sich eine Diskussion um Renkes Vorliebe für Waffen und um die Holzschwerter, die er seinen Brüdern zum Geburtstag geschenkt hat.

Renke versucht, abzulenken: „Den allergrößten Stress habe ich mit meiner Mama. Und den zweitgrößten Stress habe ich mit meinem Nicht-Vati und seiner langen Nase." Er schaut provozierend in die Runde. „Also ich kann im Grunde gar nichts sagen, ohne dass erst einmal diskutiert wird. Außer wenn ich sage: Ich hänge für euch die Wäsche auf und gehe dreimal für euch zu Aldi, und dann kauf ich euch dies und das und so, und dann wäre das okay. Aber wenn ich mal was frage, ob ich mal was darf, dann wird das immer erst abgestritten ..." Renke wieder mit schriller Stimme: „Hast du deine Sachen schon gemacht?"

Mutter Heike fasst zusammen: „Ja, im Grunde genommen schildern wir das alle gleich. Du siehst das genau wie wir, nur eben aus der anderen Perspektive."

Die Runde schweigt. Deshalb die Frage an Heike, wie sich Renkes Pubertät noch für sie bemerkbar macht?
Mutter: „Am Geruch und an der Stimme. Das stört dich ja selbst mit dem Geruch."
Renke: „Nein, das stört mich, wenn du das so sagst."
Mutter: „Wenn ich es sage, ja. Da gibt es eine ganz einfache Möglichkeit: Du gehst einfach jeden Tag mal unter die Dusche. Wenn ich in Stress-Situationen stecke, muss ich auch jeden Tag duschen und mich vielleicht auch noch mal zwischendurch zumindest an den Problemzonen waschen und vielleicht noch mal das Deo auffrischen. Vielleicht benutzt du einfach mal ein Deo!"
Renke: „Das kommt alles ins Fernsehen, Mama."
Mutter: „Ja, das weiß ich, und das ist mir auch nicht unangenehm."
Björn: „Was deine Mutter noch stört, ist die Stimme. Wenn er seine Stimme nicht kontrollieren kann. Der sitzt neben dir und brüllt dir voll ins Ohr."
Mutter: „Die Größe finde ich aber gut. Ich mag große Männer, und ich freue mich, wenn mein Sohn auch so groß wird."
Björn: „Er war immer der Größte in der Klasse. Und jetzt dieser Schub ..."
Renke reckt sich stolz: „1,77 Meter!"

Das erste Interview im Juni 2004

Renkes Zimmer ist ein einziger Müllhaufen. Der Boden übersät mit getragenen Klamotten, selbst gebauten Metallschwertern und Dolchen, einer spitzen Lanze, Pfeil und Bogen, halbfertigen Bausätzen, die vielleicht einmal ein Panzer oder Jagdflieger werden könnten, darüber ausgeschüttet die Schultasche mit diversen verknickten Heften und Büchern und als Krönung noch obendrauf, Papierreste von Süßigkeiten. Kameramann Frank Lehmann findet am Boden keine Lücke, um die Scheinwerfer aufzustellen: „Unglaublich Renke", sagt er, „du scheinst dich im Chaos echt wohl zu fühlen". Renke ist das ein wenig peinlich. Er ringt sich durch, für die Stativfüße der Lampen und der Kamera wenige Zentimeter am Boden freizuschaufeln bzw. die Sachen einfach wieder auf andere Häuflein draufzustapeln.

Dann nimmt er Platz an seinem Schlagzeug. Da fühlt er sich sicher und wohl.

Welche Veränderungen bemerkst du an dir?

Renke: „Also, körperlich habe ich mich verändert. Vor allem habe ich Wachstumsschübe, und ich bin ein bisschen im Stimmbruch. Also Barthaare und Brusthaare wachsen mir noch nicht, aber Schamhaare wachsen mir. Und geistig, ich höre nicht mehr auf alles das, was Mama sagt. Remo, mein kleiner Bruder zum Beispiel, der macht alles, was ihm so gesagt wird. Aber ich möchte lieber meine eigenen Dinge machen und durch die Stadt gehen und so was."

Wie findest du Mädchen?
Renke: „Also Mädchen finde ich, ich sage mal, nicht so wahnsinnig interessant, und ich träume auch nicht von denen. Ich baue lieber meine Waffen und kämpfe damit. Das liegt mir etwas mehr am Herzen."

Bist du aufgeklärt?
Renke: „Ja, ich bin aufgeklärt. Meine Mutter kann es nicht lassen, mich aufzuklären. Meinen kleinen Bruder Remo klärt sie ja manchmal auch schon auf. – Ich spreche lieber mit meinen Freunden über Sexualität oder solche Sachen. Mit meinen Eltern nicht so gerne, da hole ich mir wieder so ein Grinsen, das finde ich nicht so schön."

Wir reden ein bisschen über die heiklen Themen, die der Zustand „Pubertät" so mit sich bringt. Irgendwann frage ich einfach weiter, in dem Gefühl, dass wir vertraut genug für diese Frage sind:

Wie war das denn mit deinem ersten Samenerguss?
Erst mal zögert Renke ein bisschen: „Ich glaube, ich weiß das gar nicht mehr genau ... Ich könnte jetzt nicht das Datum sagen, also das weiß ich nicht. Vor kürzerem ist es gewesen ..."
  Ich entschuldige mich bei ihm und frage:

Möchtest du überhaupt über dieses Thema sprechen?
Renke: „Ja und Nein. Das kommt jetzt sehr überraschend für mich. Können wir zuerst einfach so mal reden – ohne Kamera?"

Gesagt, getan. Nach zehn Minuten möchte Renke das Interview fortführen.

Renke: „Also, das war so: Ich bin nicht am Morgen aufgewacht oder so. Sondern ich bin eher irgendwann in der Nacht aufgewacht. Ich habe nicht auf den Wecker geguckt, wie spät es war. Aber es war jedenfalls draußen noch stockdunkel. Und mein Bettlaken war nass und meine Unterhose, logisch. Ich war halt vor Schweiß so ein bisschen verklebt und so. Ich habe dann erst mal mein Bettlaken gewechselt."

Was ist das für ein Gefühl?
Renke: „Es ist ein schönes Gefühl. Aber ich wüsste jetzt nicht, wie ich das beschreiben soll ... Ich schwitze dann auch und das Herz pocht, aber einmal habe ich mich irgendwie gefühlt wie eine riesige Kugel – aus welchem Grund weiß ich auch nicht. Ich habe mich gefühlt wie so ein ganz dicker Ball, und der ist dann geplatzt."

Hast du mit jemandem darüber gesprochen, vielleicht mit deiner Mama?
Renke: „Es war mir nicht direkt peinlich, aber es war nun nicht so, dass ich das gleich am nächsten Morgen oder so erzählt habe. Ich wäre jetzt nicht irgendwie zu Mama gegangen und hätte gesagt, dass ich einen Samenerguss hatte. Ich habe es halt erst mal für mich behalten, und dann habe ich mit Freunden darüber gesprochen. Na ja, die hatten das auch ..."

Ritter Renke

Jedes der Kinder bekommt am Anfang der Dreharbeiten eine Videokamera und führt während unserer Abwesenheit eine Art visuelles Tagebuch. Dabei können sie über ihre Gefühle sprechen, was sie gerade bewegt und beschäftigt, und sie können auch sonst filmen, was sie möchten. Überraschend das Ergebnis: Renke produziert kleine Filme wie „Das wahre Leben des Renke von Lienen".

Renkes Video, Juni 2004:
Ein schwach beleuchteter Kellergang. Aus dem Nichts kommt Renke im ritterlichen Kettenhemd und schwingt einen selbst gebastelten Morgenstern so heftig gegen die Kellerdecke, dass der Putz bröselt: „Haaaah! – Ich bin Renke von Lienen, Renke Olaf von Lienen und spiele den furchterregenden Ork, der so gerne alles Gute vernichten würde. (Nun in leicht weibischem Ton) Doch leider wird er versagen und jämmerlich zu Grunde gehen."

Fast täglich baut Renke mit zwei Freunden, Waffen in der leer stehenden Nachbarwohnung. Professionell ausgerüstet mit einer elektrischen Pendelsäge und Feilen, Zangen und Bohrern bearbeiten sie stundenlang Bleche, die sie sich vom Schrott besorgt haben und sägen Holzlatten in die richtige Länge. Ihr selbst gefertigtes Waffenarsenal kann sich bei jedem Ritterkampf blicken lassen: Äxte, Langschwerter, Schilder, Visierhelme und Pfeil und Bogen.

Meist werden die martialisch aussehenden Prunkstücke in Leipzigs Wäldern oder auf der nahe gelegenen Festwiese in abenteuerlichen Schlachten ausprobiert. Die Jungs leben gerne in einer vergangenen Welt – tauchen ab ins tiefste Mittelalter, mit heldenhaften Rittern und blutrünstigen Fabelwesen. Sie sind alle um die 13 Jahre alt, aber völlig unterschiedlich in Größe und Statur. Renke überragt alle bei weitem. Im Abendlicht entwickelt sich ein klirrendes Kampfgemenge. Renke ruft: „Erst mal nur Schwert ... Die legendäre Schwertkampfaktion ..." Metallisches Klirren. Nicht ungefährlich, wie die jungen Ritter ihre Waffen einsetzen. „... und jetzt erstechen wir uns gegenseitig! Gut so, haha, Klasse – aaaaaah!"

Nach den Sommerferien

Die ersten drei Wochen der Sommerferien hat Renke bei seinem leiblichen Vater verbracht. Danach ging es mit dessen Familie nach Italien – einfach mal Urlaub machen. Trotzdem ist er gerne nach Leipzig zurückgekommen: „Ich bin, seit wir hier in Leipzig wohnen, irgendwie viel selbstsicherer geworden, und ich traue mich mehr. Und ich habe hier rasend schnell Freunde gefunden. Es geht mir viel besser. Früher war ich ein anderer Mensch, da war ich ängstlich und ... na, ich hätte nie bei diesem Filmprojekt mitgemacht, weil ich dazu viel zu schüchtern gewesen wäre."

In den vergangenen vier Monaten hat sich Renke sehr verändert. Er ist nun 13, gut 1,80 Meter groß und hat Schuhgröße 46. Seine Freunde in der Schule wirken dagegen wie Kleinkinder. Den Klassenkameradinnen ist seine äußerliche Veränderung auch schon aufgefallen. Immer häufiger wird er in der Pause von Mädchen angesprochen – sie finden den großen Renke irgendwie gut. Doch so recht weiß Renke mit diesen ersten Annäherungsversuchen noch nichts anzufangen. Er macht sich gerade über sein Äußeres Gedanken: „Ich dachte, einfach mal schauen, wie mir das steht, wenn ich lange Haare habe. Und ich finde, die kann ich ruhig haben. Ich möchte irgendwie nicht mehr irgendwelche Klamotten tragen müssen. Sondern ich möchte meine ganzen Klamotten selber aussuchen. Also nicht mehr: Mama kauft Klamotten, und ich ziehe sie an. Sondern das sollen schon coole Klamotten sein. Außerdem fällt mir auf, dass meine Schuhe mir immer nach einem halben Jahr nicht mehr passen, weil meine Füße extrem wachsen. Das ist etwas nervig, wir finden nie die passenden Schuhe, weil ich platte und schmale Füße habe."

Die Mutter ist von Renkes Entwicklungsschub ganz angetan: „Ich hab so den Eindruck, dass er das genießt", sagt sie. „Es sprechen ihn auch alle darauf an: Du hast dich aber toll verändert, vor allem so die Kinder in seinem Alter, die finden das absolut toll. Seine Cousine hat hier extra angerufen, als sie Bilder von ihm gesehen hatte und hat gesagt: ‚Das letzte Mal als ich Dich gesehen habe, liefst Du noch mit einem Holzhandy durch die Gegend.' Björn fügt hinzu: „Ich habe den Eindruck, dass er einfach in sich schon ziemlich gefestigt aus dem Sommerurlaub wiedergekommen ist. Jetzt spüre ich in sehr vielen Situationen, wenn er mit anderen zu tun hat, ist er für sein Alter sehr gut drauf. Der Nachteil ist, dass er seine Grenzen noch nicht sehr gut erkennen kann und mit einer gewissen Rechthaberei auch glaubt, immer das Richtige zu machen."

Von Björn hat Renke eine „coole Trainingsjacke" aus den 80er Jahren geschenkt bekommen. Sie war damals Björns Lieblingsstück – jetzt trägt Renke sie fast täglich. Die beiden versuchen neue Umgangsformen miteinander. „Es gibt sicherlich auch so eine körperliche Komponente", erzählt Björn, „wo ein Renke, der irgendwie einen Meter achtzig groß ist, dann schon mal seinem Nicht-Vati zeigen will, dass er ihn aufs Kreuz legen kann – was zum Glück noch nicht der Fall ist. Aber wo er ein bisschen rumrempelt und rauft, im Flur am liebsten abends kleine Kämpfe austrägt. Und quasi auch seine neue körperliche Kraft mit mir messen möchte."

Streit
Die Freude über Renkes Entwicklung ist von kurzer Dauer. Faulheit und Schlampigkeit bleiben ein Problem und die Stimmung zu Hause ist angespannt. Mutter möchte mit Renke nicht reden; seine Uneinsichtigkeit und Widerrede machen sie ratlos. Björn will nach dem Abendessen über die Lage und häusliche Pflichten mit ihm sprechen. Renke ist gerade dabei, den Esstisch abzuräumen. Umständlich nimmt er jede Gabel, jeden Teller einzeln in die Hand und bewegt sich im Schneckentempo zu Björn an die Spüle.

Björn: „Renke, bekommst du eigentlich mit, dass wir permanent Stress mit dir haben?"

Renke: „Ich finde, vor den Sommerferien hatten wir viel Stress, ununterbrochen. Jetzt haben wir ruhige Minuten oder Stunden, wo wir uns alle ganz gut verstehen. Aber wenn wir uns streiten, dann finde ich, ist das ziemlich heftig geworden ..."

Björn: „Ich finde das interessant, wenn du von ruhigen Minuten sprichst, du hast unheimlich viele ruhige Minuten, weil du überhaupt nicht erkennen kannst, wenn andere keine ruhigen Minuten haben. Wir arbeiten alle viel, und sind da nicht so lässig drauf. Wir erwarten von dir als 13-Jährigem eben auch, dass du mitmachst."

Renke: „Ich weiß, dass ihr viel zu tun habt, aber das ist ja kein Grund, dass ihr deshalb mit mir schimpfen sollt. Ich habe nicht so viel zu tun, zum Glück. Aber wenn ich dann irgendwas mache, dann freut ihr euch nicht, sondern Ihr schreit mich an, dass ich es verkehrt mache. Am besten, ich mache gar nichts."

Björn: „Genau das ist das Problem. Du hast das Gefühl, dass du viel machst, und unser Gefühl – um das mal ganz neutral auszudrücken – ist, dass das nicht der Fall ist. Weil es immer wieder vorkommt, dass eine deiner Aufgaben, wie den Müll runterzubringen, nicht erledigt wird, sechs Tage lang..."

Renke: „Also ich mache eigentlich ziemlich viel. Im Vergleich zu Gleichaltrigen vielleicht ein bisschen ..."

Björn: „Du hast hier relativ genau beschriebene Aufgaben. Du bist für den Müll zuständig, du sollst Getränke holen, wenn sie alle sind. Der Laden ist gleich gegenüber, das ist keine Überforderung. Es ist aber oft genug der Fall, dass beides nicht passiert."

Renke: „Doch, ich hole meistens Getränke, wenn mir das selber irgendwie auffällt, dass da keine mehr sind ..."

Björn: „Meistens, und wenn es dir auffällt. Aber oft ist es dir nicht aufgefallen, und oft sind sie dann einfach nicht da. Und das sind die Punkte, wo wir uns dann vielleicht wieder aufregen."

Renke: „Ja, aber was kann ich dafür, wenn ihr, statt mir einfach zu sagen: ‚Hol mal bitte Getränke.', sie selber holt. Dann könnt ihr nicht mit mir schimpfen, dass ich keine Getränke hole."

Björn: „Ja, ach so. Wir können natürlich auch dann keine vorfinden, dann haben wir eben keine. Ist das dann besser?"

Renke: „Nee, ihr könnt mir das sagen, dann hole ich sie mit Sicherheit."

Björn: „Das ist es ja, es funktioniert nur, wenn wir dir immer alles sagen. Was musst du eigentlich noch für die Schule machen?"

Renke: „Eigentlich muss ich noch was für Mathe machen, aber wenn wir Glück haben, schreiben wir doch keine Arbeit ..."
Björn: „Aha, und wenn du kein Glück hast, dann kommst du wieder mit einer sechs nach Hause ..."
Renke: „Wenn ich dir hier in der Küche helfen muss, dann kann ich nicht gleichzeitig lernen, oder?"
Björn: „Verschwinde in dein Zimmer und mach deine Aufgaben. Ich habe die Nase voll ..."

Renke schlurft im Zeitlupentempo in sein Zimmer, blickt auf das übliche Chaos in seinem Reich, hebt hier einen Stapel Klamotten hoch, legt dort ein paar seiner Waffen weg und zieht resigniert seine Schultern nach oben: „Wie soll ich denn lernen, wenn ich meine Schulhefte nicht finden kann?", sagt er und setzt sich die Kopfhörer seiner Anlage auf. Renke mag laute Rockmusik.

Interview im Oktober 2004

Renke kommt aus der Schule und hat eine schlechte Zensur in der Tasche. Man merkt, wie sehr ihn das belastet. Dumm ist er nicht, doch hat er immer mehr das Gefühl „ein Loser" zu sein. Und er sagt, dass er einfach keinen Weg findet aus seiner Misere: dem Teufelskreis „nichts auf die Reihe zu bekommen" und „immer nur noch zu versagen". Sein Zimmer hat er aufgeräumt. Auffällig ist, dass keine Waffen herumliegen.

Was macht dein Faible für Waffen?

Renke: „Ich habe eingesehen, dass das Ganze ziemlich gefährlich und verboten ist, was wir machen. Da habe ich überlegt – na, wie können wir denn anders kämpfen? Ohne Metall? Dann hatte ich die Idee, das könnten wir mit Schaumstoff-Schwertern machen, die stabilisieren wir durch ein Metallrohr oder einen Metallstab. Es ist mir wirklich zu gefährlich geworden, mit diesen Metallwaffen richtig zu kämpfen. Wenn wir Filme machen in unserem Club, dann nehme ich sie immer noch liebend gerne, aber ich möchte damit nicht mehr richtig kämpfen."

Und woher kommt deine Läuterung?

Renke: „Wir waren in den Herbstferien in Polen. Auf einer Burg war es erlaubt mit einer Armbrust zu schießen, so ein richtig fettes Kaliber. Damit habe ich geschossen. Und das hatte eine Wahnsinnsdurchschlagkraft, das ging „zack!". Nicht eine ganze Sekunde und der Pfeil steckte ganz fest in der Holzscheibe, also nicht irgendwie Stroh oder so, sondern richtig hartes Holz. Da ist mir aufgefallen, was wir so bauen, das hat riesige Ähnlichkeit damit. Wir bauen Bögen, die wir noch in heißem Wasser kochen, die dann sehr stark sind und immer noch dehnbar. Das ist viel zu gefährlich. Vor allem schießen wir damit, ohne irgendwelche Sicherheit. Wenn mal einer von uns aus Versehen nach vorne rennen würde, um seinen Pfeil dort wieder raus zu holen, würde der vielleicht abgeschossen, weil wir ja auch mit spitzen Pfeilen schießen. Das ist auch verboten ..."

Versuchst du manchmal, Grenzen zu überschreiten?
Renke: „Mir ist aufgefallen, wenn ich mit Mama und Björn streite, dass ich einmal richtig losgeschrieen habe. Aber das steht mir ja nicht wirklich zu, meine Mutter oder Björn anzuschreien. Und das mit den Waffen ist auch an die Grenzen gekommen, an die Grenzen des Erlaubten, und ich denke, wenn wir es weiter machen würden, das wäre wirklich illegal."

Beim ersten Dreh hast du erzählt, dass dich Mädchen nicht so interessieren, dass du lieber mit deinen Freunden Waffen baust. Interessieren dich jetzt Mädchen?
Renke: „Wenn mir welche auf der Straße begegnen – gucke ich vielleicht erst mal, wie die aussehen. Ansprechen tu ich sie schon, also ich sehe da keinen Grund, nicht mit ihnen zu reden ..."
   Renke ist verlegen, weiß nicht so recht, was er sagen soll: „Ich habe da vielleicht manchmal so ein kleines Problem, dass ich nicht in die Augen gucken kann. Aber das ist nicht nur bei Mädchen der Fall ... Ich habe eigentlich nie viel mit Mädchen zu tun gehabt. Ich weiß auch gar nicht unbedingt, was die gerne machen oder so."

Was bedeutet für dich Liebe?
Renke: „Einen anderen Menschen übernatürlich doll mögen, vielleicht nicht so als Freund, auch nicht als besten Freund, sondern als Partner, vielleicht."

Und wie stellst du dir deine Liebe vor?
Renke: „Eine Liebe oder eine Beziehung sollte für mich sein, also Freundschaft ja, aber so übernatürlich schon, ich sage mal, Partnerschaft, nicht die beste Freundin oder so, sondern halt Partnerin."

Hättest du gerne eine Freundin?
Renke: „Ich hätte gerne eine Freundin, kann mir aber nicht wirklich vorstellen, was ich mit der gerne machen würde, wirklich nicht. Ich denke, vielleicht irgendwie was unternehmen, zusammen durch die Stadt laufen oder so oder zusammen in den Urlaub fahren."

Was ist Pubertät?
Renke: „Ich bin immer im Streit mit Mama und Björn, eigentlich seit ich in der Pubertät bin. Als ich so klein war wie Remo ging alles ganz locker, da haben wir uns nie gestritten. Wenn irgendetwas war, dann habe ich das sofort gemacht. Aber ich möchte jetzt einfach mein eigenes Ding durchsetzen. Und wenn Mama sagt, wir machen heute einen Spieleabend, ich möchte aber lieber einen Film gucken, dann rede ich dagegen an und nehme das auch nicht so hin. Das endet immer in Streit und Stress und Problemen, aber ich möchte meine eigenen Dinge eben durchsetzen. Es ist mir wichtig, dass ich nicht nach Mamas Pfeife tanze."

Wie merkst du, dass du erwachsener wirst?
Renke: „Ich merke, dass ich an so einer Grenze bin, dass ich gerne mit Freunden durch die Stadt gehen möchte, shoppen. Und danach irgendwie was essen, ein Eis oder was trinken. Da fällt mir auf, dass ich mit meinen ganzen Freunden nur Holzschwerter baue und kämpfen gehe ... Und ich würde gerne mal eine Party machen, dann würden meine Freunde alle kommen. Alkohol und Zigaretten und so, das bedeutet uns eigentlich nichts. Also wenn hier mal Mama und Björn ein Glas Sekt trinken oder ein Glas Wein, dann frage ich „darf ich auch eins?" Und dann darf ich auch meistens probieren. Ja, ich mag das gerne, aber ich würde jetzt nicht im Club unerlaubt und ohne Wissen von Mama und Björn da was weiß ich was trinken. Und Rauchen auch nicht."

Klassenfahrt im Januar 2005
Wir begleiten Renke nach Breitenbrunn im Erzgebirge. Die drei siebten Klassen des Robert-Schumann-Gymnasiums sind für eine Woche ins Skilager gefahren. Untergebracht sind die Schüler im ehemaligen DDR-Sport-Leistungszentrum „Rabenberg", Mädchen und Jungs auf getrennten Fluren. Renke teilt sich mit Freund G. ein Doppelzimmer.

Schneebaden um sechs Uhr morgens bei minus zehn Grad – das Männlichkeitsritual vollziehen lautstark jeden Tag ein halbes Dutzend

13-Jähriger, nur mit Badehose bekleidet. Diese Jungs gelten als die „Harten" im Skilager, durchtrainierte Typen, die in der Gruppe sagen, wo es langgeht. Aus ganz anderem Holz sind da Renke und G. Während ihre Mitschüler schon kopfüber im Schnee stecken, lassen es die beiden Freunde gemächlich angehen. Alleine die Entscheidungsfindung, wer von den beiden nun als erstes aufsteht, um die Dusche warm laufen zu lassen, zieht sich hin. Zuerst mal einen großen Schluck aus der 2,5 Liter Cola-„Bombe", danach ein inniglicher Rülpser und schwupp, die leere Flasche fliegt in die Ecke, wo sich schon ein Berg Leergut stapelt. Mit verquollenen Augen suchen beide ihre Skiklamotten zusammen – was nicht so einfach ist, da Renke und G. alles, was sie für die Klassenfahrt mitgenommen haben, auf dem Fußboden stapeln. Endlich verkündet G.: „Also, ich gehe jetzt duschen. Hoffentlich ist das Wasser schon warm." Renke: „Na ja, also ich würde noch fünf Minuten warten ..." Er betont, wie anstrengend es hier doch ist: „Wir reden hier auch manchmal ein bisschen über Mädchen. Welche sind denn ganz gut hier und welche nicht, und so. Aber meistens ist G. ein bisschen übermüdet und will sofort schlafen."

G.: „Das ist auch echt anstrengend. Also wir stehen erst mal sehr früh auf, dann haben wir vielleicht gerade noch Zeit zu duschen, und dann ist auch schon Frühstück. Dann haben wir zwei Stunden Schule, und dann Skifahren, dann Mittagessen, dann den ganzen Nachmittag wieder Sport..."

Renke: „... und dann machen wir auch manchmal die Nächte durch. Aber nicht immer, denn oft schlafen wir wie gesagt vorher ein."

Auf der Piste macht Renke eine gute Figur. Zum ersten Mal steht er auf Langlaufskiern und kämpft sich tapfer durch den kilometerlangen Parcours. Mit jeder bewältigten Steigung und Abfahrt gewinnt er an Selbstbewusstsein. Ein Erfolgserlebnis. In seinen schulischen Leistungen ist er dagegen so abgesackt, dass es selbst bei seinen Klassenkameraden schon Gesprächsthema ist:

Renke: „Im Sport geht's mir ja eigentlich ganz gut. Aber so in Mathe oder in Englisch und Latein vor allem nicht so besonders."

Die anderen rufen dazwischen, dass das an seiner Faulheit liegt. Inzwischen hat sich eine kleine Gruppe um Renke gebildet, die zuhört.

„Nein, am Lehrer", murmelt Renke. „Nein – es liegt an meinem Charakter."

Alle lachen.

Renke: „Ich bin auch extrem vergesslich. Ich kann beispielsweise in mein Hausaufgabenheft gucken und lese da drin: ich muss das und das machen und das und das und das und das. Und dann setze ich mich hin und mache das und das, und hab, während ich das gemacht habe, das nächste, was ich machen sollte, schon wieder vergessen und auch vergessen, dass ich etwas nächstes machen sollte."

Kopfschütteln in der Runde. Renke schaut sich Hilfe suchend um. Ein schriller Pfiff: Konditionslauf in der Sporthalle ist angesagt. Renke versucht, sich mit ein paar anderen zu verdrücken. Der Sportlehrer stellt sie zur Rede, und Renke legt los: „Ich habe mir eben beim Essen so einen kleinen Wettstreit mit Paul geliefert. Paul nahm 20 Stück Zucker in seinen Tee, woraufhin ich 24 Stück nehmen musste, und jetzt ist mir so ein bisschen schlecht ..." Der Konditionslauf bleibt ihm erspart. Dafür muss er den Geräteraum aufräumen.

Nach dem anstrengenden Sportprogramm sind die Schüler in ihren Zimmern. Gegenüber kommen ein paar Mädchen zu Besuch. Renke setzt sich dazu.

P.: „Wir könnten irgendwie so eine halbe Party heute Abend machen. Aber wir müssen natürlich aufpassen, wenn die Lehrer hier ihre Kontrollen machen, dass wir in der Zeit alle in unseren Zimmern sind, danach können wir ja wieder raus."

Renke: „Also gestern hatten wir ja eigentlich auch schon vor, mit den ganzen anderen Jungs durchzumachen. Aber weil wir innerhalb von zehn Minuten vier Lehrerkontrollen hatten, ist das nichts geworden. Heute müssen wir die Lehrer unbedingt austricksen!"

C.: „Habt ihr übrigens mitbekommen, hier gibt's ein Liebespärchen – aus der Parallelklasse!"

Renke: „Ich finde das keinesfalls schlimm, wenn die im Flur stehen und sich umarmen, ich lauf dann einfach vorbei und sage: ‚Tschuldigung, ich will gar nicht stören, ich muss nur mal kurz da und da hin.'" Alle lachen. „Also mich stört das nicht und ich mache mich auch nicht darüber lustig. Was mir bei einigen anderen aufgefallen ist, dass die da vorbeilaufen, dann schnell in ihr Zimmer rennen und sich kaputtlachen."

Mädchen: „Ja, das ist genau der Fall. Also ich sag mal, in jedem Film kommen Knutschereien und so vor ..."

Renke: „... Also früher habe ich mich da halt immer weggewandt oder gesagt ‚iiih'. Und jetzt gucke ich da so, wie ich den ganzen Film gucke. Ich hätte schon auch gerne eine Freundin. Aber, also jetzt ein Mädchen anzusprechen und zu sagen „ich liebe dich" oder so was ähnliches, das traue ich mich nicht."

Alle schauen Renke verständnisvoll an.

Mädchen: „Warst du schon mal verliebt?"
Renke: „Ich war mal in der Grundschule, ich glaube in der vierten Klasse, total in ein Mädchen verliebt. Ich wusste genau, dass die überhaupt nichts von mir wollte. Aber ich habe mich dann öfter so auch mit der mal verabredet oder so. Ich weiß nicht aus welchem Grund, es war irgend so ein hirnsinniger Grund, eigentlich gar kein Grund, wollte ich mich irgendwie entschuldigen, nur so, wahrscheinlich einfach nur, um sie anzusprechen. Aber ich habe bestimmt, um Entschuldigung zu sagen, fünf Minuten gebraucht. Ich habe total rumgestottert."
C.: „Das ist mir auch schon mal passiert ..."
Mädchen: „Wen findest du hier gut?" Keiner der Jungs fühlt sich wirklich angesprochen – Renke nimmt sich ein Herz.
Renke: „Es gibt eine Menge Mädchen, die gut aussehen. Manche davon sehen vielleicht nur gut aus, und andere, die sind vielleicht auch ganz nett oder so. Aber eigentlich unterhalte ich mich nicht mit denen. Ich sitze hier lieber mit Gregor und Stefan und Christian irgendwie rum ... und komischerweise ist es immer so, dass die Mädchen, die ich gut finde, die sind vergeben. So könnte man das ausdrücken."
Mädchen: „Morgen Abend haben wir ja Abschlussparty. Dann kannst du dich ja anstrengen, Renke ..."
Die Mädchen kichern.
Renke: „Wir müssen gleich los – bald gibt's Abendessen. Ich habe tierischen Kohldampf ..."

Bei der Abschlussparty kann Renke nicht landen. Er verbringt den ganzen Abend mit den Jungs, die für sich Breakdance-Übungen machen. Die Mädchen, teilweise schon sehr geschminkt, sitzen am anderen Ende und warten darauf, dass sie endlich jemand zum Tanzen auffordert. Vergebens. „Das sind Kinder hier", sagt eine 13-Jährige mit eng anliegendem Top, „morgen Abend treffe ich mich wieder mit meinem 18-jährigen Freund in der Disco". Renke und G. schnappen sich eine Flasche Cola und verschwinden auf ihr Zimmer.

Der „Megastreit"
Renke hätte auf diese Klassenfahrt fast nicht mitfahren dürfen. Einen Tag vor Abfahrt hatte er einen „Megastreit mit Mama": „Ich hatte nur ein Glas Apfelsaft überlaufen lassen", erzählt Renke. „Und daraufhin sind Mama und Björn ausgeflippt, ich sollte rausgehen aus der Küche. Ich hatte aber so gut wie nichts gegessen gehabt und bin dann einfach

immer wieder rein gekommen und habe mir was zu essen geholt. Das hat dann auch wieder Ärger gegeben. Und dann fiel Mama noch ein, dass ich den Müll runterbringen sollte. Und inzwischen hatte sie sich aber so aufgeregt, dass sie dann den ganzen Müll durch den Flur geschleudert hatte. Und deswegen habe ich ihn auch dann nicht runtergebracht. Daraufhin hat Mama mir eine geklebt, eigentlich so relativ doll. Ich bin dann in die Stadt gegangen und habe mir was zum Essen gekauft. Das ist einfach so, Mama explodiert so schnell, wenn eine kleine Sache hochkommt, dann flippt die total aus."

Mutter Heike ist bei der Aktion auch noch über den im Flur verstreuten Müll gestolpert und so unglücklich auf ihre Hand gefallen, dass Björn sie ins Krankenhaus bringen musste. Eine schlimme Verstauchung und Zerrung, eine Armschiene, die Verordnung: vier Wochen absolute Ruhe! Aber Heikes Referendarprüfung steht bevor, dann der tägliche Haushalt ... und sie macht sich Vorwürfe, dass sie ihren Ältesten zum ersten Mal geohrfeigt hat. Auch Renke ist von dem Streit noch geschockt. Die beiden haben nicht mehr miteinander gesprochen.

Florine: Pubertierende Jungs sind das Letzte!

von Wolfgang Klauser

Was ist Pubertät?
Florine: „Die Definition haben wir in Ethik durchgenommen. Einer hatte so ein wunderschönes Wort dafür: ‚Alles wächst.' Das fand die Lehrerin auch ganz toll. Ich merke die Pubertät daran, dass ich nicht mehr ganz so in meiner kleinen Welt drinnen bin, sondern mich mehr für meine Freunde interessiere. Und dass es mit Mama ... es ist nicht schlimm, aber es ist manchmal schwierig. Wo man früher gesagt hat: ‚Mama, holst du mich ab?' Das ist jetzt nicht mehr unbedingt so. Alles wächst. Ich bin größer geworden. Ich kann schon ganz andere Klamotten anziehen, was vorher noch nicht so ging, weil das dann einfach alles leer gewesen wäre. Das ist schon ein Vorteil: Oh das sieht ja schön aus, wenn ich mir mal was von Mama ausleihe. Jetzt kann ich das schon anziehen! Das meiste, nicht alles."

Schultag
Es ist kurz nach sieben. Ein wunderschöner, sonniger Junitag. Wir haben eine Verabredung mit Florine vor ihrer Schule, dem Immanuel-Kant-Gymnasium in Leipzig. Die Schulleitung hat schon Wochen zuvor die Eltern ihrer Mitschülerinnen und Mitschüler über unser Filmprojekt informiert und Drehgenehmigungen eingeholt. Kameramann Frank Lehmann und ich sind noch skeptisch, ob wir vernünftige Aufnahmen bekommen, oder ob uns – wie schon so häufig erlebt – halbwüchsige Poser mit obszönen Gesten und nicht jugendfreiem Wortschatz vor die Kamera laufen. Doch an diesem Gymnasium gibt es weder Schmierereien noch Pöbeleien, die Schüler grüßen die Lehrer und irgendwie herrscht Ordnung. Wir spüren, dass die Schülerinnen und Schüler „Bock auf ihre Schule haben".

Florine geht gerne in ihre Schule. Sie ist auch eine gute Schülerin – keine Streberin, ein 12-jähriges Mädchen, das gute Zensuren haben möchte, um später „was Tolles zu machen". Ihr größter Wunsch: „Mal im Ausland leben, nach Neuseeland oder vielleicht auch Australien gehen und arbeiten und studieren", schwärmt Florine mit funkelnden

Steckbrief: Florine Sophie Baumbach
im Mai 2004

Alter: 12 Jahre
Geburtstag: 7. Juni 1991
Größe: 1,65 m
Schuhgröße: 39
Gewicht: 44,8 kg
Lieblingsessen: paniertes Putenschnitzel mit Zitrone
Zuhause: 4-Zimmer-Altbauwohnung in Leipzig
Schule: Immanuel-Kant-Gymnasium in Leipzig, Klasse 7b
Mutter: Lehrerin
Vater: Physiker
Geschwister: Crispin (18 Jahre), Inja (Halbschwester, 2 Jahre)
Taschengeld: keines
Berufswunsch: Sprachwissenschaftlerin, Archäologin, Tierschützerin
Sommerferien: mit Oma auf Montenegro (2 Wochen), danach auf Rügen mit Mama, Inja und Crispin (2 Wochen), den Rest der Ferien in Leipzig verbracht
Hobbys: Lesen, Naschen – vor allem Gummibärchen, Träumen, Videos gucken, mit Freunden abhängen, Reisen, Klettern und Singen
Spitzname: Flori, Flobba oder Flohdemie
Lieblingsfach: Deutsch, Musik und Kunst
Lieblingsgruppe: Fettes Brot, Lecker Sachen und Funny van Dannen

Augen. Dann hält sie kurz inne und sagt sehr erwachsen: „Das ist aber alles unheimlich teuer. Das können wir uns sicher nicht leisten. Mama muss ja sehr aufs Geld achten. Aber vielleicht kann ich nach England oder ..." Die Schulglocke läutet schrill. Florine muss schleunigst in ihr Klassenzimmer.

In ihrem roten Schottenkaro-Kleidchen huscht sie über den gebohnerten Flur, vorbei an dekorativen Kunstarbeiten der Schüler wie Pappmaché-Roboter oder Installationen aus Konservendosen. Florines Schulranzen ist voll bepackt, sie schleppt lieber alles mit sich herum, als nur ein Heft oder Buch für den Unterricht zu vergessen. Wir merken, dass es noch neu für sie ist, plötzlich so im Mittelpunkt zu stehen, Kamera und Tonangel auf sie gerichtet. Ihre Augen scheinen zu fragen: „Was denken die anderen jetzt von mir?"

Kinderzeit
Florine Sophie Baumbach wurde am 7.06.1991 um 16 Uhr 43 geboren. „Der Name Florine bedeutet ‚kleine Blume' und kommt aus dem deutschen Bürgertum des 16. Jahrhunderts", erklärt Anja, Florines Mama. „Es war eine schöne Geburt, ohne Risse und ohne Schmerzmittel. Ich habe meine Kleine immer und überall dabei gehabt. Der ganz enge Kontakt zu ihr war mir ganz wichtig ..."
Florine verbrachte ihre Kinderzeit in Grenoble in Frankreich. Ihre Eltern trennten sich, als sie drei Jahre alt war. Beide Elternteile spielten mehrere Instrumente, musizierten oft mit Freunden und gingen häufig zu Konzerten: Florine ist mit Musik groß geworden. „Sie hat am Anfang auch überhaupt nicht gesprochen wie andere Kinder in ihrem Alter, sondern Florine hat den Leuten die Sachen praktisch vorgesungen", erinnert sich Anja. „Sie konnte sich überhaupt wunderbar mit sich selbst beschäftigen – wenn sie so mit sich gespielt hat, übernahm sie alle Rollen auf einmal: die der Mutter, des Kindes, des Tisches und des Kochtopfs. Sie besitzt dafür die innere Ruhe und auch die entsprechende Fantasie."
Florine ist zweisprachig aufgewachsen: Französisch und Deutsch. „Sie hat immer alle mit ihrem blumigen Wortschatz beeindruckt – wie toll sie sich schon als Kind ausdrücken konnte, war einfach schön." Nach der Trennung der Eltern „musste sie in zwei total unterschiedliche Welten, die meines Ex-Mannes und meiner, leben. Das war sicher eine schwere Zeit für sie. Das merkt man auch heute noch ..." sagt Anja.
Den ersten „schlimmen" Streit zwischen Florine und ihrer Mama gab es am Ende der 2. Schulklasse. „Florines Schultasche war eher ein Müllbeutel", sagt Anja. „Sie hat immer Angst gehabt, was zu vergessen und deswegen waren auch alle Bücher, Hefte, Stifte und noch andere Sachen darin reingestopft. Irgendwann habe ich dieses Chaos einfach ausgeschüttet. Vor ihren Augen, einfach auf den Boden. Da flippte Florine komplett aus, stampfte mit den Füßen und hatte Tränen vor Wut in den Augen. Jetzt haben wir eigentlich erst seit einem Jahr miteinander richtige Auseinandersetzungen. Sie versucht sich wohl zu lösen ..."
Florine – die übrigens Linkshänderin ist – kümmert sich immer gerne um andere, „ist wahnsinnig sozial und auch sensibel für Dinge, die um sie herum passieren. Sie hat viel davon in der sogenannten Nachbarschaftsschule in Leipzig mitbekommen, wo die Großen immer den Kleinen geholfen haben." – Crispin, ihr großer Bruder, war sehr eifer-

süchtig auf Florine und sagte über seine kleine Schwester „Die weiß eh immer alles besser". „Florine hört oder sieht was", sagt Anja, „und kann es sich für ewige Zeiten merken – Crispin hat diese Gabe leider nicht." Heute mögen die beiden sich sehr und sind auch immer füreinander da.
Florine war immer eine Klassenbeste. Sie ist fleißig, ehrgeizig und sie kapiert schnell. In letzter Zeit sind die Zensuren oft nur „befriedigend" – das belastet Florine. Ein großer Wunsch: mal auf ein Musikinternat zu gehen ...

Freundinnen

Florine verbringt jede freie Minute mit ihren besten Freundinnen. Auch für die Interviews wünscht sie sich, „dass gerade am Anfang meine Freundinnen dabei sein können. Das ist doch viel schöner, und dann ist das Filmen auch nicht so komisch für mich". Tatsächlich sind die Mädchen in der Gruppe viel unbeschwerter und natürlicher als alleine. Mit ihren Freundinnen teilt Florine ihre Sorgen und Probleme, aber auch ihre neuerlichen Schwärmereien für Jungs. Die Mädchen interessieren sich natürlich nur für die älteren Jahrgangsstufen. Jungs in ihrem Alter finden sie einfach noch viel zu kindisch.

Aus dem ersten Interview im Juni 2004

Was ist für euch Pubertät?

T.: „Wenn man Pickel kriegt, ganz viele ..."
Florine: „Und die Eltern werden total doof."
Miele: „Bei mir ist das eigentlich nicht so!"
H.: „Also, bei mir kann das schon ganz schön anstrengend sein."
Florine: „Also die Eltern verändern sich in der Pubertät immer so ..."
H.: „Wir sind das nicht."
Florine: „Also da fängt man auch an jetzt ... was weiß ich ... ein bisschen mehr über Jungs nachzudenken. Keine Ahnung."
Miele: „Man unterhält sich da auch drüber."
Florine: „Das haben wir aber vorher auch schon gemacht."
H.: „Ja, aber jetzt ist es eher intensiver."
Florine: „Intensiiiiver ...!"
Alle vier Mädchen kichern.
T.: „Pubertät ist auch, dass man erwachsen wird oder sich erwachsen fühlt."

Florine guckt zu T.: „Oder so tut ..."
T.: „... Als ob man sich erwachsen fühlt."
Florine: „Jungs ... entweder fangen sie an, albern zu werden oder sie hören auf albern zu sein."
Wieder kichern alle.
T.: „Oder sie werden total cool und behaupten, sie würden jetzt alle möglichen Drogen nehmen."
Florine spielt einen coolen Typen nach, die Finger lässig an der imaginären Zigarette und Macker-Gehabe: „Ja, ich rauche ja schon, hust hust, hust."
Die Mädchen kringeln sich vor Lachen.

Florines Welt

Ein Männchen mit Sonnenbrille und großer Nase schwebt am Regenschirm herunter, neben ihm gleitet ein knallroter Zeppelin und über all dem zieht ein altmodisches Propellerflugzeug seine Kreise. Das kunstvoll geschmiedete Eingangstor zu Florines Zuhause fällt auf in der Straße. Auf der gegenüberliegenden Straßenseite schmucklose Wohnblocks aus den 50ern. Der Leipziger Stadtteil Connewitz ist alternativ angehaucht. Hier leben „die 80er aus dem Westen" wieder auf: Jede Menge bunt gefärbte Irokesen und schwarz gekleidete Gestalten sind unterwegs. Der Punk ist hier zu Hause: „Um die Ecke hier, am Connewitzer Kreuz ist am 1. Mai immer Randale", erzählt Florine.
Florine mag ihre Umgebung und ihre „Villa Kunterbunt", den Altbau, wo sie mit ihrer Mama Anja und ihrer zweijährigen Schwester Inja wohnt. In der Vierzimmerwohnung mit verglastem Erkerbalkon leben auch noch „Mamas Freund und sein Sohn", erklärt uns Florine, „aber momentan ist riesig Stress zwischen Mama und (Florine beginnt zu flüstern) XY", so wird Florine ihn während der Dreharbeiten nennen, und „wer weiß, wie lange wir hier noch wohnen können?" Florine ist traurig, denn sie mag die gemütlich eingerichtete Wohnung, besonders ihr „kuscheliges Zimmer", obwohl die eine Hälfte mit einer Trennwand für Inja, die kleine Schwester, abgeteilt wurde. Aber die Wohnung gehört XY, und bei einer Trennung müssten die drei Frauen ausziehen, das ist schon klar.
Stolz zeigt Florine uns ihre „kleine Bibliothek": voll mit Indianer- und Fantasy-Geschichten, Sachbüchern über die Welt der Tiere, Romane über Schicksale von Mädchen in anderen Kulturen und auch ihre von „Mama geerbten Kinderbücher" stehen fein säuberlich geordnet im Regal. Davor sind Glückssteine, Vogelfedern und kleine Schmuckdös-

chen aufgereiht. An der Pinnwand hängen Kindheitsbilder aus glücklichen Tagen, „wo Crispin, Mama, Papa und ich noch in Frankreich gewohnt haben". Florines Eltern sind lange getrennt: „Das war eine stressige Zeit", sagt sie kurz, „da ging es uns nicht gut." In Florines Welt gibt es viele Patchwork-Familien. In ihrer Klasse sind nur zwei Kinder, deren Familien noch in ihrer ursprünglichen Vater-Mutter-Kind-Konstellation zusammen leben. Meist sind es die Mütter, auf deren Schultern die ganze Last liegt: Erziehung der Kinder, Haushalt und die Existenz der Familie sichern. Florine hat eine eher reservierte Haltung gegenüber neuen Freunden ihrer Mama: „Wir sind schon zu oft umgezogen, weil es nie so richtig geklappt hat zwischen Mama und ihren Lebenspartnern", erzählt Florine ernst. „Solche Streitereien belasten mich schon ganz schön."

Florine liebt über alles die „Herr der Ringe"-Filme und Waffen aus dieser mystischen Welt: „Ich habe da noch dieses Holzschwert", Florine holt es aus einer Zimmerecke, „und dann gucke ich in den Filmszenen ein paar Kampfschritte und so Bewegungen ab" – sie fuchtelt dabei mit dem Schwert herum. „Aber das Problem ist, dass das nur aus Holz ist, und schon mächtig demoliert von all den Kämpfen. Dieses Schwert ist auch nicht geschliffen, sonst wäre es zu gefährlich ... Aber irgendwann, wenn ich mal Geld habe, hole ich mir so ein richtig schönes."

Geheimnisse
Florines Freundinnen sind zu Besuch. Die Mädchen lümmeln auf dem Hochbett und planen weiter den Ausbau ihres „Geheimversteckes", wohin wir vielleicht später, wenn alle damit einverstanden sind, mitfahren dürfen ...

Ein weiteres Interview mit den Freundinnen

Welche Veränderungen stellt ihr an euch fest?
Florine: „Das Aussehen auf jeden Fall ..."
Miele: „Ja, und vom Charakter her auch ein bisschen ..."
Florine: „Manche werden ein bisschen mädchenhafter. Die waren vorher kindischer. Ich glaube, ich werde auch ein bisschen mädchenhafter. Ich habe mich vorher wirklich nie um mein Aussehen geschert. Das war mir wirklich egal, welche Hose ich angezogen habe."

H.: „Manchmal komme ich zu spät, weil ich mich nicht entscheiden kann, was ich anziehen soll."
Florine: „Nee, das passiert mir nicht!"
Miele: „Ich gucke mich immer öfter im Spiegel an ..."
H.: „... und denke: Boah, sehe ich scheiße aus!"
Die Mädchen kichern zustimmend.
Florine: „Man beginnt dann morgens früher aufzustehen, weil man sich noch mal duschen muss oder so."
T.: „Und man hat so Stimmungsschwankungen. Erst ist man total glücklich, und dann ist man wieder total mies drauf ..."
H.: „Wenn ich dann immer so komisch aus der Wäsche gucke, dann sagt meine Mutter immer: ‚Was ist denn los?' – ‚Nichts,' – ‚Ja, du guckst so.' – ‚Nichts ist los, Mama.'"
Florine: „Ach so, das ist also die sagenumwobene Pubertät ..."

Die vier Mädchen machen sich auf den Weg. Mit ihren Fahrrädern düsen sie zum „Geheimversteck". Knapp zehn Minuten von Florines Wohnung entfernt, biegen die Freundinnen hinter einem verlassenen Bahngelände ab. Es geht leicht bergab, an einer Kleingartensiedlung vorbei, zu einem mehrstöckigen roten Backsteinhaus – einem ehemaligen Wohnhaus für Bahnbedienstete. Das Haus haben Mieles Eltern gemeinsam mit Freunden günstig gekauft und von Grund auf renoviert. Die Vier steigen die eng gewundenen Treppen zum Dachboden hoch. Mieles Hund Rosi ist immer dabei. Auf dem Boden liegt ein Sammelsurium von Baumaterialien, alten Möbeln und eingelagerten Autoreifen. Ein kleines Séparée ist mit einem Vorhang abgetrennt. Miele schaltet eine Schreibtischlampe an: „Na ihr Süßen, habt ihr mich vermisst?" – Sie holt drei Ratten aus einem Käfig und schmust sie ab. „Rosi pfui, nein, nicht kleine Ratten zu Tode erschrecken", schimpft Miele ihre Hündin, die neugierig an den Nagern schnuppert. „Ach, die sind ja so süß", Florine ist ganz verzückt von Mieles Haustierchen und nimmt eines am Hals unter den Pulli. Nur H. und T. halten noch Distanz und packen die mitgebrachten Süßigkeiten aus. Florine entzündet ein Räucherstäbchen, dabei krabbelt ihr die Ratte aus dem Ärmel. „Jetzt machen wir es uns hier richtig gemütlich", sagt Florine und reicht die Wasserflasche weiter. Ich frage:

Wie erlebt ihr denn das Verliebtsein?
Florine: „Wenn ich jetzt mit Jungs so schäkere oder so, das haben wir ja vorher auch gemacht. Aber da war das halt mehr so

freundschaftlich, und jetzt denkt man schon manchmal so: ‚haaach' (Florine seufzt, die anderen gucken sie erwartungsvoll an), aber das ist natürlich nicht bei allen Jungs. Die meisten sind ... das soll auch weiter nur Freundschaft bleiben ... Und man hat ganz, ganz, ganz doll Schiss, dass dann vielleicht was passieren könnte, und irgendwie denkt man immer, dass derjenige ja auch in einen verliebt ist. – Und dann ist er's doch nicht."

Miele: „Man hat da irgendwie Kribbeln im Bauch und ..."
T: „... das Herz bleibt stehen, wenn man den sieht oder so was."
H: „Ja, totaler Herzstillstand, und man möchte für denjenigen auch am anderen Ende der Welt sein."
Florine: „Oder auch nicht, sondern ihm ganz nah sein."
Miele: „Doch dann traut man sich aber nicht, irgendwie ..."
Florine: „Ich finde, immer wenn man zum Beispiel ins Klassenzimmer reindrängelt und dann denjenigen berührt, das ist dann immer so total heiß an der Stelle. Oder wenn der dann so von hinten ankommt, so beim Ballspielen ... dann wird man immer so ganz starr ... aber es sind dann auch ganz viele Sachen peinlich ..."
T: „Man denkt jetzt, man muss immer besonders glänzen oder besonders gut aussehen für denjenigen ..."
Florine: „Dabei sind die eigentlich immer froh, wenn man so ist, wie man sonst auch ist."

Von den vier Mädchen hat bisher nur die „Kleinste", die 12-jährige H., einen Freund gehabt. Nur zögerlich rückt sie mit ihrer ersten Liebesgeschichte heraus, doch dann folgen doch weitere „Jungsgeschichten"...

H.: „Eigentlich war das schon schön, aber ich habe dann immer irgendwie Angst bekommen und dann mit dem Schluss gemacht."
Miele: „Vor was hattest du denn Angst?"
H.: „Der eine, der hatte dann nie mehr Zeit und der hat dann ständig auf die Uhr geguckt und gesagt, „ich muss jetzt los". Und das hat mich angekotzt. Und bei meinem anderen, der hat mir zuviel gekuschelt. Da habe ich ein schlechtes Gewissen gehabt."

H. guckt verlegen zum Boden, und ihre Freundinnen zeigen Verständnis.

Florine: „Ich denke, man muss sich auch vorher absprechen, was man sich darunter vorstellt. Sonst ist das ja doof. Sonst macht man ja was falsch. Und ich denke, dass viele Jungs da immer ein bisschen mehr erwarten, was jetzt Küssen und so betrifft ..."
H.: „Dann tun die immer so machomäßig ..."
Florine: „Ja, die haben dann ja damit auch keine Probleme, die können ja keine Kinder kriegen ..."
T.: „Du denkst ja aber weit voraus."
Florine: „Das ist aber wirklich so. Ich denke, dass auch viele Jungs aus unserer Klasse so was erwarten würden. Das finde ich doof. Das muss man denen auch sagen, denke ich ... ich weiß ja nicht, was die so erwarten, ich bin ja kein Junge. Sie haben es uns noch nie gesagt. Darüber müsste man ein Buch schreiben ..."

Florine grübelt oft über die wahre und reine Liebe. Manche ihrer Freundinnen haben jetzt erste Freunde. Dafür fühlt sie sich aber noch zu jung. Vor allem hat sie Angst, dass ihre Liebe nicht erwidert oder ausgenutzt werden könnte. So richtig traut sie Beziehungen nicht. Gerade hatte sie auch einen Schwarm, „ein Junge, der mit P. beginnt", vertraut sie uns an. Doch das scheint eine komplizierte Geschichte zu sein. Zum einen wollten alle Florine mit besagtem „P." verkuppeln, auch Florines Mama versuchte Treffen zwischen den beiden zu forcieren. Doch das störte Florine: „Wenn ich merke, dass ich verkuppelt werden soll, dann ist bei mir das Gefühl sofort weg." Außerdem verliebte sich auch noch eine sehr gute Freundin von Florine in „P.". Die beiden Mädchen haben sich über den Jungen unterhalten, und Florine verzichtet für das Glück ihrer Freundin. „Ich finde das schön, wenn die beiden miteinander glücklich werden", sagt sie. „Das macht mich auch glücklich!"

Was haltet ihr von Jungs?
Miele: „Doof finde ich, wenn Jungs brutal sind oder kitschig. Oder irgendwie so komisch."
T.: „Doof finde ich, wenn die immer so albern sind und so rumschreien in der Pause."
Florine: „... so cool tun. Aber was mag man denn so an Jungs?"
H.: „Gibt es irgendwas, was man an Jungs mögen kann?"
Alle Mädchen lachen laut und zerbrechen sich die Köpfe.
T.: „Ja, H. mag schwarze Augenbrauen."
H..: „Ja, auch so dunkle Augen mag ich."
T.: „Und wenn sie nett sind ..."

Miele: „Ja, nett, verständnisvoll, und soo sensibel."
Florine: „Außerdem müssen sie mal ein bisschen romantischer sein, so ein Gentleman ist immer gut."
H.: „Und wenn man denen ein Briefchen schreibt, das kann ich gar nicht leiden, wenn sie dann gleich den anderen Jungs laut vorlesen. So einen auf blöden Macho machen."
Florine: „Ja, dann wollen sie allen nur beweisen, dass sie auch eine Verehrerin haben."

Sprecht ihr auch manchmal über Sex?
Die Mädchen schauen zuerst ein wenig irritiert, doch dann erzählen sie weiter, ohne peinliche Pausen.

Florine: „Wir sprechen schon über alle diese möglichen Sachen."
T.: „Ja, aber ich glaube, ich will es noch nicht ausprobieren."
H.: „Im Fernsehen zum Beispiel kommen ja ständig solche Sexszenen …Wenn ich solche Bilder sehe, dann muss ich immer kichern. Ich finde es irgendwie albern."
Miele: „Wenn die irgendwelche Dinge machen oder so."
T.: „Ich finde es nur eklig, wenn die sich dann im Fernsehen auch noch so zeigen."
Florine: „Das sollte einfach privat sein, und nicht für jeden öffentlich gemacht werden."
H.: „Es ist einfach nur abartig, finde ich."
T.: „Nur, wenn man es im Fernsehen oder in solchen Zeitschriften zeigt, sonst nicht."
Florine: „Wie die Lehrer immer so schön sagen: Sexualität ist ja was ganz Natürliches."
H.: „Ja, biologisch gesehen, natürlich."
Miele: „Das ist ja, als wäre das so ein Marktprodukt, das man verkaufen kann. Als könnte man damit Geld machen …"
Florine: „Kann man ja auch."
Miele: „Wenn man über Sex redet, dann finde ich das nicht so schlimm. Aber wenn man solche Bilder sieht …"
Florine: „Das ist einfach sexistisch. Das ist einfach nicht schön. Und außerdem tun mir diejenigen leid, die so etwas machen müssen."
H.: „Manche wissen vielleicht gar nicht, dass sie gerade gefilmt werden."
Florine: „Doch, das denke ich schon, aber zum Beispiel bei Big Brother, wo die dabei auch gefilmt werden … Das gehört sich einfach nicht!"

H.: „Aber die tun es ja auch nicht ..."
Florine: „Doch!"
T.: „Ich kann mir noch nicht so recht vorstellen, dass ich mal mit jemandem ..."
Miele: „Ich finde, das Thema wird immer so hochgeschaukelt, wie zum Beispiel in den Bravos, wo die immer diese Fragen stellen ..."
Florine: „... Doktor Sommer?"
Miele: „Ja, mit solchen Fragen wie: Warum kommt er nicht? Irgendwelche 13-Jährigen fragen das dann, das finde ich komisch."
H.: „Naja, das ist es irgendwie vielleicht auch. Aber vielleicht auch ganz okay, wenn du darüber nicht so viel weißt. Und wenn du das dann durchliest, dann bist du ja auch ein bisschen ... informiert."
Florine: „Ja, aber ich finde, in der Bravo erzählen sie auch einen Haufen Scheiß ..."
H.: „Das sind ja auch immer fast die gleichen Fragen und immer wieder fast die gleichen Antworten."
Florine: „Also ich kann mir das noch nicht so direkt mit der Sexualität vorstellen, nee." Florine schüttelt sich und ihre Freundinnen pflichten ihr stumm bei.

Anders als die anderen
In den Sommerferien hat Florine einen großen Entwicklungsschritt gemacht: Sie ist größer geworden, aber zu ihrem Leidwesen wächst ihr Busen immer noch nicht. Und ganz andere Veränderungen in Richtung Erwachsenwerden machen sich bemerkbar.

Florines Videotagebuch, August 2004:
„Ich miste gerade mein Zimmer aus. Kaum zu glauben, was da alles für Scheiß drinnen ist. Man gewöhnt sich so an die Sachen da, dass man gar nicht mehr mitbekommt, was das für Sachen sind. Zum Beispiel hab ich noch so ein Schränkchen gehabt, für meinen Schmuck, mit Teddybären drauf. Das ist zwar ganz hübsch, aber irgendwie muss es nicht mehr sein ..."

Florine ist nach den Sommerferien in eine neue Klasse gekommen, denn sie hat sich in der achten Jahrgangsstufe für den musischen Zweig entschieden – alle ihre Freundinnen dagegen für den naturwissenschaftlichen. Sie vermisst ihre Vertrauten. Die meisten ihrer neuen Klassenkameradinnen stehen seit neuestem in den Pausen im Park und rauchen. Das findet Florine „richtig doof". Sie ist anders als diese Mädchen, eine Außenseiterin, freiwillig, das ist ihr klar. Es belastet sie aber auch. Mit ihrer ein Jahr jüngeren Freundin Miele kann sie darüber reden. Die beiden sitzen in der Herbstsonne auf der Mauer vor Florines Haus.

Florine: „Ich habe jetzt doch diese blöde neue Klasse, wirklich, da komme ich so rein und denke „ääh – was mache ich hier nur? – Und in meiner neuen Klasse, da rauchen auch fast alle …"
Miele: „In meiner Klasse rauchen alle."
Florine: „Echt, außer dir? Das ist doch total doof, weil man sieht, dass die meisten Menschen überhaupt nicht auf ihre Gesundheit achten."
Miele: „Ich denke, die fangen nur damit an, weil sie cool sein wollen."
Florine: „Und dabei ist das ja so uncool."
Miele: „Ja, und dann fängt's an, und dann ist man dann süchtig. So schnell geht das."
Florine: „Unser ehemaliger Klassenlehrer in der 7b, Herr Engel, der hat geraucht wie so ein Schornstein. Und immer, wenn der angefangen hat zu rauchen, haben wir ihn damit genervt, ihm ein Bild von einem Raucherbein aus unserem Biobuch unter die Nase zu halten. Das fand er so nervig, dass er lieber nicht geraucht hat, wenn wir da waren. Und jetzt raucht der nur noch halb so viel wie früher."
Miele: „Das finde ich cool. Für mich ist Rauchen überhaupt kein Thema, weil ich es scheiße finde."
Florine: „Mein großer Bruder meint so, ‚ja, das sagst du jetzt noch, dass du nicht rauchen wirst. Aber irgendwann machst du das bestimmt und irgendwann trinkst du auch'". Wenn man als Kind schon anfängt zu rauchen, finde ich, dass das auch was damit zu tun hat, dass einem Charakterstärke fehlt."
Miele: „Ich denke, die rauchen, weil sie dazugehören wollen."
Florine: „Weil sie denken, damit sind sie älter. Ich würde total darauf achten, dass ich mich nicht in jemanden verliebe, der raucht. Außerdem ist das ja schon oft so, dass die dann sagen: ‚Willst du nicht auch mal probieren?'"

Frauensachen

Die Mädchen experimentieren mit ihrem Aussehen. Schuhe mit hohem Absatz und kurze Röcke besitzt Florine nicht, aber sie hat den Schminkkasten ihrer Mutter für sich entdeckt. „Bin ich schön?", fragt sie, wie alle ihre Freundinnen auch. In manchem ist sie allerdings viel ernsthafter als die anderen Mädchen. Sie grübelt viel. Neulich hat sie beschlossen, auf Taschengeld zu verzichten, denn Mama hatte ein Loch in der Haushaltskasse. Gerade liest sie ein Buch über die Beschneidung junger Mädchen in Afrika. Dieses wie alle Frauenthemen bespricht sie am liebsten mit ihrer Mutter.

Aber auch diese Beziehung ändert sich gerade. „Also eine Zeit lang, es war glaube ich, während der Ferien, da haben wir uns zwei Wochen lang fast permanent gestritten. Ich glaube, da war Mama noch nicht so richtig drauf eingestellt. Das kam ein bisschen plötzlich. Aber bei mir hatten lauter Sachen, die ich nicht für richtig gehalten habe, oder wo ich mich unfair behandelt gefühlt habe, sich immer weiter aufgestaut. Und deshalb wurde es immer heftiger zwischen uns, bis es irgendwann geplatzt ist. Dann mussten wir auch einen Kompromiss dafür finden."
Das können einfach ganz alltägliche Dinge sein, die Florine plötzlich an Mama stören: „Ich kann es nicht leiden, wenn Mama mein Zimmer aufräumt. Ich mache doch alles immer wieder so, wie es mir passt."
Immer wieder aber geht es eigentlich darum, selbst zu entscheiden, selbstständig zu sein ...

Andererseits sprechen die beiden von jeher ganz offen über Sexualität, Frausein und alles, was für die neugierige Florine gerade damit zusammenhängt. Besonders beschäftigt sie, dass ja nun bald die erste Periode kommen muss, und dieser Tag soll ein Mutter-Tochter-Tag werden: „Ich werde nicht in die Schule gehen, sondern den Tag mit meiner Mutter verbringen. Wir haben schon ein oder zwei Cafés in die engere Auswahl gefasst, das Elefantencafé und Hundertwasser, wo wir den Tag zusammen verbringen. Das ist das Erwachsenwerden, und meine Mutter soll mich dabei begleiten. Und mir die Welt der Erwachsenen zeigen. Sie hat mir das alles sehr früh erklärt und mich aufgeklärt. Ich denke, unser Verhältnis jetzt ist ziemlich gut: jetzt hat sie sich wahrscheinlich daran gewöhnt, dass ich mich permanent verändere."

Gerne stellt Florine dieses Thema Erwachsenwerden in einen großen, universellen Zusammenhang: Mädchen und Frauen der Welt. Dabei sehen schon allein ihre Freundinnen das Ganze höchst unterschiedlich. „Wir reden oft darüber. Diejenigen, die die Regel schon haben, haben sozusagen den Jüngeren alles erklärt. Manche erzählen, wie sie davon überrascht wurden, dass sie sich dann an ihre Mütter gewendet haben. Viele leiden sehr unter Schmerzen. Aber die denken auch grundsätzlich, wir wären besser ohne dran. Also ich finde, es ist was ganz besonderes und auch, dass man als Frau darauf stolz sein kann. Weil man ab dann jeden Monat die Möglichkeit hat, einem Kind das Leben zu schenken. Dass man ja über Leben und Tod entscheiden kann. Das ist ja auch ein gewisses Stück Macht. Und das muss man erst mal lernen, damit umzugehen, so viel Macht in den Händen zu halten. Früher war das etwas sehr Spirituelles, für das sogar Feste gefeiert wurden ..."

Sex

„Jungfräulichkeit ist ein ganz besonderer Schatz. Vielleicht finden Jungs deshalb Jungfrauen so toll, weil die denen ein kostbares Geschenk machen, wenn sie für die diesen großen Schatz aufgeben. Und deshalb denke ich, wird es noch eine Weile dauern, bis ich mit einem Jungen schlafe. Das muss gut ausgewählt sein, wer das ist. Das kann man nicht dem Nächstbesten schenken. Ich denke zwar drüber nach, aber für mich ist das noch im Fernen. Ich werde jetzt nicht, sobald ich meine Regel habe, mit einem Jungen schlafen, absolut nicht. Es gibt eine Studie, dass im Durchschnitt Mädchen so mit 13 ungefähr ... das finde ich – Gott im Himmel! – fast ein bisschen unverantwortlich, selbst mit Verhütungsmitteln.

Wenn ich mit einem Jungen zusammen bin, und der würde das von mir erwarten, dann würde ich sagen: ‚Wenn du das nicht akzeptieren kannst, dass ich das nicht möchte, dann musst du gehen. Weil ich das für dich nicht machen werde, bis ich mir ganz sicher bin und bis ich denke, dass ich meine Macht über Leben und Tod im Griff habe.'

Das klingt vielleicht komisch, ja? Aber mit der Jungfräulichkeit gibst du ja auch ein Stück von deiner Unschuldigkeit. Also das gibt man natürlich schon fast vom ersten Lebenstag an, ab dem man Fehler macht und so. Aber noch mal ein ganz großes Stück Unschuldigkeit geht dabei verloren. Und deshalb denke ich, viel zu viele schätzen das gar nicht. Die sind dann zwar vielleicht stolz: ‚Ja, Mann, ich hab die jetzt ‚entjungfert', und ich bin der Größte.' Aber die denken nur daran, was sie selber Tolles gemacht haben, und denken gar nicht daran, was die Frau damit aufgegeben hat, oder das Mädchen."

Florines Interessen haben sich sehr verändert:

Ihr neuer „Steckbrief"
im Oktober 2004:

Alter: 13 Jahre
Größe: 1,68 m
Schuhgröße: 40
Gewicht: 45,8 kg (trägt aber immer noch „die gleiche Klamottengröße wie vor dem Sommer")
Lieblingsessen: Eintopf
Taschengeld: immer noch keines
Berufswunsch: Sprachwissenschaftlerin und nun auch Innendesignerin
Hobbys: in den Wald gehen, Singen, Schreiben und „bei leichtem Wind in der Sonne sitzen…"
Lieblingsfach: Geo und Geschichte
Lieblingsgruppen: Linkin Park, Sportfreunde Stiller und fürs Herz: Nora Jones und Nelly Fortado

Moritz: Pubertät ist Love, Sex and Rock'n Roll!

von Wolfgang Klauser

Was ist Pubertät?
Moritz: „Man wird größer, alles verändert sich, es ist auch so ein Hormondings. Man hat öfter Streit mit seinen Eltern, Meinungsverschiedenheiten. Und man will weg. Man will manchmal einfach nur weg von seinen Eltern. Party machen. Erste Liebe, erste wahre Liebe ..."

Steckbrief: Moritz Mönnich
im Mai 2004

Alter: 13 Jahre
Geburtstag: 19. März 1991
Größe: 1,56 m
Schuhgröße: 40
Gewicht: 42,4 kg
Lieblingsessen: hat kein Lieblingsessen: „Mir schmeckt einfach vieles."
Zuhause: eine 5-Zimmer-Dachgeschosswohnung in Leipzig
Schule: Immanuel-Kant-Gymnasium in Leipzig, Klasse 7c
Mutter: Buchhändlerin
Vater: Maler
Geschwister: Pia (knapp ein Jahr alt)
Taschengeld: 5 Euro in der Woche
Berufswunsch: (Star-) Koch
Sommerferien: 1 Woche in Karlsruhe bei seinem besten Freund Florian, danach 2 Wochen Dänemark und dann noch 1 Woche bei den Großeltern in Mecklenburg-Vorpommern
Hobbys: Judo (grüner Gürtel), Kochen
Spitzname: hat keinen Spitznamen
Lieblingsfach: Geografie
Lieblingsgruppe: Beatles

Wettkämpfe

Moritz hat Humor – und genau deshalb kann er so gut über ernste Themen reden. Doch kaum ist die Kamera auf ihn gerichtet, wirkt er wie ausgewechselt: Dann kriegt er die Zähne nicht mehr auseinander und versucht mit allem, was er sagt und tut, zu gefallen. „Moritz, bitte nicht vor der Kamera spielen, versuch einfach so zu sein, wie du bist!" Einfach gesagt zu einem 12-Jährigen, der im Hinterkopf hat: „Alles, was ich jetzt vor der Kamera sage, kann später gegen mich verwendet werden ..." Aber Moritz ist hoch motiviert und möchte „unbedingt bei diesem Film mitmachen", denn „Pubertät ist ein Thema, was alle interessiert und spannend klingt. Ich glaube, das schaffe ich", sagt Moritz entschlossen, „ich brauche vielleicht etwas länger ..."

Moritz ist sehr sportlich. Mehrmals die Woche hat der Grüngurtträger Judo-Training und am Wochenende meist noch Wettkämpfe. „Das Training bedeutet für mich, dass ich nachmittags irgendwohin gehen und mir die Zeit vertreiben kann", sagt Moritz. „Und nicht nachmittags vor dem Computer abhänge und mich zu Hause langweile." Für ein bisschen Zeitvertreib kämpft er konsequent. Mit seiner Körpergröße von 1,56 Meter und einem Fliegengewicht von 42 Kilogramm versucht er mit Ausdauer und Härte gegen sich selbst, seinen oft größeren und schwergewichtigeren Gegnern zu begegnen. Bei einem Wettkampf verletzt sich Moritz an der Hand, es tut weh, er schaut Hilfe suchend zu den Zuschauern, wo ihn sein Vater beim Kämpfen filmt. Würde Moritz jetzt gerne aufgeben? Er kämpft weiter, so verbissen, dass er schließlich seinen Gegner aufs Kreuz legt und besiegt. Moritz wird gefeiert. Er freut sich, bleibt aber verhalten.

Kinderzeit

Als kleines Kind hielt Moritz nichts vom Ausschlafen. Punkt 6 war die Nacht zu Ende, egal wie lange er abends rumturnte. Wenn Besuch kam, war Moritz so lange dabei, bis er einfach irgendwo einschlief. Meistens bauten die Eltern ihm dann ein Lager unter dem Schreibtisch. Mittagsschlaf gab es bei ihm nur im Kindergarten.

Moritz war immer ein recht vorsichtiges Kind, das ist er auch heute noch. „Das merkt man daran, wie er z.B. Ski oder Fahrrad fährt", sagt seine Mutter: „Ich finde das als Mutter gut, weil man nicht ständig um ihn Angst haben muss." Trotzdem ist Moritz ein Armbruch nicht erspart geblieben.

Eine wichtige Beziehung ist die Freundschaft mit Florian, der nach Karlsruhe zog. Die beiden kannten sich schon zu Sandkastenzeiten, denn ihre Eltern sind befreundet. Die beiden Jungs sind sehr verschieden, verstehen sich aber gut: Florian ist sehr ehrgeizig, was die Eltern sich von Moritz manchmal wünschen würden. Während bei Moritz das Chaos zu Hause herrscht, ist Florian relativ ordentlich ... vielleicht ziehen sich die Gegensätze an.

Moritz' Mutter, die als Buchhändlerin arbeitet, erzählt „eine Story zur Chaostheorie": „Eines Tages rief Moritz in der Buchhandlung an. Er ging in die 2. Klasse. ‚Mama, meine Hefte sind weg. Alle!' – Rückfrage von mir: ‚Hast du schon mal in deinen Ranzen geguckt?' Antwort: ‚Ach nee, da sind sie ja.'" Sie erzählt weiter, von Moritz Sammlerleidenschaft. „Er hat manche Sammelaktionen mitgemacht, z.b. Gogos, Pokemon, Magic-Karten u.ä. Aber das hat er immer nur kurz betrieben, nicht mit besonderer Akribie, und Reste davon schwirren noch heute durch sein Zimmer ..."

Sein Zimmer! Moritz konnte schon immer in kürzester Zeit das totale Chaos veranstalten ... auch in der ganzen Wohnung. Andererseits hat er doch eine gewisse Ordnung in seinem Leben: So kommt er nur selten zu spät – „weil er weiß, dass wir uns dann Sorgen machen würden. Und wenn wir uns bei Pflichten im Haushalt nicht unbedingt auf ihn verlassen können, bei wichtigen Dingen ist er zuverlässig. Das merken wir immer, wenn es z.b. um seine Schwester Pia geht. Von Anfang an hat er sich toll um sie gekümmert und seit sie da ist, ist er selbstständiger geworden", erzählt seine Mutter.

„Beim Judo haben wir ihn angemeldet, weil er sehr beweglich ist und weil er lernen sollte sich zu wehren. In der Grundschule hat er mal einen ‚Stänkerfritzen' aufs Kreuz gelegt und das hat dann auch gereicht. Für Moritz war es wichtig zu lernen, sich auf eine bestimmte Sache zu konzentrieren und auch mal was einstecken zu können. Judowettkämpfe sind für zuschauende Eltern grausam. Nasenbluten ist normal, und mit einer ausgerenkten Schulter durfte Moritz mal mit dem Krankenwagen fahren."

Moritz liebt es, zu kochen – und Küchengeräte als Geschenke: zu seinem 11. Geburtstag wünschte er sich eine Friteuse. In der Grundschule beschloss er, eine Hausarbeit über Leipzig mit dem Rezept für Leipziger Lerchen zu schreiben und zur Buchbesprechung in der 6. Klasse stellte er ein Kochbuch vor und machte Tiramisu für alle.

Moritz ist für viele ein guter Kumpel und treuer Freund. Er musste erst lernen, dass er sich nicht auf jeden verlassen kann. Die Eltern erzählen: „Eine Zeit lang hat er ein paar Jungs bewundert, die immer auffallen wollten und ganz auf cool machten. Das hat uns nicht immer gepasst. Irgendwann hat Moritz selbst gemerkt, dass viel heiße Luft dabei war ..."

Das Ding mit der Größe

Moritz fühlt sich für sein Alter viel zu klein. Damit hat er ein großes Problem: „Ich wünsche mir, dass ich ein bisschen größer bin als ein paar andere oder mindestens gleich groß", sagt Moritz leicht trotzig. „Damit ich in der Klasse nicht immer „Kleiner" genannt werde." Auf kleinere Jungs stehen die Mädchen in seiner Schule nicht. „Für viele Mädchen bin ich einfach nur ein guter Kumpel, aber gehen tun sie mit den Größeren", sagt Moritz. Er geht in die 6c des Immanuel-Kant-Gymnasiums in Leipzig, eine Parallelklasse von Florine Baumbach; die beiden kennen sich vom Sehen in der Pause. Die Schüler lungern in Cliquen herum, und es ist wichtig „dazuzugehören und mit den Richtigen abzuhängen". Mädchen und Jungs ärgern und necken sich. Es wird über „coole Aktionen oder Klamotten gequatscht", manchmal, völlig grundlos, hysterisches Gekreische und Gegacker der Mädchen und lässiges Macho-Gehabe der Jungs. Moritz verschwindet in der Schulkantine. Obwohl es mittags meist auch noch was zu Hause gibt, verdrückt Moritz gerade eine Portion Eierkuchen mit Apfelmus wie nichts.

Nach der Schule hat sich Moritz mit seiner Mutter in der Stadt verabredet. Er braucht neue Klamotten für den Sommer. Er wünscht sich Baggy-Pants, Hosen „die im Schritt cool nach unten hängen – so wie sie die älteren, lässigen Typen tragen". Früher ist Moritz gerne mit seiner Mutter Einkaufen gegangen. Doch seit kurzem fühlt er sich dabei nicht mehr so wohl in seiner Haut: „Ich merke, dass ich selbstständiger werde", sagt Moritz vor dem Kaufhaus und blickt wartend auf die Uhr in seinem Handy. „Ich mache nicht mehr so viel mit meinen Eltern ... Das ist mir peinlich, wenn ich mit meiner Mutter einkaufen gehen muss. Die anderen aus meiner Klasse gehen alleine in die Stadt und kaufen sich selbst ihre Klamotten."

Die Rolltreppe führt hinunter in die Kinderabteilung. Moritz guckt sich leicht hektisch um. Hoffentlich sieht ihn jetzt keiner.

Mutter: „Und, weißt du schon, was für eine Hose es sein soll?"
Moritz: „Na eine, die mir gefällt ..."
Mutter: „Aber mir soll sie auch gefallen, denn ich bezahle sie schließlich auch ..."
Moritz, leicht genervt: „Jaaa!"
Mutter: „Wir werden schon eine finden, die uns beiden gefällt. – Wie findest du die ...?"
Moritz: „Nee, bloß nicht, bitte ..."

Mutter: „Dann müssen wir noch mal weiter gucken. Und was hältst du denn davon, wenn wir hier so eine nehmen, wo du die Beine mit dem Reißverschluss wieder abmachen kannst?"
Moritz: „Dann verlier' ich die Teile wieder."
Mutter holt eine 08/15 Jeans von der Stange: „Und die hier, die ist doch gut – oder?"
Moritz: „Iih. Ist die hässlich ..."
Mutter: „Aus Jeansstoff willst du also auch keine, oder wie?"
Moritz: „Na ja."
Mutter: „Hol doch mal eine von denen raus. Na, 164 ist noch zu groß."

Moritz verdreht die Augen – den Spruch wollte er jetzt nicht hören. Schließlich findet er eine Hose, mit der Mama auch einverstanden scheint. Anprobe vor dem Spiegel. In einem unbeobachteten Moment zieht Moritz die Hose tief nach unten, so dass der Bund unter den Hüften anliegt. Moritz nickt zufrieden.

Mutter: „Stell dich mal hier vorne hin und lass dich anschauen ..."
Moritz: „Und?"
Mutter: „Die finde ich gar nicht so schlecht."
Moritz: „Na ja, die Hose gehört auf jeden Fall ein bisschen runter halt."
Mutter: „Ja, wenn du mit mir unterwegs bist, ziehst du sie richtig hoch, und wenn du alleine bist, kannst du den Gummibund runterziehen."

Der Einkauf war erfolgreich. Zur neuen Baggy-Pant gab's auch noch ein paar andere angesagte Klamotten: ein langärmliges weißes T-Shirt, vernäht mit einem kurzärmeligen braun-karierten Hemd und „Surfer-Sandalen" mit Klettverschluss. Auf dem Weg zur Kasse soll Moritz nicht gewollte Hemden zurückhängen. Aber die Hemden hängen ganz oben: „So groß bin ich nicht. Ich komme da oben gar nicht ran", sagt Moritz und sucht verzweifelt nach seiner Mutter.
Moritz versucht, sein Aussehen in den Griff zu kriegen. Er hat ein neues Styling-Problem. Jeden morgen versucht er sein Haar zu bändigen und in eine angesagte Form zu gelen. Oft steht er ratlos vor dem Spiegel, eine halbe Geltube schon auf dem Kopf verteilt: „Also, ich habe auf dem Kopf ziemlich viele Wirbel und deswegen gele ich mir meine Haare eher so nach hinten hoch", sagt Moritz und zupft an den inzwischen bretthartenen Haarsträhnen rum. „Oder vielleicht so, nein bloß nicht, also nie nach vorne, eher so was Fesches halt." (lacht und zieht Grimassen)

Der 14-jährige Moritz mit seiner Partnerin beim Abschlussball

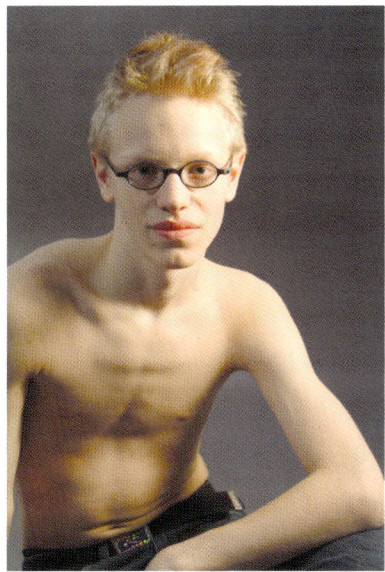

„Es gefällt mir, dass ich so durchtrainiert bin", sagt Moritz mit 15 ...

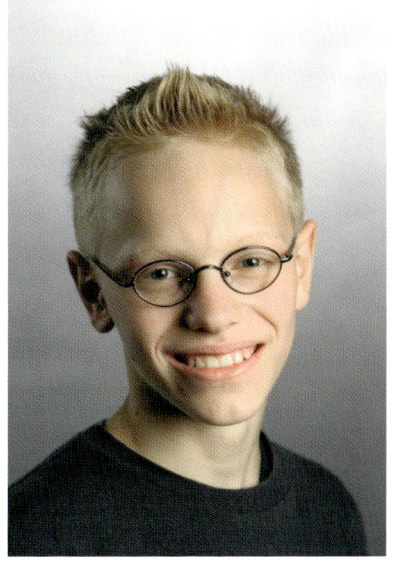

... „aber meine Haare brauchen einfach zuviel Styling"!

Der 3-jährige Moritz hat sich schon ein Haus gebaut.

Moritz, 10 Jahre alt: Spaß beim Karneval in Leipzig

Moritz und seine Freunde lieben Partys: ein 13. Geburtstag

Familienausflug mit Cousine Lisa, Mutter Kerstin, Schwester Pia, Tante Kati und Vater Timo und dem 12-jährigen Moritz

Ostseeurlaub – Moritz ist 14

Moritz und seine Judo-Gruppe

Moritz und seine Schwester Pia, sie ist 12 Jahre jünger als er.

Ein großer Bruder ...

… ein junger Mann!

Florine mit 15: sie wirkt sehr natürlich.

Eine junge Frau ...

... und nicht mal ein Jahr zuvor noch ein verträumtes Mädchen

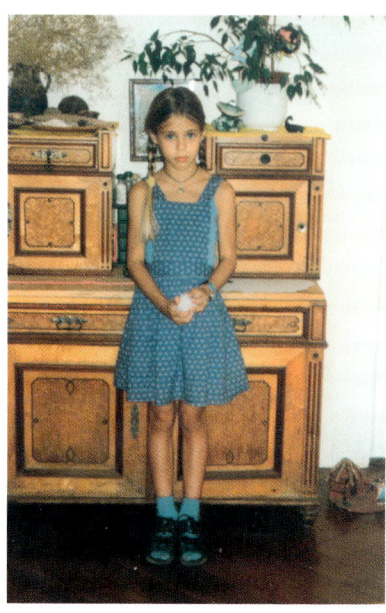

Prinzessin Florine, 4 Jahre alt

Florine mit 9 Jahren

Florine an ihrem 11. Geburtstag

Der 13. Geburtstag: Florine mit ihrer Schwester Inja und einer Freundin

Florine ist mit Musik aufgewachsen. Sie singt begeistert im Chor ...

... und ist mit 15 Jahren eine gute Geigerin.

Mit den Leipziger Freundinnen ging es durch die letzten Jahre – und so soll es bleiben.

Die drei Geschwister: Crispin (im Schlauch), Florine und Inja

Eine 15-Jährige mit Blick nach vorn

Zuhause

Moritz wünscht sich bald ein neues Zimmer. Mit seinem Vater Timo hat er schon darüber geredet, ob sie nicht nach den Sommerferien „alles etwas bunter malen könnten" und ob er ihm ein neues Regal für seine Sachen bauen könnte. „Mal schaun", sagt Timo gelassen. „Vorher möchte ich aber, dass du dein Zimmer aufräumst. Da liegen schon so viele Sachen rum, dass ich mir damit die Schuhe putzen kann. Das wollte Moritz nicht hören. Lustlos hebt er Klamotten, Beatles-CDs und leere Süßigkeiten-Tüten auf und wirft alles auf seine Hausaufgabenhefte auf dem Schreibtisch. An den Wänden hängen ein paar Auto-Poster, hier und da noch Spielsachen, mit denen Moritz „immer weniger anfangen kann" und im Regal jede Menge Bücher, die ihm seine Mutter geschenkt hat, doch „Bücher lesen bockt halt auch nicht so". Lieber hängt Moritz zu Hause am Computer, der seinem Vater gehört, und spielt in „ungestörten Momenten" Strategiespiele. „Vielleicht habe ich ja bald auch einen eigenen Rechner in meinem neuen Jugendzimmer", überlegt Moritz.

Im Hintergrund fängt seine knapp einjährige Schwester Pia an zu weinen. Moritz nimmt sie in den Arm und tröstet sie. Liebevoll spielt er mit ihr, schüttelt kleine Rasseln und blättert in einem Tierkinderbuch. Auch wenn seine Eltern mal ausgehen wollen, ist Moritz immer als Babysitter zur Stelle. Da fühlt er sich ganz als großer Bruder. Ansonsten versucht er schon immer häufiger, „sich von Zuhause abzuseilen und ohne Eltern, mit Freunden was zu unternehmen".

Viel Rauch um nichts?

Während die meisten seiner Klassenkameraden nach den Sommerferien einen sichtbaren Wachstumsschub gemacht haben, sind bei Moritz die Veränderungen kaum messbar. Allerdings: Er legt noch mehr Wert auf sein Äußeres. Neben Duschen, Deo und Parfum gehört nun auch Gesichtswasser zu Moritz' täglichem Pflegeritual. Seine Haut macht ihm seit Kurzem zu schaffen. Doch dank Mamas Kosmetik-Geschenk lassen sich die fiesen Pickel im Gesicht einigermaßen kontrollieren.

Moritz hat für die Achte den musischen Zweig gewählt und geht nun mit Florine zusammen in die Klasse. Doch die beiden verbindet nichts. Florine findet ihre neuen Klassenkameraden „oberflächlich und fürchterlich, weil die meisten rauchen" und Moritz treibt sich in den Pausen gerade mit den Rauchern herum. In der Clique haben sich auch schon ein paar Liebschaften gefunden. Moritz hat keine Freundin. Er hält mit den Größeren mit und fängt an zu rauchen.

Doch bald fliegt das Rauchen zu Hause auf. „Meine Freunde haben gesagt: ‚Komm, probier doch mal.' Da hab ich halt auch mal dran gezogen, und mir auch eine Schachtel gekauft. Doch ein Freund, der hat meinem Vater aus Rache eine SMS geschrieben, dass ich rauche, und dass mein Vater mal in meiner Jacke nachgucken soll. Da hat mein Vater die Zigaretten gefunden. Es gab ziemlichen Stress, also Streit, und ich durfte nirgendwo mehr hin, da musste ich immer hier bleiben und irgendwelche Aufgaben machen." Moritz muss schlucken – die Sache geht ihm nah. „Mein Vater hat mir gesagt, dass er fürchterlich von mir enttäuscht ist, dass ich sein Vertrauen mit dem Rauchen missbraucht habe und dann (Moritz zögert), dann hat er deswegen vor mir geweint ... aber er hat doch selber geraucht und schafft es nicht wirklich aufzuhören ..." Dann sagt er entschlossen: „Ich habe ihm versprochen nicht mehr zu rauchen. Und das werde ich auch einhalten!"

Aus dem ersten Interview im Oktober 2004

Wie hast du dich beim Rauchen gefühlt?
Moritz: „Eigentlich ging es mir etwas schlecht, mir war's ein bisschen schwindelig, und das war nicht gut, und das mache ich jetzt auch nicht mehr. Das habe ich auch versprochen."

Hast du auch schon mal Alkohol getrunken?
Moritz: „Ja, ich habe schon mal mit meinen Freunden ein Bier getrunken, bei einem Geburtstag. Das schmeckt eigentlich nicht, das schmeckte eher bitter, das Bier ... Aber regelmäßig trinke ich keinen Alkohol."

Wie veränderst du dich in der Pubertät?
Moritz: „Komisch ist eher dran, dass man sich mit den Eltern streitet, dass Probleme in der Familie auftreten, Rauchen, Alkohol und so was alles. Und schön ist eigentlich, dass man sich verändert, dass man größer wird, dass man sich auch körperlich und innerlich verändert. In der Pubertät kriegt man an der Brust Haare und unter den Armen und an den intimen Stellen. Und ich guck auch schon mal manchmal im Spiegel auf die Brust oder unter den Armen." Moritz lacht, denn darüber redet man eigentlich nicht.

Was findest du gut an dir?
Moritz: „Ich finde gut, dass ... ich bin so etwas schlanker. Nicht wie

andere Kinder, die so moppelig sind und kräftig. Das finde ich gut an meinem Körper, dass ich schlank bin. Und was mir nicht so gut gefällt, ist meine Größe. Früher in der Klasse war ich immer der Kleine, nicht der Kräftige, sondern der Kleine. Ich achte nicht auf die anderen, die sagen: ‚Du bist so klein.' Das ignoriere ich einfach."

Interessierst du dich für Mädchen?
Moritz: „Ja, man guckt jetzt auch schon mal auf der Straße – wie ist die, wie sieht die aus, wäre die was für mich und so was."

Warst du schon verliebt?
Moritz: „Meine erste Freundin hatte ich von der ersten bis zur vierten Klasse. Und das war auch schon eine Liebe, eine erste Liebe sozusagen. Wir haben uns auch schon geküsst und so. Und in der Vierten sind wir dann auf verschiedene Gymnasien gegangen, und da haben wir uns getrennt. Ich sehe sie jetzt nicht mehr."

Bist du zur Zeit verliebt?
Moritz: „Vor kurzer Zeit war ich in eine verknallt ... Sie sieht ziemlich hübsch aus. Wir haben uns in der Stunde immer Zettelchen geschrieben, und da habe ich ihr halt gesagt, dass ich mich in sie verknallt habe. Dann hat sie mir zurückgeschrieben, dass ich nicht ihr Typ bin, dass ich zu klein bin für sie. Sie ist auch größer als ich. Und da hat sie mir halt gesagt, dass sie nichts von mir will. Ich war ein bisschen enttäuscht."

Wie stellst du dir eine Beziehung vor?
Moritz: „Wenn man zum Beispiel abends mal einfach nur im Bett liegt und einfach nur mal nachdenkt, dann denkt man schon darüber nach, wie man sich jetzt eine Beziehung vorstellt. Was weiß ich, dass man mit dem Mädchen halt mal ins Kino gehen oder sich irgendwo treffen könnte, mit der zusammen einen Eisbecher essen oder ... – Ich denke erst mal, dass ich mir eine Freundin suche, so mit 18 oder so, mit der ich dann länger zusammen bin und auch zusammenziehe. Und dann kann man immer noch drüber nachdenken, ob das jetzt die Frau fürs Leben ist, die man heiraten will mit Kindern und so. Das will ich eigentlich alles auf mich zukommen lassen ..."

Mit seinen Eltern spricht er über „Pubertät" gar nicht. „Weil man in der Pubertät ist, redet man mit seinen Eltern nicht mehr so viel.

Dann kann man denen auch nicht mehr so viel anvertrauen. Man spricht halt lieber mit seinen Freunden und in der Clique darüber." Seine Mutter dazu: „Der hat mit den Mädels keine Kontaktprobleme oder so, aber da läuft noch nichts. Was bei ihm selber jetzt so körperlich läuft, muss ich ehrlich gestehen, kann ich nicht so richtig einschätzen, darüber redet er mit mir nicht."

Stimmungsschwankungen

Moritz ist heute schlecht gelaunt. Immer öfter erlebt er, dass sich von einem Moment zum anderen seine Gemütslage verändert. „Heute morgen war ich noch total gut drauf", sagt Moritz, „denn ein paar Mädchen fanden mein neues Parfum ganz toll und dann habe ich auch noch eine gute Note bekommen. Aber kaum bin ich hier, langweile ich mich und alles geht mir auf die Nerven. Mein Vater nervt auch wieder, dass ich das Zimmer aufräumen soll. Ich bin echt schlecht drauf." Es läutet. Sein Freund R. und er wollen in der Stadt bummeln gehen.

Am frühen Abend treffen wir sie wieder. Sie wollen Monopoly spielen. Erstmal holen sie sich Cola und Chips aus der Küche: „Wenn du jetzt auch noch die Schlossallee bekommst", sagt Moritz, „dann flippe ich aus …"; „Unter Freunden wird man sich doch deswegen keinen Stress machen, oder?", fragt R. und stupst Moritz an, als er das Geld für die Schlossallee abzählt.

Moritz: „Freundschaft ist für mich, dass man sich gut versteht, dass man auch viel miteinander macht und dass man sich auch sehr viel sagen kann. Geheimnisse und solche Sachen. Irgendwelche Sachen, die andere Kumpels aus der Klasse einfach nichts angehen. Zum Beispiel Mädchen, die man toll findet, mit denen man gerne zusammen sein würde."
R.: „In der Stadt haben wir uns auch über Mädchen unterhalten …"
Moritz: „Wir haben uns über welche aus unserer Klasse unterhalten, was die so machen, was an denen nicht so toll ist und ob die gut riechen. Wie die sich verhalten, ob die witzig sind und so was, über den Charakter von den Mädchen."
R.: „Wir quatschen aber auch über Jungs, zum Beispiel, dass man das nicht so toll findet, dass meinetwegen die anderen jetzt schon weiter entwickelt sind als wir. Und dass die jetzt halt cool tun … arrogant und hochnäsig … Die sind alle fast schon Kettenraucher. Und die

trinken auch ... Wir treffen uns ja manchmal auch und trinken auch schon manchmal ein bisschen Alkohol, um es auszuprobieren. Gucken, wie es schmeckt und so."

Moritz' Vater kommt in das Zimmer und fragt, ob wir alle auch keine Dummheiten machen. Die Jungs winken ab, schicken Timo wieder raus und überlegen, was für sie Liebe bedeutet.

R.: „Dass man sich zu einem Partner oder zu einer Person stark hingezogen fühlt. Und dass man ihr meinetwegen kleine Geschenke macht oder irgend so etwas und sie auch besucht und sich mit ihr irgendwo aufhält, und sie mal ins Kino einlädt."
Moritz: „Ich denke das Gleiche. Auch dass man in sie vernarrt ist, dass man gar nicht mehr von ihr loskommt. Und man will nur mit ihr zusammensein ..." (beide Jungs lachen)
R.: „Ich denke, dass das Aussehen jetzt in der Pubertät auch wichtiger wird, also für einen selber auch. Dass meinetwegen Mädchen, die man toll, nett findet, dass die dann auch sagen: Ja, cool, ja der sieht toll aus, ja der sieht nicht so schlecht aus wie der ..."
Moritz: „Manchmal kommt es vor, dass man in die Schule geht und sagt, oh heute ist das Fach, dort sieht man ein Mädchen, das man gut findet. Und dann denkt man schon manchmal, was kann ich heute anziehen, was passt zueinander, wie mache ich mir heute die Haare?"
R.: „Dass man so ähnliche Klamotten wie das Mädchen, was man gut findet, auch anzieht. Wenn die oft Jeans trägt, dass man dann auch mal eine Jeans anzieht. Oder wenn die kariert trägt, dass man sich halt auch kariert anzieht ..."
Moritz feixt: „Du trägst kariert? Ach du Scheiße!"

Big-Hair-Day
Moritz steht wieder einmal vor dem Spiegel. „Das Styling ist für mich ziemlich stressig", sagt er. „Ich habe morgens nicht grad sehr viel Zeit, und dann macht man halt nur so ein bisschen Gel rein, so ein bisschen wild und dann ...Scheiße! Ach Mist! Das sieht einfach nur komisch aus, hier. Die liegen alle krumm, die Haare ..." Moritz muss sich beeilen, sonst kommt er noch zu spät in die Schule. „Am besten wäre vielleicht irgendeine andere Haarfarbe, so kleine Strähnen oder so was." Ratlos packt er die Schultasche und saust los. Ein paar seiner Kumpels haben auch gerade die Haare gefärbt. „R. hat sich einen Iro-

kesen schneiden lassen und blau gefärbt", sagt Moritz. „Das sieht echt scharf aus."

Moritz kann seine Eltern überzeugen und bekommt Geld für den Friseur. „Übertreib es aber nicht und überleg dir noch mal, ob du wirklich rote Haare haben möchtest", gibt ihm seine Mutter noch mit auf den Weg. Moritz hat sich gut informiert und geht zu einem Friseursalon gleich um die Ecke. „Und die Friseurin soll auch ganz doll sein", strahlt Moritz, „die hat mein Kumpel empfohlen". Stimmt, sie begrüßt Moritz sehr nett:

Friseurin: „Hast du denn schon eine Vorstellung, wie du es gerne hättest?"
Moritz: „Ja, vielleicht irgendwie so ein bisschen Farbe rein, und es sollte immer noch peppig sein."
Friseurin: „Bisschen Farbe ... und an was für eine Farbe hast du gedacht?"
Moritz: „Vielleicht rot?"
Friseurin: „Vielleicht rot. Gut, also sagen wir mal, du bist vom Hauttyp her sehr hell, und das Rote würde ich dir jetzt nicht unbedingt so empfehlen ..."

Moritz ist irritiert. Jetzt hatte er sich fest vorgenommen, dass er morgen mit gefärbten Haaren in die Schule kommt. Die Friseurin zeigt ihm in Modemagazinen, was bei Männern gerade angesagt ist.

Friseurin: „Hier sieht man das ganz toll. Man trägt die Kontur vorne ganz kurz. Wir müssen das nicht ganz so extrem machen, der junge Mann kommt ja erst noch in dir ... Wir können die Spitzen. etwas dunkler machen, das hat auch einen schönen Pep, aber ist jetzt noch nicht so, dass die Mama sagt, da kommt jetzt ein Punk nach Hause. Das wollen wir nicht. Wir machen das alles schön fransig, oder? Und das Rote lassen wir weg ..."

Moritz nickt artig. Diese Frau darf alles mit seinen Haaren machen. Eifrig erzählt Moritz von seinen letzten abenteuerlichen Unternehmungen bei der Klassenfahrt:

Moritz: „Wir waren so ... Wir waren so zu fünft, glaube ich, da sind wir nachts aus unserer Jugendherberge rausgegangen und haben so ein kleines Lagerfeuer gemacht ... heimlich ... und eine Nachtwanderung. Die Lehrer waren auf der anderen Seite, die haben in dem anderen Block geschlafen, also von der Jugendherberge. Also haben die nichts mitgekriegt."

Friseurin, eifrig schereklappernd: „Mit Mädels oder ohne Mädels? Und gab es Liebschaften?"

Moritz: „Ja, es gab schon zwei Liebschaften. Ein Kumpel aus meiner Klasse hat mit einem Mädchen aus meiner Klasse so ein bisschen rumgeflirtet und abends so ein bisschen rumgekuschelt. Die waren bei mir mit im Zimmer."

Moritz verstummt plötzlich. Er windet sich im Friseurstuhl und erzählt weiter mit leiser Stimme:

Moritz: „Mein Problem ist eben auf der Straße, irgendwelche Mädchen anzusprechen, weil ich ziemlich schüchtern bin. ‚Ach Mann, warum bin ich nur so schüchtern?', denk ich manchmal."

Die Friseurin hört ihm zu, ist aber sehr mit seinen Wirbeln auf dem Kopf beschäftigt.

Friseurin: „Ich würde es ein ganz kleines bisschen schräg machen. So halt. Bisschen schön runter. So wie das Haar auch fällt. Ich denke, damit kommst Du ganz gut klar, oder?"

Moritz gefällt sich.

Friseurin: „Super! Dann jetzt viel Spaß mit deiner neuen Frisur und guck, dass es mit den Mädels klappt, okay?!"

Man wird größer, alles verändert sich: Biologische, psychische und soziale Veränderungen in der Pubertät

von Karina Weichold

„Pubertät ist Love, Sex, and Rock'n Roll" sagt Moritz, einer der vier 12-jährigen Jugendlichen, die uns an ihrem ganz privaten Abenteuer Pubertät teilhaben lassen. Vier Jugendliche, die den schrittweisen Übergang vom Kind zum Erwachsenen mit all seinen Problemen, Sorgen und Nöten durchleben. Vier ganz normale Jugendliche, die an einem außergewöhnlichen Projekt, einer Dokumentation ihrer Entwicklung über einen Zeitraum von zweieinhalb Jahren, teilnehmen.

Pubertät meint im engeren Sinne (lat.) „Zeit der eintretenden Geschlechtsreife", im weiteren Sinne umschreibt sie die körperliche Entwicklung während des Jugendalters, einen Meilenstein auf dem Weg zum Erwachsenwerden. Sowohl der Zeitpunkt, zu dem die Pubertät eintritt, als auch die Zeitspanne bis zu ihrem Abschluss unterliegt einer erheblichen (normalen) Variation. Weiterhin kann die Abfolge der körperlichen Veränderungen sowohl bei Jungen als auch bei Mädchen individuell verschieden sein.

Die Forschung zu psychologischen und sozialen Aspekten der Pubertät ist ein relativ junges Forschungsgebiet der Entwicklungspsychologie. In den 60er und 70er Jahren des letzten Jahrhunderts wurden erste Studien zu Folgen von Unterschieden im Zeitpunkt des Eintretens der körperlichen Veränderungen für die Persönlichkeitsentwicklung unternommen und Skalen zur Einschätzung des Standes der Veränderungen in den USA entwickelt. Ab den 80er Jahren stellte man dann Modelle vor, die die Pubertätsforschung (insbesondere in den USA und Skandinavien) stimulierten. Mittlerweile liegen gesicherte Befunde zum Ablauf der pubertären Veränderungen, zu den Faktoren, die diese anstoßen sowie zu den Folgen individueller Unterschiede im Zeitpunkt der körperlichen Reife im Jugend- und Erwachsenenalter vor. Neueste Forschung im Bereich Pubertät konzentriert sich auf das komplexe Zusammenspiel zwischen den Veränderungen im Gehirn, den Hormonen und psychosozialen Aspekten.

Das Thema Pubertät ist für die Entwicklungswissenschaften faszinierend, denn in diesem Lebensabschnitt machen Menschen (nach der

Geburt) den umfassendsten Gestaltwandel durch, ihr Verhalten, ihre Gedanken und Gefühle verändern sich. Pubertierende sind nicht mehr brave Kinder, sondern sie denken an „Love and Sex", wollen sich elterlicher Bestimmung entziehen, haben Pop-Idole oder coole Freunde, tanzen sich die Wut zu „Rock'n Roll" aus dem Bauch. Wer möchte diese besondere, aber auch schwierige Lebensphase – weder Kind noch Erwachsener – nicht genau verstehen?

Der sich verändernde Körper

Meist beginnt die Pubertät mit dem Wachstumsschub:
Moritz: „Man wird größer, alles verändert sich ..."
Florine: „Ich bin größer geworden. Man kann jetzt auch schon ganz andere Klamotten anziehen."

Jungen können hierbei bis zu neun Zentimeter, Mädchen bis zu acht Zentimeter im Jahr an Körperhöhe zulegen. Bei Jungen findet dieser Spurt zwischen dem 12. und 16., bei Mädchen zwischen dem 10. und 14. Lebensjahr statt und er betrifft praktisch jeden Anteil des muskulären Systems und des Skeletts. Ähnlich verhält sich das Körpergewicht. Dabei verändert sich der Anteil des Körperfetts zwischen Jungen und Mädchen unterschiedlich: Jungen verlieren an Fett, besonders an den Gliedmaßen, bei Mädchen kommt es dem gegenüber zu einem Zuwachs an Fettgewebe. Entsprechend verändern sich die Proportionen des Körpers: Jungen bekommen einen größeren Brustumfang verglichen mit der Hüfte, bei Mädchen bilden sich Fettpolster an Bauch, Oberschenkeln und Hüfte. Rebecca bemerkt beispielsweise schon seit geraumer Zeit Veränderungen an sich, rein körperlich wird sie zur Frau, Hüfte und Po bekommen Rundungen, und sie hadert mit dem „etwas zu runden Gesicht".

Auch die Muskelzellen vermehren sich und die Körperkraft steigt, und zwar insbesondere bei Jungen. Am Ende der Pubertät haben Jungen 30 Prozent mehr Muskelgewebe als Mädchen. Diese Wachstumsschübe beeinflussen auch Motorik und Koordination. Besonders, wenn Körperregionen nicht gleichzeitig wachsen, können Jugendliche schlaksig wirken oder scheinen sich ungeschickt zu bewegen. Dies ist jedoch nach wenigen Jahren wieder ausgeglichen. Wie groß oder schwer Jugendliche am Ende der Pubertät sind, wird vorrangig durch genetische Faktoren und Konstitution festgelegt. Darüber hinaus spielen Ernährung, Bewegung und Aktivitätsmuster sowie Gesundheitsvorsorge eine Rolle. Hochkalorische, fettreiche Ernährung während der Pubertät kann beispielsweise das Risiko für die Entstehung von Fettleibigkeit erhöhen.

Die Organsysteme wachsen und verändern ihre Funktionsweise in der Pubertät. Dies ist bedeutsam, um die Leistungsfähigkeit des größeren und schwereren Körpers zu sichern. Das Herz vergrößert sich, die Herzfrequenz sinkt, der Blutdruck steigt und im Blut kommen mehr rote Blutkörperchen vor. Die Lunge vergrößert sich und arbeitet effizienter. Zeitgleich sinken Körpertemperatur und die Intensität des Stoffwechsels. Die Entwicklung der sekundären Geschlechtsmerkmale setzt wohl die bekanntesten und besonders beachteten Signale der Pubertät für Jugendliche selbst und andere in ihrer Umgebung. Bei Jungen wachsen zwischen dem 12. und 15. Lebensjahr die Hoden, zuerst wächst der Hodensack und rötet sich, dann vergrößert sich der Penis und die Haut wird dunkler. Zeitgleich wächst das Schamhaar zuerst glatt und spärlich in horizontaler Richtung, dann lockiger und vertikal bis auf Unterleib und Oberschenkel (aufrechte Pyramide). Zwei Jahre nachdem die Schamhaare wachsen, entwickeln sich Achsel- und Barthaare bei Jungen. Am Ende der Pubertät der Jungen steht meist der Stimmbruch, der durch die Vergrößerung des Kehlkopfes hervorgerufen wird. Auch kommt es zum ersten Samenerguss, der im Übrigen von der Mehrheit der Jungen willkürlich durch Masturbation hervorgerufen wird und nur bei rund 20 Prozent der Jungen unwillkürlich nachts auftritt.

Bei Mädchen ist oft das erste Anzeichen der Veränderungen des reproduktiven Systems das Wachstum der Schambehaarung, welches im Ablauf dem bei Jungen ähnlich ist (11. bis 14. Lebensjahr), die Form der Behaarung jedoch eher einer umgekehrten Pyramide entspricht. Etwas später verändert sich die Brust: Zuerst kommt es zu Fetteinlagerungen, dann wölbt sich die Brustdrüse vor (Knospung), die Brüste separieren sich und entsprechend der Konstitution wird die Einlagerung von Fett und die Ausdifferenzierung der Brustwarzen zwischen dem 14. bis 15. Lebensjahr abgeschlossen. Relativ spät in der Pubertät der Mädchen kommt es zur ersten Regelblutung, die als Zeichen der Reproduktionsfähigkeit gesehen wird. In der Tat gehen entsprechende Veränderungen der inneren Organe voran (zum Beispiel die Vergrößerung der Gebärmutter), die sicherstellen, dass die jungen Mädchen potenziell ein Kind austragen können. Die Mehrheit hat jedoch im Jahr nach der ersten Regel noch keinen regelmäßigen Zyklus, bei dem eine Eizelle heranreift.

Im Kopf tickt es anders

Das Gehirn funktioniert während der Pubertät verglichen mit Kindheit und Erwachsenenalter komplett anders. Das hat auch Auswirkungen auf Denken, Fühlen und Verhalten. Zum einen nimmt die Dichte der

Nervenzellen im Hirn ab, pro Sekunde gehen etwa 30.000 Synapsen, also Kontaktstellen zwischen den Nervenzellen, unter. Damit wird die Organisation des Gehirns stärker strukturiert. Hat man als Kind ein weites Netz vieler kleiner Verbindungen zwischen den Nervenzellen im Gehirn, so bilden sich jetzt stärkere Äste und Verbindungen zwischen ihnen aus. Gleichzeitig werden die Nervenzellen stärker von einer Schutzhülle ummantelt, was zu einer schnelleren Vermittlung von Informationen entlang der Nervenzelle führt. All diese Veränderungen bedingen, dass fortgeschrittenere Denkprozesse im Gehirn ablaufen können und sich die geistige Leistungsfähigkeit erhöht.

Außerdem reorganisieren sich neuronale Systeme, die erregende und hemmende Impulse vermitteln. Dies passiert vorrangig in zwei Hirnbereichen, dem präfrontalen Kortex (vorderer Hirnbereich), welcher insbesondere beim Treffen von Entscheidungen und zielgerichtetem Verhalten eine Rolle spielt, sowie dem Limbischen System und dem Mandelkern (Amygdala), die in die emotionale Bewertung von Reizen involviert sind. Im Limbischen System verringert sich beispielsweise die Ausschüttung des Botenstoffes Serotonin, der für Glücksgefühle verantwortlich ist, und es wird weniger Dopamin produziert. Darüber hinaus schütten die Nervenzellen in diesem Hirnbereich weniger erregende Botenstoffe wie Glutamat aus. Dem gegenüber unterliegt der vordere Hirnbereich einem größeren hemmenden Einfluss.

All diese Veränderungen sind relevant, wenn man das Verhalten Pubertierender näher ergründen möchte. Bislang steht die Forschung hier zwar noch am Beginn und oft wurden Tiermodelle für Studien genutzt. Dennoch liefern diese und einzelne Humanexperimente äußerst interessante Befunde, besonders, um die typischen Stimmungsschwankungen, Überreaktionen in Stresssituationen („er wird immer großkotziger" über Renke), geringe Motivation oder das ausgeprägte Interesse an risikoreichen Aktivitäten zu erklären. Mit dem neuronalen Umbau im Gehirn während der Pubertät einhergehend kommen weniger positive Stimuli im Belohnungssystem an. Das führt dazu, dass aktiv neue und aufregende Umweltreize gesucht werden. Jugendliche begeben sich also in risikoreiche Situationen, die mit Nervenkitzel verbunden sind, probieren Alkohol oder Drogen und erleben dann Glücksgefühle.

Weiterhin sind Stimmungsschwankungen, verminderte Aufmerksamkeit oder übermäßige Reaktionen auf Stress durch die veränderte Ausschüttung von Botenstoffen im Mantelkern, einer der tiefer liegenden

Strukturen des Gehirns, bedingt. Diese Verbindung zwischen dem Umbau im Gehirn und typischen Verhaltensweisen in der Pubertät soll auch erklären, warum im Jugendalter häufiger depressive Verstimmungen oder andere emotionale Störungen wie unbeherrschtes, aggressives Verhalten vorkommen.

Aufgeregte Hormone

Wie oben gezeigt wurde, sind Jugendliche in der Pubertät nicht nur „Opfer" sich verändernder Hormone – auch die Umstrukturierung des Gehirns hat für ihr Verhalten massive Folgen. Die Bildung und Ausschüttung von Hormonen im Körper wird durch zentralnervöse Strukturen, also dem Gehirn, angestoßen und über Feedback-Regelkreise gesteuert. Es besteht also eine enge Kommunikation zwischen Veränderungen im Gehirn und Veränderungen in den Hormonkonzentrationen.

Besonders die Hormone in den Keimdrüsen der Eierstöcke und der Hoden bedingen, dass körperliche Veränderungen an Pubertierenden sichtbar werden. Die Keimdrüsen werden über einen Regelkreis vom Gehirn aus gesteuert. Schon weit bevor Brüste, Hoden oder Schamhaare wachsen, wird dieser Regelkreis aktiv und hohe Konzentrationen der Geschlechtshormone Östrogen und Testosteron werden ausgeschüttet, nämlich zuerst in der vorgeburtlichen Entwicklungsphase. Bedingt wird dadurch die Anlage der Geschlechtsmerkmale. Über die Kindheit „schweigen" diese Hormone, das heißt, hier liegen nur geringe Konzentrationen vor, bis zur erneuten Aktivierung zu Beginn der Pubertät. Erste Veränderungen in den Hormonausschüttungen, die zu dem für die Pubertät typischen körperlichen Umbau führen, finden schon im 6. bis 8. Lebensjahr statt. Hauptsächlich betrifft dies die sogenannten adrenergen Hormone, die bedingen, dass Jugendliche in die Höhe schießen, Schamhaare und Muskeln wachsen. Danach folgt der Zuwachs an Geschlechtshormonen, die an vielen Körperstellen Wirkung zeigen: Testosteron steigt besonders bei den Jungen und bewirkt, dass sich innere und äußere Geschlechtsmerkmale ausbilden und die Stimmlage tiefer wird. Bei Mädchen spielt besonders das Östrogen eine Rolle, was die Entwicklung der inneren und äußeren Geschlechtsorgane, der Brust und die Veränderung in den Körperproportionen steuert.

Jahrelang hat die Forschung geglaubt, dass das aggressive, unberechenbare und sehr schwankende Verhalten von Pubertierenden („von einem zum anderen Moment verändert sich seine Gemütslage" über Moritz) primär durch Veränderungen in den Hormonkonzentrationen zu erklären ist. Tatsächlich konnte gezeigt werden, dass Östrogen mit depressiver Stimmung in Beziehung steht, Testosteron mit aggressivem und dominantem Verhalten oder beide Hormone mit einem gesteigerten Interesse an Sex einhergehen. Der Zusammenhang zwischen Hormonen und Verhalten ist jedoch viel komplexer, denn Jugendliche pubertieren nicht in Isolation, sondern in Umwelten, die ihrerseits auf den wachsenden Körper reagieren (zum Beispiel Hänseln oder Bewundern). Die Reaktionen von anderen bedingen dann die Gefühlslagen der Jugendlichen. Auch scheint es so zu sein, dass Erlebnisse, die in der Kindheit gemacht werden (wie beispielsweise anhaltende Probleme in der Familie oder häufig wechselnde Bezugspersonen) die individuelle Reaktionsweise auf Stress während der Pubertät modulieren. Das heißt, heftige Reaktionen auf hormoneller Ebene sowie im Verhalten in für Pubertierende schwierigen Situationen (wie beim Streit mit den Eltern) sind besonders dann zu erwarten, wenn schon die Kindheit belastend war.

Wie man an diesem Beispiel sieht, ist das Zusammenspiel zwischen biologischen Veränderungen (Gehirn, Hormone, Körper), sozialen Erfahrungen vor und während der Pubertät und dem tatsächlichen Verhalten und den Gefühlen der Jugendlichen sehr komplex. In den folgenden beiden Abschnitten soll zusammengefasst werden, welche Befunde Studien zu den Folgen der körperlichen Veränderungen für Psyche und Sozialverhalten erbracht haben. Vorausschickend kann man jedoch beruhigen: die Forschung zeigt, dass die Mehrheit (hier schätzt man mindestens 80 Prozent) der Jugendlichen die Pubertät „unbeschadet" übersteht und auftretende Probleme wie Unzufriedenheit mit sich oder Irritationen der Gefühle nur vorübergehender Natur sind.

Gefühle, Stimmungen und Wahrnehmungen
Pubertät bedeutet Stress für die Jugendlichen: Sie müssen sich an ihren sich verändernden Körper anpassen. Außerdem müssen sie mit den Reaktionen anderer umgehen, die sie durch die Veränderungen im Gehirn nun bewusster wahrnehmen können, auf die sie fokussieren und sensibler reagieren.

Für Jungen ist die fortschreitende Reife des Körpers generell positiver belegt als für Mädchen. Der erste Samenerguss wird als positiv gesehen (siehe Renke, der diese Erfahrung als „ein schönes Gefühl" beschreibt). Moritz sagt: „Schön ist eigentlich, dass man sich verändert, dass man größer wird, dass man sich auch körperlich und innerlich verändert". Besonders das Größer- und Muskulöserwerden ist für Jungen toll, weil sie einerseits im Sport leistungsfähiger werden, andererseits entsprechen die neuen Körperformen dem, was Medien und Gesellschaft in unserer Kultur als männliches Schönheitsideal definieren. Etwas kleiner zu sein als andere im gleichen Alter bedeutet also zusätzlichen Stress für Jugendliche, was am Beispiel von Moritz deutlich wird: „Was mir nicht so gut gefällt, ist meine Größe ..." Schnell groß und muskulös zu werden ist also das Ziel der Jungen in der Pubertät.

Für Mädchen sind demgegenüber die körperlichen Veränderungen eher eine Bürde, denn die Körperproportionen verändern sich entgegen des westlichen weiblichen Schönheitsideals, das eine kindliche, sehr schlanke Körperform favorisiert. Jede Zweite versucht schon, ihr Gewicht durch Sport oder Diäten zu regulieren, weil sie mit ihrem Aussehen unzufrieden ist. Rebecca sagt beispielsweise: „Man ärgert sich über sich selbst, dass man so hässlich ist, dass man so fett ist". Diese negativen Körperwahrnehmungen können dazu führen, dass sich depressive Stimmungen oder Essstörungen verfestigen, insbesondere dann, wenn die Mädchen ständig auf einen dickeren Po, auf rundlichere Oberschenkel oder einen kleinen Bauch angesprochen oder deswegen gehänselt werden. Durch kulturvergleichende Studien weiß man, dass diese negativen Folgen der Fettanlagerungen und des Umbaus der Proportionen bei Mädchen anderer Kulturkreise mit einem molligeren Schönheitsideal nicht auftreten (zum Beispiel bei Mädchen afro-amerikanischer Herkunft), oder dass asiatische Mädchen sich mehr Sorgen darüber machen, zu groß zu werden. Einige körperliche Veränderungen werden jedoch auch von unseren Mädchen als positiv wahrgenommen, nämlich die erste Regelblutung, die oft bedingt, dass das Prestige des Mädchens unter Freundinnen steigt, oder die Reifung der Brüste – „75B wäre toll!", sagt Rebecca und spricht damit für viele Mädchen in ihrem Alter.

Darüber hinaus haben Mädchen wie auch Jungen mit der Anpassung und Verarbeitung einer veränderten Funktion der Schweißdrüsen zu kämpfen, müssen motorische Unsicherheiten ausgleichen und mit dem „lästigen Zeug im Gesicht mit Namen Pickel" (Florine) umzugehen lernen. Auch diese Veränderungen können von kurzzeitigen negativen Gefühlen begleitet sein und oft ist die Expertise der Erwachsenen dann wieder wichtig: „Dank Mamas Kosmetik-Geschenk lassen sich die fiesen Pickel im Gesicht einigermaßen kontrollieren." (über Moritz)

Mit fortschreitender Reife suchen Jugendliche das Risiko, machen erste Erfahrungen mit Alkohol, Zigaretten oder Drogen, klauen auch mal. Neben den oben beschriebenen Besonderheiten der Umstrukturierung des Gehirns spielen hier auch andere Mechanismen zur Erklärung eine Rolle. Da Jugendliche heute immer früher körperlich einem Erwachsenen gleichen, sie aber durch verlängerte Aus- und Weiterbildung erst Jahre später einen unabhängigen sozialen Status einnehmen können, geben sie sich erwachsen, also „pseudoreif". Sie übernehmen Verhaltensweisen von Erwachsenen, sie treffen sich, zelebrieren und üben Verhaltensmuster, beispielsweise Strategien, um mit anderen in Kontakt zu kommen (vielleicht auch durch das Angebot einer Zigarette oder eines Biers). Sie gehen in der Gruppe Mutproben ein, sie beweisen sich untereinander. Moriz spricht hier auch vom bedeutenden Einfluss der Freunde: „Meine Freunde haben gesagt: ‚Komm, probier doch mal.' Und da hab ich halt auch mal (an der Zigarette) gezogen." Bei der Mehrheit handelt es sich wiederum nur um ein vorübergehendes Problem, das nicht weiter eskaliert und sich auswächst, wenn reale Übergänge in das Erwachsenenalter gemeistert werden (zum Beispiel der Beginn einer Ausbildung oder einer festen Partnerschaft). Nur eine Minderheit von geschätzten 5 bis 10 Prozent hat ein erhöhtes Risiko, auch im Erwachsenenalter in dieser Hinsicht auffällig zu sein, und zwar solche, die auch schon als Kind massive Verhaltensprobleme gezeigt haben, also aggressiv, hyperaktiv oder impulsiv waren.

Freunde gegen Familie?

Die körperlichen Veränderungen während der Pubertät sind nicht nur ein privates Ereignis, das Mädchen und Jungen bewältigen müssen, sondern auch ein soziales. Eine neue Rolle muss in der Gesellschaft definiert werden, denn den nun fast Erwachsenen werden neue Anforderungen von anderen gestellt. Erwachsen Aussehende sollen sich auch erwachsen verhalten. Das ist oft nicht einfach, denn die Entwicklung im Gehirn muss nicht unbedingt zeitlich synchron mit den am Körper beobachteten Veränderungen ablaufen. Übertragene Verantwortung kann also auch überfordernd für Pubertierende sein. Umgekehrt können Jugendliche aber auch kognitiv unterfordert sein, wenn Anforderungen sich nur nach dem Alter richten.

In der Familie strukturieren sich die Beziehungsmuster um, wenn Jugendliche erwachsener aussehen und durch fortgeschrittene Denkprozesse mehr in der Lage sind, die Meinungen der Eltern zu hinterfragen.

Das führt oft zu häufigen und heftigen Konflikten. Streit und Meinungsverschiedenheiten werden in Familien als einem durch Verwandtschaft „unkündbaren" System insgesamt häufiger ausgetragen als beispielsweise in Freundschaften, in denen Beziehungen vorsichtiger gepflegt werden müssen. Familiäre Konflikte während der Pubertät haben jedoch die besondere Bedeutung, dass sie die sogenannte Individuationsentwicklung des pubertierenden Kindes vorantreiben. Damit haben Konflikte in der Pubertät eine positive Funktion. Diese umfasst, dass Jugendliche zunehmend autonom werden, sich von den Eltern abgrenzen, eine eigene Meinung bilden und an Einfluss beim Treffen von Entscheidungen gewinnen. Florine sagt treffend: „... früher, als man kleiner war, ließ man sich alles gefallen. Das haben die gesagt, das ist jetzt so. Jetzt denkt man darüber nach und sagt: ‚Das sehe ich jetzt überhaupt nicht ein'". Moritz will „sich von zu Hause abseilen und ohne Eltern, mit den Freunden was unternehmen". Rebecca „möchte endlich ernst genommen und nicht mehr als Kleinkind behandelt werden".

Streit auszutragen bedeutet für Jugendliche auch zu trainieren, wie man geschickt argumentiert. Optimal gewähren Eltern den Jugendlichen immer mehr Freiräume, üben weniger Kontrolle aus und akzeptieren sie über die Pubertät immer mehr als einen gleichwerten Kommunikationspartner. Währenddessen bleibt die gefühlsmäßige Verbundenheit trotz heftiger Konflikte zwischen den Familienmitgliedern erhalten. Oft ist es jedoch so, dass Eltern mit den vielen Konflikten hadern, die Ablösung ihrer Kinder, das eigene Treffen von Entscheidungen nicht unterstützen und aus Unsicherheit eher hemmen. Oft nehmen sie auch nicht wahr, wie eng die emotionale Bindung zwischen ihnen und dem pubertierenden Kind eigentlich noch immer ist. Florine sagt über ihre Beziehung zur Mutter: „Unser Verhältnis ist gut. Vor einiger Zeit hatte ich das Gefühl, dass ich besser mit ihr sprechen konnte, oder sie mit mir, wo ich noch nicht (in der Pubertät) war. Aber jetzt ist das nicht mehr so, jetzt hat sie sich wahrscheinlich daran gewöhnt, dass ich mich permanent verändere."

Zeitgleich wächst der Einfluss des Freundeskreises auf die Jungen und Mädchen. Sie sind in dieser Phase der Unsicherheiten besonders wichtig, um sich in anderen Personen zu spiegeln, Rollenmodelle zur Orientierung zu haben, eigenes Verhalten zu normieren (Freunde dürfen abends immer länger aufbleiben oder nachmittags tun und lassen, was sie wollen) oder neue Verhaltensweisen auszuprobieren. Für Rebeccas beste Freundin Susanne ist sie „ein Vorbild, eine Klassendiva und eine Traumfrau". Sie „teilen die große Leidenschaft fürs Ablästern", und sie haben gemeinsam alle Freude und Zeit der Welt, wenn sie vor dem Spiegel mit Mamas Schminksachen experimentieren und posieren. Pubertierende neigen dazu, sich mit Freunden zu umgeben, die dem eigenen Entwicklungsstand entsprechen, und oft werden, insbesondere unter Mädchen, die körperlichen Veränderungen diskutiert. Sowohl bei Florine als auch bei Rebecca kann man das sehen. Nichts geht ohne die Mädchen-Clique oder die beste Freundin. Im weiteren Verlauf der Pubertät bestehen die Freundeskreise dann aus Jugendlichen beiderlei Geschlechts, was erste romantische oder intime Kontakte stimuliert. Die reifere Erscheinung bleibt von anderen Jugendlichen nicht unreflektiert, wie an Renkes Beispiel deutlich wird „... das letzte Mal, als ich dich gesehen habe, liefst du noch mit einem Holzhandy durch die Gegend".

Eltern und Freunde werden oft als Rivalen in ihrem Einfluss auf Jugendliche dargestellt. Tatsächlich ist es so, dass hierbei die größte Sorge bei den Eltern liegt, für die der Ablösungsprozess, die Individuation ihrer Kinder verbunden mit Streit, Stress und Konflikten oft besonders schwierig und schmerzhaft ist. Die Ablösung des Kindes erfordert Anpassung und bedeutet auch Machtverlust auf Seiten der Eltern. Die Freunde werden über die Pubertät zwar zur ersten Instanz, wenn es um die Auswahl des Kleidungsstils, Diskussion von Flirts und gut aussehenden Jungen oder Freizeitverhalten geht. Moritz spricht beispielsweise mit seinen Eltern überhaupt nicht über das Thema Pubertät. Die Eltern verlieren jedoch nicht an Einfluss auf ihre heranwachsenden Kinder in wichtigen zukunftsträchtigen Fragen (zum Beispiel die Schule, die Ausbildung oder den Beruf betreffend). Renke sagt sogar: „Ich würde jetzt nicht im Club unerlaubt und ohne Wissen von Mama und Björn da irgendwie was weiß ich was trinken. Und rauchen auch nicht."

Außerdem zeigt die Forschung, dass sich Jugendliche ihre Freunde einerseits entsprechend ihrer eigenen Persönlichkeit wählen (das heißt gleich zu gleich selektiert sich). Andererseits haben auch die Eltern indirekt einen Einfluss darauf, mit wem ihr pubertierendes Kind zusammen ist, indem sie als Rollenmodell vorleben, wie man freie Zeit gestalten kann. Für Eltern ist es ein gutes Zeichen, wenn ihre pubertierenden Kinder von sich aus erzählen, was sie in ihrer Freizeit machen, und sie sollten immer Interesse, Engagement und Zuwendung in dieser schwierigen Lebensphase zeigen.

Zusammenfassung

Die Pubertät ist eine Entwicklungsphase, die durch vielfältige Veränderungen in unterschiedlichen Systemen gekennzeichnet ist. Auf der biologischen Seite passiert weit mehr als bloß das Wachstum von Brüsten,

Hoden oder Schambehaarung. Umstrukturierungen im Gehirn und dem hormonellen System sind mindestens ebenso dramatisch und haben zum Teil einen direkten Einfluss auf Verhaltensweisen, die bei Pubertierenden zu beobachten sind – mürrisch, traurig oder aggressiv sein, sich in waghalsige Abenteuer stürzen oder pausenlos darüber diskutieren, ob der Müll heute oder erst morgen weggebracht werden muss. Eltern erleben die Ablösung ihrer Kinder als schmerzhaft und kommen mit Restriktion und Sanktionen nicht weiter. Streits sind immer vorprogrammiert und für eine positive Entwicklung der Jugendlichen durchaus wichtig. Freunde und erste Flirts haben oberste Priorität.

Kommen keine zusätzlichen Probleme wie etwa eine sehr frühe Teenager-Schwangerschaft oder ein Schulabbruch hinzu und liegen keine massiven Belastungen in der Kindheit vor, werden diese Verhaltensweisen nur auf einige Jahre beschränkt sein, und aus einst so komplizierten Pubertierenden werden glückliche junge Erwachsene.

Was verändert sich während der Pubertät?

Biologische Aspekte
- Veränderungen in hormonellen Systemen wie die vermehrte Ausschüttung von Wachstums- und Geschlechtshormonen
- Veränderungen im Zentralen Nervensystem, die die Struktur und Funktionsweise des Gehirns betreffen
- Zuwachs an Körpergröße, Gewicht und Körperproportionen
- Vermehrung des Anteils der Muskelmasse und des Fettanteils
- Vergrößerung und Steigerung der Effizienz von Herz, Kreislauf, Lunge und Stoffwechsel
- Wachstum und Ausbildung der primären und sekundären Geschlechtsmerkmale

Psychische Aspekte
- Stimmungsschwankungen
- Verminderte Konzentrationsfähigkeit und Motivation, zum Beispiel die Schule betreffend
- Kognitive Fortschritte wie die Fähigkeit zur Perspektivenübernahme
- Heftige Reaktionen auf und geringe Resistenz in stressreichen Situationen, erhöhte Sensibilität auf die Reaktionen und das Feedback durch andere
- Unzufriedenheit mit dem Körper, depressive Verstimmungen und Maßnahmen zur Reduktion des Gewichts (besonders bei Mädchen)
- Ausgeprägtes Interesse an risikoreichen Erfahrungen und Nervenkitzel
- Erstes Experimentieren mit erwachsenentypischen Verhaltensweisen, etwa der Konsum legaler und illegaler Drogen

Soziale Aspekte
- Wachsende Ablösung vom Elternhaus bei gleichzeitig fortbestehender emotionaler Bindung
- Häufiger und heftiger Streit, der die Entwicklung vorantreibt
- Steigender Einfluss des Freundeskreises und erste romantische und intime Beziehungen

2. Verbotene Sachen
Rebecca: Raus hier!!!

von Dominique Klughammer

> Rebecca: „Wie soll der Junge sein, der mir gefällt? Also er soll auf jeden Fall nicht so einer sein, der den ganzen Tag vor dem Computer hockt und Playstation, Gameboy oder Nintendo oder irgend so was spielt. Und es sollte keiner sein, der sofort den Schwanz einzieht. Ich sehe auch nicht ein, dass ich dann immer den Anfang machen soll. Wenn sie was von mir wollen, dann sollen sie doch den Anfang machen."

Scheiß Mathe!
Rebecca ist eine gute Schülerin, meist bringt sie Einser und Zweier nach Hause, sie lernt spielerisch und leicht. Latein ist zum Erstaunen ihrer Eltern ihr Lieblingsfach und wenn es mal eine Drei in Mathe gibt, fängt das ehrgeizige, 13-jährige Mädchen manchmal sogar an, vor ihren Schulfreundinnen zu weinen. Das findet Rebecca dann zwar peinlich, aber es ist einfach so: Nur wenn es in der Schule gut läuft, ist sie mit sich und ihrem Leben zufrieden.

Es ist Winter 2004/05 und Rebecca ist mittlerweile in der 7. Klasse. Die Schule stresst auf einmal, Rebecca kann sich seit kurzem nur sehr schwer konzentrieren, beim Lernen lässt sie sich ablenken von den vielen SMSen, die sofort beantwortet werden müssen und von Gedanken, die mit Schule nur am Rande etwas zu tun haben:
    Gefällt mir der Junge aus der Parallelklasse? ... Ich müsste eigentlich viel mehr trainieren ... Wie bekomme ich seine Telefonnummer heraus? ... Soll ich eine Ananas-Diät machen? ... Momentan nerven mich alle meine Freundinnen ... Mama auch ... Alles, was ich tue, ist irgendwie falsch oder es ist zumindest nicht richtig. Na ja, ist mir doch egal ... Ich sollte meinen Klamottenstil ändern ... Ich würde so gerne aufs Robbie Williams Konzert gehen ... Eigentlich gefällt mir der 18-jährige Typ, der immer am Sportplatz abhängt, besser als der Junge aus der Parallelklasse ...

Rebecca blickt gedankenverloren aus dem Fenster. Auf die vielen Fragen hat sie keine Antworten. Sie weiß nur genau, worauf sie im Moment überhaupt keinen Bock hat: Mathe üben! Doch Werner, Rebeccas Stiefvater, wartet bereits unten mit neuen Aufgaben für sie. Wenn es irgendwie geht, versucht er, Rebecca bei den Hausaufgaben zu helfen.

Werner: „Rebecca, kommst du?"
Rebecca (schon genervt): „Soll ich meine Matheschulaufgabe auch noch gleich mitbringen, dann muss ich nicht noch mal hoch laufen."
Werner: „Ja bring' sie doch mit, die wollten wir eh mal durcharbeiten. Setz dich doch da hin."
Rebecca (schnippisch): „Nein, ich setz mich hier hin!"
Werner: „Na gut. Da heißt es: ‚Berechne zuerst die Winkel Alpha und Delta.'"
Rebecca (aufbrausend, schnauzt ihn an): „Ja! Und es ist wurscht, ob ich jetzt Alpha oder Delta zuerst ausrechne."
Werner: „O.k., dann muss aber als nächstes jetzt Alpha kommen."
Rebecca (verdreht die Augen): „Ja, ach nee!"
Werner (geduldig): „Jetzt könntest Du hier noch eine Kontrolle machen."

Rebecca streckt die Zunge raus, äfft Werner nach und schreibt fast unleserlich schräg die Zahlenkolonnen herunter.

Werner: „Jetzt schmier halt nicht so."
Rebecca (gelangweilt): „Hähähä."

Werner erklärt noch mal von vorne, Rebecca schaltet auf Durchzug und ihre Mutter wirft ab und zu einen irritierten Blick auf die beiden Duellanten.

Werner: „Das heißt Plus, dann Minus."
Rebecca: „Nein!!! Du musst ja die Klammer auflösen, und wenn Du jetzt da davor ein Minuszeichen stehen hast, dann musst Du es ja umdrehen!"
Werner: „Aber das Ganze …"
Rebecca (schmeißt ihren Stift auf den Tisch und verzieht sich wieder in ihr Zimmer): „Scheiß Mathe!"

Je mehr sticheln, desto besser!

Es hat kaum fünf Minuten gedauert und Rebecca ist völlig entnervt. Sie gibt auf. Eigentlich wollte sie von Anfang an gar nichts verstehen. Werner weiß, dass er auf völlig verlorenem Posten kämpft: „Eigentlich könnte ich Mathe vermitteln, weil es mir leicht fällt und weil ich viel Geduld habe. Aber momentan lehnt Rebecca alles, was aus der Familie kommt, kategorisch ab. Manchmal fühle ich mich da schlichtweg provoziert und könnte ihr nur noch den Hals umdrehen." Werner lacht. Wie immer versucht er, es gelassen zu nehmen.

Rebecca liegt wieder mal oben auf ihrem Bett, hört Musik und erklärt ihre Strategie:

„Je mehr sticheln, desto besser!" Rebecca macht es immer mehr Spaß, ihre Eltern zur Weißglut zu treiben. Sie provoziert so lange, bis sie merkt, eine gewisse Grenze überschritten zu haben. Die Grenze lässt sich ausdehnen, das hat sie in letzter Zeit festgestellt. Rebecca will sich auch partout nicht mehr entschuldigen, für sich selbst erklärt sie ihre Ausbrüche so: „Ich bin eben gerade schlecht gelaunt. Das müssen meine Eltern einfach respektieren und mich in solchen Momenten in Ruhe lassen."

Rebecca und ihre Eltern geraten nun immer häufiger aneinander. Es geht um die Unordnung in ihrem Zimmer, um Weggehzeiten, Bettgehzeiten. Das entscheidende Problem für ihre Eltern aber ist Rebeccas Ton. Der ist jetzt überwiegend schnippisch und aufbrausend. Rebecca selbst sieht das anders: „Die können mich nicht erpressen und mir alles verbieten und mich wie ein kleines Kind behandeln. Und wenn sie das tun, dann bin ich meistens über-über-überhöflich, so nach dem Motto ‚Darf es noch etwas mehr sein, Papa? Kann ich noch etwas für dich tun, Mama?' Dann kriegen die die Krise, und ich lach' mich kaputt."

Doch es gibt einen guten Grund für Rebecca mit dem Sticheln aufzuhören: Wenn Vater und Mutter wegen ihr aneinandergeraten. Das kann Rebecca überhaupt nicht ertragen. Sie will nämlich in einer glücklichen Familie leben.

Interview mit Rebecca, Anfang 2005:

Gibt es momentan Probleme mit deinen Eltern?
Rebecca: „Unser Problem ist hauptsächlich mein Zimmer. Da schaut es normalerweise aus, wie wenn eine Bombe eingeschlagen hat, und da heißt es immer: ‚In diesem Haushalt muss eine gewisse Ordnung sein', und ich sage dann: ‚Das ist mein Zimmer! Schaut doch mal euer Wohnzimmer an, das schaut auch nicht viel anders aus.' Und da krachen wir so alle zwei Tage zusammen." (grinst)

Wie sieht das dann aus, wenn ihr aneinandergeratet?
Rebecca: „Mein Papa (Stiefvater) sitzt stocksauer unten irgendwo im Keller, ich sitze oben stocksauer in meinem Zimmer, und meine Mutter weiß nicht, was sie tun soll. Das ist dann so das Übliche. Und Dominik schaut, dass er irgendwie raus kann, weil dicke Luft im Haus ist. Dann sagt die Mama zum Papa: Sieh es lockerer, die ist in der Pubertät und so einen Scheiß. Und ich glaube, die krachen wegen mir auch manchmal zusammen. Weil die Mama versteht das halt auch, weil sie selber mal ein Mädchen war."

Bist du grundsätzlich bereit dich zu entschuldigen?
Rebecca: „Bei meinem Papa (Stiefvater) nicht, bei meiner Mutter schon, ja. Weil meine Mutter sagt mir das immer höflich, aber er schnauzt einen immer an: ‚Und das und das und das ist nicht gemacht, also darfst du auch das und das nicht machen.' Das heißt, wenn ich mein Zimmer nicht genug aufgeräumt habe, darf ich dann auch nicht zum Basketball gehen. Ich sehe nicht ein, dass er mich erpresst, nur damit mein Zimmer ordentlich ist. Das sehe ich nicht ein, dass ich mich dann entschuldigen soll. Das ist seine Sache, wenn er stocksauer unten sitzt, das ist nicht mein Problem. Ich drehe dann die Musik ganz laut, und nach einer Viertelstunde ist die Wut verflogen bei ihm. Und wenn ich dann so überhöflich bin, dann kriegt er die Weißglut. Das ist dann meine Rache."

Wie ist das denn, wenn du überhöflich bist?
Rebecca: „Wenn ich zum Beispiel den Müll raustragen soll, dann sage ich: Mache ich doch gern für dich, Papa, wenn du so faul bist. Dann sagt er mir: ‚Jetzt sei nicht so frech.' Und ich sage ‚Was hast du denn, ich bin doch so hööööflich, da kannst du doch gar nichts sagen.' Und so stichele ich eben weiter herum ..."

Woran liegt das denn, dass du so oft schlecht gelaunt bist?
Rebecca: „Der Grund für meine schlechte Laune ist oft, dass ich nicht so tolle Noten in der Schule habe oder wieder mal knapp am Verweis vorbeigeschrammt bin. Ich denke mal, ich lerne schon einiges, aber ich gehe halt nicht unbedingt immer gerade früh ins Bett. Und wenn ich dann auch noch irgendwie aufgeregt oder genervt bin, dann ist das mit der Konzentration einfach nicht möglich. Vor allem in Latein, Englisch und Deutsch."

Gibt es sonst noch größere Themen außer der Unordnung und der schulischen Leistungen?
Rebecca: „Ja, der Haushalt ist noch so eine Sache. Ich sage, ich räume genügend auf, ich sauge auch immer wieder das Haus und bringe den Müll weg und räume die Spülmaschine aus und blablabla, Tisch abräumen und aufräumen und hin und wieder Blumen gießen und Fenster putzen, das ist dann eigentlich viel zu viel. Meine Freundinnen müssen kaum was machen. Und das finde ich unfair. Und dann heißt es wieder bei meinen Freundinnen: ‚Warum hast du so wenig Zeit für uns?'"

Was bringt dich denn zum Ausrasten?
Rebecca: „Wenn sie mich erpressen! Wenn es heißt: Nur wenn dein Zimmer sauber ist, darfst du zum Basketball gehen oder zu einer Freundin. Da kriege ich dann einen Anfall. Weil ich sage, sie können mich nicht erpressen! Ich soll mein Zimmer aufräumen, um da irgendwo hinzugehen? Das können sie sich verreiben."

Was war das Gemeinste, das du dir gegenüber deinen Eltern geleistet hast?
Rebecca: „Das ist noch gar nicht so lange her. Ich glaube nach dem Skifahren war das. Ich war völlig fertig und genervt und so. Und dann hat mein Papa irgendwie zu stacheln angefangen und da habe ich zurück gestachelt, und da hat er wieder was gesagt und da ist mir eben ‚Halt's Maul!' herausgerutscht. Da war er kurz davor, mir eine Watschn zu geben."

Was wäre dein größter Wunsch momentan?
Rebecca: „Eine Zwei in Latein zu haben, wäre, glaube ich, einer meiner größten Wünsche. Und ein eigenes Telefon, aber da müsste ich dann meine Telefonrechnung zahlen, und das ist nicht so das Meine."

Wie ist der aktuelle Verliebtheitsgrad bei dir?
Rebecca: „Drastisch gesunken. Kann man so sagen. Ich meine, wir sind halt da wegen dem Eislaufen ganz schön aneinandergeraten, weil er da nicht aufgetaucht ist, obwohl ich ihm sogar den Eintritt gezahlt hätte. Er hat mich halt immer behandelt wie sein kleines Hampelmännchen. Jetzt haben wir gesagt, wir bleiben gute Kumpels oder so was ähnliches."

Wieso hast du ihm wegen dem Eislaufen so die Pistole auf die Brust gesetzt? Machst du das immer so?
Rebecca: „Nein, eigentlich nicht. Aber er hat es mir schon seit Ewigkeiten versprochen, dass er mal mitkommt. Einmal war er krank, das weiß ich. Ein anderes Mal hatte er angeblich so Probleme in Mathe, obwohl er das totale Mathe-Genie ist. Und dann gab es noch ein paar Mal, wo er angeblich auch keine Zeit gehabt hat."

Warum funktioniert das nicht mit euch?
Rebecca: „Weil er ein ganz anderer Typ ist als ich vielleicht. Oder, keine Ahnung, weil er vermutlich schon in der neunten ist."

Wie geht es dir damit?
Rebecca: „Der erste Gedanke ist immer: Scheiße, was habe ich falsch gemacht? Und meistens schreibe ich dann 'ne SMS: ‚Was habe ich dir denn getan?' Oder: ‚Habe ich zu viel rumgezickt?' Oder irgend so einen Scheiß. Und dann heißt es immer, es läge nicht an mir, aber im Grunde genommen denke ich dann schon, dass es größtenteils an mir liegt. Aber meine Schwärmereien wechseln schon relativ oft. Da hat die Mama letztens den Spruch gesagt: ‚Du wechselst ja die Jungs wie die Wäsche.' Aber das kann ihr doch eigentlich egal sein. Schwärmerei ist ja nicht unbedingt gleich mit jemandem gehen oder so."

Interview mit Rebeccas Mutter, Anfang 2005

Wie ist denn gerade so die Stimmung bei euch?
Mutter: „Es sind überall die gleichen Themen, und jeder kämpft damit oder versucht es irgendwie zu managen. Da denke ich mir immer: ‚Gut, zum Glück bin ich da jetzt nicht die Einzige.' Aber ich hoffe, dass wir irgendwie durch die Pubertät kommen und irgendwie so durchkommen, dass wir hinterher auch noch gut miteinander klarkommen. Aber es ist schwieriger als gedacht!" (lacht)

„Rebeccas Generation ist schon ein bisschen früher dran als vielleicht noch unsere Generation. Natürlich hätte ich auch Schiss davor, dass sie mit 14 Mama wird. Ich schneide immer wieder das Thema Sexualität und Verhütung an, aber das negiert sie momentan total: ‚Aber Mama, da spricht man doch nicht drüber. Aber Mama!' Aber solange sie es noch als peinlich empfindet, wenn mein Mann und ich uns auf dem S-Bahnsteig einen kleinen Kuss geben, kann es soweit noch nicht her sein. Also, wenn sie das dann mal nicht mehr peinlich findet, denke ich, müssen wir aufpassen."

„Die Winterfettschicht" oder: Wie kann ich mein Aussehen verändern?

Nach Streitereien mit den Eltern lässt Rebecca beim Joggen Dampf ab. Gleichzeitig will sie auch etwas für ihre Figur tun, denn sie achtet immer mehr auf ihr Aussehen. Angeblich hat sie sich eine „widerliche Winterfettschicht angefressen." Ich kann nur feststellen, dass sie in den letzten vier Monaten zwei Zentimeter gewachsen ist und dabei vier Kilo zugenommen hat. Völlig normal. Rebecca ist jetzt also 1,57 Meter groß und wiegt knapp 50 Kilo.

Für ihre erste Diät entscheidet sich Rebecca kurz vor ihrem 14. Geburtstag im Mai 2005. Morgens ein halber Apfel, mittags nur Beilagen und abends ausschließlich Obst. Rebeccas Mutter sucht schon vorsichtig das Gespräch, denn sie weiß, dass das ein heikles Thema ist. Aber dann, völlig überraschend, ist eine Diskussion gar nicht mehr nötig. Die Diät ist nach wenigen Tagen wieder beendet: „Ich muss ja noch wachsen. Und überhaupt brauche ich beim Basketball viel Kraft."

Rebecca scheint mit Nachdruck an ihrer Verwandlung zur Frau zu arbeiten. Sie kann es jetzt nicht mehr abwarten, obwohl ihre körperliche Entwicklung ohnehin schon fast abgeschlossen scheint. Sie will dringend ihren Typ verändern! Eine neue Frisur, ein neues Outfit? Zunächst geht es erst einmal um die Frage, was sie zur Firmung tragen möchte. Rebecca zerrt die Dirndl-Sammlung ihrer Mutter aus dem Schrank und zelebriert eine Modenschau für ihre Familie. Die Stimmung ist gut, nur Rebeccas Stiefvater macht sich ein wenig Sorgen, ob seine Tochter, die offensichtlich auf Tracht steht, jetzt spießig wird ...

Werner scherzt mit ihr und stellt dann vor allem fest, dass Rebecca im Dirndl und mit diesem Dekolletee sexy aussieht. Ein kleiner Schock für ihn – für Susanne, Rebeccas Mutter, ist das bereits keine Überraschung mehr. Sie freut sich darüber, eine so hübsche Tochter zu haben und genießt die harmonische Phase zwischen ihnen beiden.

Rebecca braucht die passenden Schuhe. Pumps, High Heels, Stiefel, Turnschuhe, alles wird wie auf dem Laufsteg präsentiert. Zunächst noch etwas unsicher, doch dann hat Rebecca wie so viele Mädchen in ihrem Alter Bewegungen parat, die sie aus den Musikvideos kennt. Verführerisch, aufreizend. Hoffentlich kommen da die Jungs nicht auf falsche Gedanken! Rebecca ist sich kaum bewußt, dass sie bereits diese Wirkung haben kann. Sie kokettiert mit ihrem Vater, ihr kleinerer Bruder Dominik feixt im Hintergrund.

Auf jeden Fall ist die Sache beschlossen: Zur Firmung bekommt sie ein ähnliches Dirndl wie ihre Mama: Fraulich mit deutlichem Ausschnitt, elegant lang. Und Pumps dazu. Jetzt fehlt nur noch die passende Frisur! Rebecca lässt sich seit etwa einem Jahr die Haare strähnen. Doch diesmal muss es irgendwie anders werden, erwachsener auf jeden Fall. Als am Frühstückstisch die interessierte Nachfrage ihrer Eltern kommt, braust Rebecca auf einmal hoch: „Ich brauch jetzt wirklich nicht, dass ihr mir da wieder dumm reinredet!" Aber der Friseurbesuch wird nicht billig und die Eltern sollen zahlen. Sie rudert ein wenig zurück und weiht ihre Familie zumindest in Ansätzen in ihr Vorhaben ein: dreistufig, dreifarbig. Aha. Und weg ist sie.

Beim Friseur äußert sie selbstbewusst ihre Wünsche, sie studiert Modezeitschriften, beschwert sich, dass sie schon immer um neun Uhr zu Hause sein muss, wählt Farben aus und lässt sich über drei Stunden lang stylen. Aufgrund des Dreischicht-Systems türmen sich die Alufolien auf ihrem Kopf. Ziemlich mondän. Und als sie das Friseurstudio verlässt, hat sie keine orange-rote Punkfrisur, sondern sie sieht aus wie eine Frau.

Steckbrief: Rebecca Lena Hartl
im April 2005

Alter: 13 Jahre
Geburtstag: 27. Mai 1991
Größe: 1,58 m
Schuhgröße: 38
Gewicht: 48 kg
Lieblingsessen: Spaghetti Bolognese; alles, was süß-sauer ist
Zuhause: Reiheneckhaus in Holzkirchen (südlich von München)
Schule: Gymnasium in Tegernsee, Klasse 7c
Mutter: Sozialpädagogin (momentan Hausfrau mit Teilzeitjob)
Stiefvater: Beamter
Geschwister: 2 Halbbrüder (Dominik und Johannes), 1 Halbschwester (Veronika); Johannes und Veronika leben beim leiblichen Vater, Dominik (10 Jahre) wohnt im selben Haus mit Rebecca
Taschengeld: 22 Euro im Monat
Berufswunsch: Kindergärtnerin
Sommerferien: 3 Wochen Campingurlaub in Kroatien mit Eltern und Bruder, anschließend 1 Woche Steiermark mit Oma und Opa
Hobbys: Basketball, Radfahren, Flirten, Tanzen
Spitzname: Becky
Lieblingsfach: Latein, Mathe
Lieblingsgruppe: Anastacia, Linkin Park

Die Party und der Alk

Jetzt passt also das Outfit, jetzt ist Rebecca erwachsen. Davon ist sie ziemlich überzeugt. Und deswegen will sie auch ihren 14. Geburtstag am 27. Mai groß feiern. Da wäre nur noch eine Sache mit ihrer Mutter zu klären. Die beiden bereiten in der Küche gemeinsam einen Salat fürs Abendessen vor, da schneidet Mutter Susanne das problematische Thema an.

Mutter: „Wer wollte eigentlich die Party mit Alkohol haben?"
Rebecca: „Ich. Weil die anderen sonst nicht kommen würden. Ist doch klar."
Mutter: „Wer sind die anderen, die da nicht kommen wollen?"

Rebecca: „Das sage ich dir jetzt nicht. Sonst darf ich die überhaupt nicht mehr einladen. So sieht's aus."

Mutter: „Du kannst die jederzeit einladen, aber ohne Alkohol. Aber ich möchte wissen, warum die so scharf auf Alk sind."

Rebecca: „Weil die sich sonst nichts trauen."

Mutter: „Was sollen die sich denn bitte trauen?"

Rebecca: „Zu tanzen, weil sie sich sonst blamieren würden."

Mutter: „Aha. Was ich wirklich gerne wissen möchte, inwieweit du, die du immer eine so große Klappe hast, wie unabhängig du von den anderen wärst, dich von denen jetzt in eine Ecke drängen lässt."

Rebecca: „Dann stehe ich als Außenseiterin da, und das werde ich nicht tun."

Mutter: „Also der springende Punkt ist, dass du letztlich nicht als Außenseiterin da stehen willst und darum muss die Fete mit Alk ablaufen."

Rebecca: „Nein, aber ich habe keinen Bock, dass das dann so ist wie bei der Su, dass das eine Kindergartenfete wird."

Mutter: „Das muss keine Kindergartenfete werden. Hast du vielleicht schon einmal gehört, dass man lustig sein kann ohne Alk?"

Rebecca: „Anscheinend nicht."

Rebeccas Mutter ist sichtlich vor den Kopf gestoßen, sie hätte nicht vermutet, dass ihre Tochter auf einmal so vehement für Alkohol auf ihrem Fest kämpft. Zum 13. Geburtstag gab es Kuchen, Gummibärchen, Fanta und Cola, und alle waren quietschvergnügt. Rebecca steht in der Küche, bockiger Blick, wenn ihre Mutter redet, scheint sie durch sie hindurch zu blicken. Trotzdem, die Mutter will die Sache jetzt klären.

Mutter: „Was willst du denn deinen Freundinnen später mal bieten, wenn du mit 14 mit dem Alkohol anfängst?"

Rebecca: „Mit 16 bin ich 16 und da hast du mir mit dem Alkohol nichts mehr vorzuschreiben."

Mutter: „Da kannst du dir einen Raum suchen, wo du das machst, aber nicht hier. Rebecca, ich verstehe das nicht, dass du dich so unter Druck setzen lässt, dass du nicht sagst, das ist mir wurscht, ob cool oder uncool, meine Fete ist so, und wer kommen will kommt und wer nicht, soll seinen Hintern draußen lassen.'"

Rebecca: „Ja, weil ich Alkohol trotzdem mag, egal ob die mich unter Druck setzen oder nicht."

Mutter und Tochter sind schon längst dabei, sich lautstark gegenseitig hochzuschaukeln, das heißt Rebecca brüllt inzwischen. Für sie ist das Gespräch beendet, sie rennt wie immer in solchen Situationen die Treppe hoch, knallt die Tür zu, schmollt und dreht in ihrem Zimmer die Musik auf. Rebecca findet, dass sie alt genug ist, über Alkohol selbst zu entscheiden und versteht überhaupt nicht, warum ihre Eltern das nicht akzeptieren können. „Engstirnig" sei das einfach nur: „Wenn sie mich provozieren, dann schlag ich halt zurück. Das wissen sie aber auch. Ich kann auch nett sein und ich kann auch freundlich und höflich und hilfsbereit sein, aber wenn man einfach über mich bestimmt, dann tue ich alles, damit es ihnen schwerfällt. Das ist doch wie ein Gefängnis hier."

Der Streit geht in die nächste Runde, Rebeccas Mutter will noch nicht locker lassen. Sie klopft an Rebeccas Zimmer, die wiederum verweigert ihr den Eintritt, bis Rebeccas Mutter sich sanft Zugang verschafft. Rebecca dreht durch und brüllt: „Raus!!!" Wild und wütend rennt der Teenager wieder die Treppe hinunter. Die Mutter gibt auf. Im Moment hat es keinerlei Sinn weiter nachzufragen und der Sache mit dem Geburtstag auf den Grund zu gehen.

„Ihr könnt ja mal versuchen, mich zu erziehen!"
Zehn Minuten später hat sich Rebecca wieder gefangen, diesmal sucht sie das Gespräch mit ihren Eltern. Unbewusst – oder ganz raffiniert? – schafft sie den Themenwechsel, indem sie ihren Eltern vorwirft, nicht genügend Zeit für sie zu haben. Rebecca weint jetzt auf einmal und erzählt durcheinander von Schulproblemen und ihrer Eifersucht auf den kleineren Bruder. Immer wenn die Eltern bei einem Thema ansetzen und etwas erklären wollen, driftet Rebecca weiter zum nächsten Thema. Es ist kaum ein Gespräch möglich, da sich Rebecca offensichtlich nicht richtig konzentrieren kann. Stundenlang geht das so weiter. Rebecca wechselt alle paar Minuten ihr Gesicht. Von einem genervten „Ihr geht mir alle am Arsch vorbei" über ein todtrauriges „Ich mache doch sowieso alles falsch", ein wütendes „Was habe ich jetzt eigentlich getan?" bis zu einem gemeinsamen Lachen am Schluss. Zurzeit ist bei Rebecca alles möglich. Heute verabschiedet sie sich mit einer klaren, etwas bedrohlichen Aufforderung: „Ihr könnt ja mal versuchen, mich zu erziehen!"

Danach will Rebecca genauso von mir in Ruhe gelassen werden. Die Kamera nervt sie, meine Fragen nerven sie. Ich verstehe sie. Da ich nicht immer den Familienalltag miterlebe, versuche ich, an den „neuralgischen Punkten" anzudocken, um möglichst viel von der neusten Entwicklung zu verstehen. Rebeccas Mutter findet die Vorgehensweise richtig, aber mit Rebecca muss ich darüber diesmal richtig diskutieren. Sie macht sich verständlicherweise Gedanken darüber, wie sie letztendlich wirkt. Ob sich ihre Eigenwahrnehmung mit der Wahrnehmung anderer deckt. Ich versuche, ihr zu erklären, warum ich immer sehr lange Interviews mit ihr mache. Ich möchte wissen, wie sie sich fühlt, und natürlich will ich, dass die Zuschauer verstehen, was in ihr vorgeht.

Die Eltern sind nach dem stundenlangen Streit erschöpft: „Das ist reinster Nervenkrieg und wenn sie dir jedes Wort im Mund umdreht, dann kribbelt es natürlich manchmal auch in den Fingern. Aber letztendlich hat sie mit ihrer Sturheit den schwierigeren und steinigeren Weg gewählt."

Das Ende der Diskussion um den 14. Geburtstag lautet natürlich: kein Alkohol. Rebecca lädt ihre Freundinnen in die Eisdiele ein, anschließend gehen sie reiten, am frühen Abend gibt's Gummibärchen und Fanta. Zuerst wird über die spießigen und vorgestrigen Eltern, die gegen Alkohol sind und sich nur „sklavisch an das Gesetz halten", abgelästert. Doch schon bald sind andere Themen interessanter. Wer gerade von wem schwärmt und wer schon mal richtig geküsst hat. Rebecca und auch ihre beste Freundin Susanne haben schon mal. Auf einmal erzählen sie das auch gerne! Beim letzten Treffen habe ich auf solche Fragen nur bitterböse Blicke geerntet. Aber Jungs waren zu Rebeccas 14. Geburtstag nicht eingeladen. Ihr aktueller Schwarm und auch der von Susanne nerven nur. Die beiden Jungs wollen nämlich einfach nicht anbeißen ...

Das Ende einer Freundschaft

Es ist Herbst 2005. Rebecca hat soeben Susanne die Freundschaft gekündigt. Für Susanne, die Rebecca immer als großes Vorbild verehrte, ein schlimmer Schock. Die anderthalb Jahre jüngere Freundin ist Rebecca auf einmal nicht mehr cool genug: „Sie ist einfach noch so jung, so brav, sie kann nie dabei sein, weil sie immer so früh nach Hause muss und überhaupt kann man mit der Su überhaupt nicht richtig über Jungs reden."

Rebecca bespricht seit einer Weile die Jungs-Themen mit zwei anderen, gleichaltrigen Freundinnen und versucht Susanne loszuwerden. In der

Schule geht sie ihr aus dem Weg, sie ruft nicht mehr an. Susanne fühlt sich ohnmächtig und verletzt. Auch wenn sie einiges an Rebecca im Moment nicht mag, zum Beispiel wie sie mit den Jungs kokettiert oder wie tief ihr Ausschnitt sitzt, hängt sie an der ersten, langjährigen Freundschaft in ihrem Leben. Deswegen nimmt sie all ihren Mut zusammen und schreibt Rebecca einen Brief, in dem sie eigentlich nur darum bittet, sich doch wieder ein bisschen mehr zu sehen.

Rebecca liest den Brief und gibt sich desinteressiert, schließlich greift sie zum Telefonhörer und eröffnet das Gespräch mit „Hi, ich bin's. Was gibt's?" Susanne spürt, wie betont lässig Rebecca das Ganze nimmt und dadurch wird ihre eigene Position immer schwächer. Rebecca macht der zurückgestoßenen Freundin in wenigen Minuten klar, dass das Leben eben so ist. Freundschaften vergehen, andere kommen. Ein trauriger Moment für die 12-jährige Su.

Zwei Wochen später sehe ich sie wieder. Sie hat sich schnell gefangen und sagt selbstbewusst: „Warum soll ich ihr denn nachlaufen? Ich will doch nicht als schlechte Kopie von Rebecca herumrennen. Und überhaupt bin ich jetzt Punk."

Renke: Wenn ich nachgebe, bin ich ein Loser

von Wolfgang Klauser

Renke: „Als wir angefangen haben zu drehen, war ich eigentlich noch ein kleines Kind – jetzt nicht mehr. Ich habe mich überhaupt nicht für Mädchen interessiert und immer von Alkohol abgeraten. Es wäre mir nie in den Sinn gekommen, mit Pfefferminztee einen Joint zu drehen, so was auszuprobieren. Und ich hätte wahrscheinlich auch keine Playboys aus der Mülltonne aufgehoben ..."

Die Ohrfeige

Seit einer Woche ist Renke zurück von seiner Klassenfahrt ins Erzgebirge: Langlauftouren bei Minusgraden, Ausdauerläufe in der Sporthalle und kräftezehrende Schwimmwettkämpfe haben die Siebtklässler des Robert-Schumann-Gymnasiums „total geschlaucht". Gerade Renke war für seine sonst eher mittelmäßige sportliche Konstitution extrem gefordert: „Früher habe ich es so wie der eine Engländer, Herr Churchill, gemacht", lacht er: „No Sports ist mein Ding! Aber das Skilager hat mir Spaß gemacht und ich merke nun auch ein paar Muskeln, wo vorher nur Pudding war." Die Lehrer sind von seinem neu entdeckten Sportsgeist positiv überrascht. „Würde er in den anderen Fächern nur halb so viel Engagement zeigen wie im Sport", sagt seine Klassenlehrerin, „dann wäre er nicht versetzungsgefährdet."

Die Schule ist zurzeit nicht die einzige Baustelle in Renkes Leben. Die „Sache mit Mama" ist auch noch nicht geklärt – die Ohrfeige kurz vor dem Skilager: „Zum ersten Mal hat sie mir eine geklebt." Beide warten nun darauf, dass der andere den ersten Schritt macht. Renke fühlt sich ungerecht behandelt und hält Mutters „Reaktion für völlig übertrieben". Mutter findet Renkes „permanente Provokationen inzwischen grenzwertig", macht sich aber Vorwürfe, dass ihr „die Hand dabei ausgerutscht ist". Heute hat sie sich fest vorgenommen, mit Renke wieder ins Gespräch zu kommen.

Als er aus der Schule kommt, fällt ihr zuerst sein „Fettkopf" auf.

Sie lacht: „Renke, das nächste Mal wecke ich dich wieder: Das sieht ja furchtbar aus auf'm Kopp. Ist dir das nicht unangenehm, wenn du so in der Schule sitzt?"
Renke versucht es mit Humor zu nehmen:"Na ja, in der Parallelklasse ist einer, der sieht noch schlimmer aus ..."
Mutter: „Ach so, das reicht dir also als Ausrede?"

Die Stimmung droht umzuschlagen.

Renke murmelt: „Nächsten Freitag dusche ich mich. Versprochen!"
Mutter: „Das ist ja zum Glück schon morgen. Nee, kannst du gleich mal drunter springen und diesen Fettkopf wegwaschen?"

Kommentarlos schlurft Renke in sein Zimmer. Von wegen Duschen, dazu hat er gerade überhaupt keine Lust. Er setzt sich an seinen Schreibtisch, setzt die Kopfhörer auf, dreht bis zum Anschlag die Musikanlage auf. Curt Cobain von Nirvana singt dreckig: „Smells like Teen spirit ..." Renke trommelt gedankenverloren den Takt. Seine Mutter kommt ins Zimmer und bietet in das Dröhnen hinein an, gemeinsam einen Tee zu trinken. Renke setzt die Kopfhörer ab, und – im Schneckentempo – das Teewasser auf.

Dann sitzen die beiden am Küchentisch. Renke taucht Schokoladenkekse in seinen Früchtetee und beobachtet verlegen seine Mutter dabei, wie sie mit ihrer immer noch bandagierten Hand umständlich versucht, ein Brot zu schmieren ... Langatmig und verworren erzählt er irgendwas von der Schule, bis Mutter Heike zur Sache kommt:

Mutter: „Du, Renke ... Jetzt ist das ja eine kleine Weile her, dass ich dir eine Backpfeife gehauen habe und mit dem anschließenden Unfall und so." (Sie hebt dabei die lädierte Hand in die Höhe.) „Wie ist das jetzt im Nachhinein für dich? Wenn du so noch mal über diese ganze Situation nachdenkst, womit hat das alles angefangen?"
Renke: „So ein paar Dinge kann ich ja einsehen. Ich sehe vielleicht ein, dass ich nicht gerade darauf gehört habe, was ihr gesagt habt. Aber ich finde, dass du einfach überreagiert hast." (Renke schaut seine Mutter eindringlich an.)
Mutter: „Du bist also nach wie vor der Meinung, dass es von mir eine falsche Reaktion war, oder was?"

Renke: „Nee. Doch es war eine falsche Reaktion …"
Mutter: „ Ich habe dich mehrmals an dem Tag darum gebeten, dass du anfängst Getränke zu holen, dass du anfängst mit dem Müll, dass du anfängst mit deinem Schlagzeug und so weiter, all die täglichen Dinge, für die du verantwortlich bist…"
(Renke murmelt ablehnend vor sich hin.)
Mutter: „Doch Renke … aus meiner Sicht ist das einfach so. Du hast einfach überhaupt nichts gemacht."
Renke: „An dem Tag, finde ich, ging das eigentlich alles wirklich gut. Doch Mama. Finde ich schon. Ich habe Schlagzeug gespielt, Hausaufgaben und so weiter und so fort, Müll, Getränke gekauft. Oder? Nein, das hatte ich an dem Tag gar nicht. Aber ich war trotzdem bei Aldi und habe was anderes geholt …"
Mutter: „Offensichtlich haben wir eine unterschiedliche Auffassung … Björn und ich hatten dich auch einige Male ermahnt: ‚So, Renke jetzt pass auf, sonst gehst du raus. Setz dich vernünftig an den Tisch' … Und nachdem wir gesagt haben, ‚So Renke, jetzt geh bitte raus aus der Küche', bist du immer wieder reingekommen. Und hast dir immer wieder hier ein Stück Brot genommen …"
Renke: „Ja, weil ich Hunger hatte."

Beide schauen betreten und genervt in eine andere Richtung. Es herrscht Schweigen am Tisch. Mutter Heike seufzt …

Mutter: „Die Frage ist jetzt, wie gehen wir beide in Zukunft damit um, wenn so eine Situation noch mal auftaucht? Es tut mir leid Renke. Ich habe so den Eindruck, im Grunde genommen war diese ganze Aufregung umsonst …"
Renke: „Nee, ich habe eingesehen, dass ich vielleicht … Gut, den Müll habe ich wirklich nicht runtergebracht. Aber trotzdem finde ich, dass du überreagiert hast."
Mutter: „Ich kann das nur nicht haben, wenn du mich dann so provozierend anguckst. Wenn ich dir sage: ‚Jetzt, Renke, jetzt, fang endlich an'. Und du bleibst dann trotzdem noch so stehen und machst überhaupt nichts. Das kann nicht sein, dass Björn und ich hier permanent alles, alles allein machen, auch noch deine täglichen Dinge hier mitübernehmen. Und du sitzt hier, fläzt dich hier einfach nur an den Tisch und sagst: ‚Oh, was ich mir wünsche, ist, dass ich mal einen Tag lang gar nichts machen muss.'"
Renke: „Quatsch!"

Mutter: „Echt Renke, und wir wissen nicht, was wir zuerst machen sollen. Nee, das geht so einfach nicht, Renke!"

Renke: „Ja, und ich würde nicht sagen, dass du mir unbedingt eine kleben musst oder so ..."

Mutter (rutscht auf dem Küchenstuhl hin und her): „Nee, das will ich ja auch nicht, nee. Ich habe mich ja auch gleich entschuldigt und danach ist mir das mit meiner Hand ja auch noch passiert ... in dem Moment, als ich dir da eine geklebt hab, ging es mir mit Sicherheit genau so mies wie dir. Oder glaubst du etwa, dass mir das Spaß macht?"

Renke: „Nee, das glaube ich nicht. Aber trotzdem finde ich, dass du etwas überreagiert hast. Dass ich meine Sachen nicht mache, haben wir ja alle naselang. Aber du hast noch nie so reagiert ..."

Mutter: „Gut, dann jetzt noch mal die Frage an dich: Was meinst du, was du dazu beitragen könntest, damit das nicht wieder so eskaliert?

Renke: „... meine Sachen machen ..."

Mutter: „Ja, bitte! Und das nicht einfach nur so sagen, sondern einfach mal auch tun ..."

Renke: „Aber ich tu das doch, ich mach das doch ..."

Mutter steht ratlos auf und läuft in der Wohnküche auf und ab.

Mutter: „Wir rühren irgendwie immer weiter in diesem Quark, und so kommen wir auch nicht weiter."

In diesem Moment hört sie vom Hausflur ein Weinen. Remo steht in der Türe, Blut läuft aus einer Wunde im Knie ... „Aua, aua, Mama das tut so weeeh", schluchzt er. Mutter trägt den Kleinen ins Bad und verarztet ihn.

Renke verschwindet in sein Zimmer und schlägt mal wieder wie wild auf seinen Boxsack ein: „Mama hat eigentlich auch Recht, mit dem, was sie so sagt, aber man hat dann auch das Gefühl: ‚Wenn ich jetzt nachgebe, und das nicht durchziehe, dann bin ich ein Loser'", sagt Renke völlig außer Puste. Und lacht unsicher.

Dass er in letzter Zeit ganz plötzlich sehr streitsüchtig geworden ist, merkt Renke selbst. Auch dass es ihm, wie vielen seiner Altersgenossen, darum geht, ernst genommen zu werden, mitzureden über bestimmte Dinge, die sein Leben bestimmen, wie Bettgehzeiten zum Beispiel. 22 Uhr ist ihm zu früh, vor allem am Wochenende. In den Diskussionen mit Mama spricht sie immer auch an, dass sie sich gegenseitigen Respekt wünscht. Das geht aber unter, wenn sie dann auf seine Pflichten im Haushalt kommt, die er ignoriert und er damit kontert, dass sie einfach zu gestresst ist und überreagiert. Das Thema Ohrfeige ist noch lange nicht erledigt. Die beiden ringen um eine Lösung, mittlerweile in Renkes Zimmer.

Renke: „Ich sag mal, so einen kleinen Schock hatte ich, als ich den Zettel vor meiner Tür fand: ‚Wir sind im Krankenhaus.' Und da stand nichts weiter. Nur: ‚Wir sind im Krankenhaus', na Klasse. Da dachte ich: ‚Was ist denn jetzt los?'"

Mutter ist gerührt, weil sich Renke um sie Sorgen gemacht hat. Mit großen Augen schaut Renke sie an.

Renke: „Es tat mir auch leid für dich, Mama, weil das vor Björns Geburtstag passierte, und du hattest ja vor, ganz viele Torten zu backen und hast dann einhändig noch vier oder fünf Torten für die Feier geschafft ..."
Mutter: „Ach Renke, merkst du nun endlich, was das für Konsequenzen haben kann?"
Renke: „Komischerweise, und das stört mich total, ist es immer so, dass das immer nur für mich Konsequenzen hat oder so. Und dass immer nur ich nachgeben muss."
Mutter: „Nee, die Konsequenz, die trage ich ja immer noch mit mir rum."
Renke: „Aber immer muss ich nachgeben."
Mutter: „Obwohl das eine jetzt nicht direkt was mit dem anderen zu tun hat. Man kann ja auch nicht sagen, dass dieser Unfall passiert ist, weil ich dir eine geklebt habe. Der Unfall ist einfach passiert, weil ..."
Renke: „Es war Schicksal!"
Mutter: „...weil du den Mülleimer im Flur stehen gelassen hattest!"
Renke: „Nein, weil du den Mülleimer durch den Flur geschmissen hast. Der ganze Müll lag verstreut. Und ich war kurz davor, auch noch den anderen Eimer auszuschütten, weil ich total genervt war. Ich kann da nichts für, wenn du die Eimer durch den Flur schmeißt ..."

Mutter fängt schallend zu lachen an und boxt Renke in die Seite. Renke guckt sie leicht irritiert an.

Renke: „Mama, manchmal bist du echt komisch!"

Im Mai 2005
Renke wird in ein paar Wochen 14 und misst inzwischen schon 1,83 Meter. In einem knappen Jahr hat er sechs Zentimeter zugelegt. Und auch sonst fühlt er sich erwachsener: „Ich wachse immer noch irgendwie wie ein Verrückter, und meine Füße wachsen leider mit. Und außerdem wächst mir hier ein einzelnes Barthaar, ganz allein, und mir wachsen auch noch ein paar Achselhaare."

Steckbrief: Renke von Lienen
im Mai 2005

Alter: 13 Jahre
Geburtstag: 5. Juli 1991
Größe: 1,83 m
Schuhgröße: 44/45
Gewicht: 63 kg
Lieblingsessen: Lasagne – „Kocht Mama leider viel zu wenig!"
Zuhause: eine 5-Zimmer-Altbauwohnung in Leipzig
Schule: Robert-Schumann-Gymnasium in Leipzig, Klasse 7b
Mutter: Lehrerin
Stiefvater: Stadtplaner
Halb-Geschwister: Remo (7 Jahre) und Bero (3 Jahre)
Taschengeld: 13 Euro im Monat (immer so viele Euro, wie er Jahre zählt)
Berufswunsch: Musiker
Sommerferien: 4 Wochen mit seinem leiblichen Vater und anschließend knapp 2 Wochen mit Mutter und Björn in Italien
Hobbys: mit der Videokamera eigene Filme drehen
Spitzname: Henkel
Lieblingsfach: kein Lieblingsfach
Lieblingsgruppe: (New) Red Hot Chili Peppers und Nirvana

Der Riese zwischen all den Zwergen
Die Lautsprecherdurchsage führt zu lautstarken Tumulten. Überall werden Türen aufgerissen und kreischende Schülerinnen und Schüler verlassen im Eiltempo das Robert-Schumann-Gymnasium in Leipzig. „Liebe Kinder", wiederholt die sonore Lautsprecherstimme, „es ist hitzefrei, wir sehen uns morgen wieder pünktlich zum Unterricht." Renke

ist es brütend warm. Er ist der Letzte im Klassenzimmer und packt gemächlich seine Schulsachen zusammen. Während seine Mitschüler schon auf dem Nachhauseweg sind, muss Renke noch dableiben und warten: auf seine Mutter, Björn, seine Klassenlehrerin und zwei Fachlehrerinnen. Heute ist ein wichtiger Tag.

Es geht um seine schulische Zukunft: Es soll beraten und entschieden werden, ob er versetzt wird. Wenn nicht, dann droht ihm der Abgang vom Gymnasium. Sein leiblicher Vater wünscht das so. Renke schwitzt, sein Hemd klebt am Körper. Nacheinander kommen alle Beteiligten ins Klassenzimmer und setzen sich in U-Form zusammen. Renke hat den Blick nach unten gerichtet. Die Klassenlehrerin fängt ohne Umschweife an.

Klassenlehrerin: „Das Thema Renke ist ja ein fortlaufendes das ganze Jahr über gewesen. Und wenn ich von den Fachlehrern immer höre: ‚Renke hat nicht, Renke hat nicht, Renke hat nicht,' dann hängt mir das eigentlich schon zum Halse heraus. Wir haben dir im April einen schönen Weg geebnet, wo wir im Verein – Eltern, Fachlehrer, du und ich – einen Vorschlag gemacht hatten, wie du an den Stoff anschließen kannst, wie du deine Zeit besser einteilen und alle Aufgaben erfüllen kannst. Dazu hatten wir dir vorgeschlagen, einen Zeitplan zu erarbeiten, einen Tages- und Wochenplan. Nach dem solltest du exakt arbeiten, um endlich einmal ein Zeitgefühl zu bekommen, denn du vertrödelst deine Zeit, du wirst nie fertig mit den Aufgaben, und am nächsten Tag lässt du sie, wenn du sie mal begonnen hast, auch noch zu Hause liegen."

Kurze Pause. Die Klassenlehrerin lässt ihre Worte im Raum wirken. Renke ist wie zur Salzsäule erstarrt, am liebsten würde er sich jetzt ganz weit weg beamen. Es ist regelrecht spürbar, wie peinlich ihm das ist. Seine Lehrerin macht konsequent weiter.

Klassenlehrerin: „Es ist also so weit gekommen, dass du jetzt versetzungsgefährdet bist, obwohl du überhaupt nicht versetzungsgefährdet sein müsstest. Dein Leistungsvermögen ist weit höher, als du es gezeigt hast. Und ich denke mal, wir sollten von dir jetzt ganz konkret hören: Wie du dieses Schuljahr noch über die Runden kommen willst, und zwar, indem du versetzt wirst? Wie hast du mit dem Zeitplan gearbeitet, war er dir eine Hilfe? Und wie kann es sein, dass die Fachlehrer immer noch sagen, es hat sich kaum etwas geändert? Und deine schlechten Noten ... Kannst du uns das vielleicht doch mal erklären, damit wir das verstehen können?"

Renke: „Na ja, also ich habe jetzt seit dem – wann war das?"
Klassenlehrerin (verdreht die Augen Richtung Decke): „Im April!"
Renke: „Seit dem April habe ich mir etwas mehr Mühe gegeben und so einen Plan gemacht. Und plane mindestens eine halbe bis eine Stunde fast täglich, dass ich irgendwas auch mal mache für die Schule außer Hausaufgaben. Und ich habe ja auch in einer Woche, in der ziemlich viele Arbeiten waren, ich glaube sieben insgesamt, da hatte ich fünf Zweien und nur zwei Vieren."

(Renke guckt verstohlen zu seiner Lehrerin)

Klassenlehrerin: „Und das war für dich ein Erfolgserlebnis?"
Renke: „Ja."
Klassenlehrerin: „Ja. Und das hast du wirklich dem zu verdanken, dass du mal einem Plan gefolgt bist und dir deine Zeit eingeteilt hast für deine unterschiedlichen Aufgaben ..."
Renke: „Das war ja alles ziemlich knapp ... mit dieser einen Woche. Ich stand schon ziemlich unter Stress. Aber ich habe möglichst viel geübt ..."
Klassenlehrerin: „Natürlich, wenn du viermal die Zwei als Zensur bekommst, ist das für dich und für uns natürlich erst mal ganz toll. Aber das sagt noch nicht, dass du die Hürden, die du nehmen musst, überwunden hast ... Was glaubst du, wie könntest du so weit kommen, dass du wirklich die Versetzungsgefahr nicht mehr im Nacken hast? Sondern doch noch zu einer positiven Note kommst? In Kunst zum Beispiel, wie kann man in Kunst versetzungsgefährdet sein?"
Renke: „Na ja, jetzt ehrlich gesagt, eigentlich nur durch Faulheit. Also ich vergesse immer alles. Ich habe meistens meine Arbeitsmaterialien vergessen."
Mutter: „Renke, kannst du dich daran erinnern, wie du dich in der Zeit gefühlt hast, in der du diese ganzen Arbeiten schreiben und dich darauf vorbereiten musstest? Also so richtig nach deinem Plan vorgegangen warst, die Arbeiten geschrieben hattest ... wie hast du dich da gefühlt?"
Renke: „Na, besser, als wenn ich nichts gemacht habe ..."
Mutter: „In dieser kurzen Zeit, da habe ich wirklich gemerkt, dass du das kannst. Dass du ganz strukturiert eine Arbeit nach der anderen erledigen kannst ..."

Renke: „Das Problem war ja auch, dass ich keine richtigen, ordentlichen Hefter habe …"

Klassenlehrerin (energisch): „Deine Lateinlehrerin hat mir mit auf den Weg gegeben, wenn du nicht nächstes Jahr voll arbeitest, aber wirklich ganz gründlich arbeitest, wirst du in Latein eine ungenügende Note bekommen. Du machst einfach überhaupt nichts für Latein … Und Renke, du nickst jetzt so. Wir haben dir auch im April geglaubt, das läuft jetzt mit dir … Und ich glaube dir auch, dass du es begriffen hast. Nur, du hältst es nicht durch. Du hältst es bist jetzt nicht durch. Du verbummelst deine Zeit, du verträumst sie. Und dann wird der Arbeitsberg so groß, so hoch, dass du dann ganz einfach nicht weiterweißt. Und was wirst du denn in den Ferien tun, wenn du jetzt noch einmal mit einem blauen Auge davon kommen solltest, was wir ja noch nicht wissen? Was machst du, um nächstes Jahr nahtlos anknüpfen zu können?"

Renke: „Ja, irgendwie, dass ich systematisch wirklich übe und das alles nacharbeite?"

Klassenlehrerin: „Renke, schaffst du das?"

Renke: „Ja."

Renke wird von fünf Augenpaaren fixiert. Er weiß gar nicht, wen er zuerst angucken soll. Wann ist das hier endlich vorbei? Die Luft steht in dem Raum. Dem Kameramann Michael Lange laufen Schweißperlen in Strömen runter. Er öffnet ein Fenster und alle atmen durch. Renke ist ihm für die Verschnaufpause dankbar. Beide schauen sich verständnisvoll an: „Puh, das erinnert mich an eine ganz ähnliche Situation, die ich als Schüler durchmachen musste", erzählt Michael Lange, „das geht echt an die Nieren". Die Fenster werden wieder geschlossen.

Mathelehrerin: „Es wäre auch schon toll, wenn du vielleicht einen klitzekleinen Teil deiner Zeit dazu nutzt, mal zu schauen, ob deine Arbeitsmaterialien vollständig sind. Denn gerade in Mathematik, denke ich, hast du dir deswegen deine letzten Arbeiten versaut … Wer eine Geometriearbeit ohne Zeichengeräte schreibt, Rechnen ohne Taschenrechner versucht und keine Formeln kann, der ist aufgeschmissen. Und dann müssen wir uns über deine schlechten Noten nicht wundern …"

Klassenlehrerin: „Positiv ist bei dir: Wenn es um kreatives Arbeiten geht, wo man wirklich viel Zeit investieren muss, dann bist du einer der Ersten, die das tun wollen. Du bist begeistert, du hast gute Ideen

… Es scheitert dann aber oftmals an deiner mangelhaften Zeiteinteilung und an der Ausführung …"

Björn: „Wir hatten gerade gestern eine heftige Auseinandersetzung, genau über dieses Thema. Weil ich es nicht mehr ertragen konnte, dass du um mich herumscharwenzelt bist und im Grunde die Zeit totgeschlagen hast, während ich was zu tun hatte. Du konntest das nicht verstehen, warum ich mich aufgeregt habe. Aber das ist der erste Schritt, dass du mal vor dir zugibst: Ich habe eigentlich ein Problem, ich schaffe meine Dinge nicht. Ich glaube, das ist das Wichtigste. Es hilft nichts, wenn du hier sitzt und uns jetzt wieder erzählst, ich mache das nächstes Jahr, ich mache das in den Ferien …"

Mutter: „Wenn ich das richtig beobachte, dann fällt es dir schwer, irgendwelche Ratschläge von uns allen anzunehmen. Du möchtest selber für dich entscheiden … Wenn wir versuchen, dir eine kleine Stütze zu geben … Ich habe den Eindruck, dass du dann erst recht deinen Dickkopf einschaltest, nach dem Motto: ‚So jetzt erst recht nicht. Jetzt hat Mama mich daran erinnert, jetzt will ich das nicht'. Und dann stehst du wie heute Morgen wieder da: ‚Mama, hast du noch einen Radiergummi für mich?'"

In Renke brodelt es. Das möchte er so nicht auf sich sitzen lassen. Seine Klassenlehrerin versucht nun wieder eine Brücke zu ihm schlagen …

Klassenlehrerin: „Renke, sei froh, weißt du, manch ein Junge würde sich freuen, wenn er so viel Unterstützung und so viel Verständnis von zu Hause hätte, wie du die bekommst. Jeder will nur das Beste für dich. Ich weiß, als junger Mensch sagt man immer: Ich muss meine eigenen Erfahrungen machen. Aber manchmal lohnt es sich doch drüber nachzudenken. Wir wollen dich doch nicht hängen lassen. Stell dir vor, du sitzt nächstes Jahr in der Klasse 7b – jetzige 6b – da lache ich mich jetzt schon tot."
Mutter: „Der Riese zwischen den Zwergen!"

Alle lachen. Nur Renke ist nicht zum Lachen zumute. Vor seinem inneren Auge spielen sich schreckliche Szenen ab, wie er als Fast-Erwachsener zwischen kindischen Milchgesichtern die Schulbank drücken muss. Er verzieht schmerzvoll sein Gesicht.

Klassenlehrerin: „Der Riese zwischen den Zwergen. Du würdest dich keinesfalls wohlfühlen, du wärst todunglücklich."

Mathelehrerin: „Es gibt Erfahrungen, die man nicht unbedingt gemacht haben muss, dazu gehört zum Beispiel das Wiederholen eines Schuljahres. Vor allem, wenn man es nicht nötig hat. Wenn du prasseldumm wärst, dann würde ich sagen, okay, er braucht das jetzt mal, machen wir's. Aber das bist du ja nicht, du bist schlampig und verträumt. Wenn ich dich manchmal im Unterricht wieder zurückholen muss, dann war Renke mal wieder gedanklich irgendwo anders. Ich weiß nicht wo. Ich wäre auch manchmal gerne woanders. Ich darf auch nicht. Da müssen wir beide durch, irgendwie.
Klassenlehrerin: „Wenn wir bösartig wären, dann würden wir sagen: Er hat es verdient. Die Versetzungsgefahr hat er verdient. Eins auf die Mütze, er muss mal die Erfahrung machen. Aber wir sind ja nicht bösartig. Wir wollen dich ja nicht zu den Zwergen schicken. Renke, es muss bei dir klick machen. Klick!"

Renke hebt die Hand und bedient einen imaginären Schalter an seiner Schläfe.

Renke: „Klick!"

Die Luft ist zum Schneiden im Klassenzimmer der 7b. Renke hat noch mal Glück gehabt. Er wird versetzt. Doch jetzt will er nur noch eins: raus hier! Mit Vollgas fährt er mit seinem Fahrrad Richtung Innenstadt, um „nach dem Vollstress eine Runde abzuhängen".

Interview im Mai 2005

Wir begleiten dich nun ein Jahr. Was hat sich am meisten verändert?
Renke: „Ich denke, dass ich körperlich bald mal ausgewachsen sein müsste, zumindest will ich nicht noch eine Schuhgröße größer haben, dann bräuchte ich Sondergrößen! Ich möchte mich gerne von meiner Mutter abgrenzen, die mich nur noch nervt. Und von Björn. Ich gehe lieber in die Stadt und mache was mit Freunden, als dass ich zu Hause rumsitze ... Ich kämpfe nicht mehr mit diesen Schwertern, weil ich überhaupt keinen Spaß mehr daran habe. Ich finde das nur noch langweilig. Stattdessen bauen wir vorm ‚Fockeberg' so was wie eine kleine Hütte, so eine Holzbude. Das ist cool. Dabei können wir auch gut quatschen und Scheiß machen."

Trinkst du Alkohol?
Renke: „Wenn ich Alkohol trinke, dann offiziell erlaubt. Also Mama erlaubt mir das fast nie, aber Björn erlaubt mir ab und an, dass ich auch mal ein Glas Sekt mittrinken darf. Neulich waren wir bei jemandem zum Grillen, und da habe ich eine ganze Flasche Bier getrunken. Ich finde, das schmeckt gut, kann man trinken. – Auf jeden Fall habe ich danach leicht geschielt, und als ich gelaufen bin, kam mir das so vor, als ob ich fast springen würde, so ganz leicht. Aber ich bin wohl ganz normal gelaufen ..."

Und in der Clique?
Renke: „G. trinkt gerne mal ein bisschen, ich auch und J. trinkt mal so ein bisschen Wein, und ansonsten eigentlich gar keiner irgendwas. Außer, dass P. auch ab und an Apfelmost trinkt. Wir setzen das da irgendwie an, so aus Apfelsaft und dann muss das in der Sonne gären. Das hat Paul rausgekriegt, aus Versehen, wie er das ansetzen muss, damit das Apfelsekt wird ..."

Hättest du gerne eine Freundin?
Renke: „Ich weiß nicht, wie das wäre, wenn ich eine Freundin hätte, weil ich eigentlich noch nie eine Freundin hatte. Man kann da mit Freunden so drüber sprechen, wie man sich das vorstellt, aber ich glaube, dass ich bei Mädchen auf keinen Fall gut ankomme, weil ich noch nie eine Freundin hatte. Ich sehe mich ziemlich chancenlos. Ich kann mich wohl mit einem Mädchen unterhalten, aber ich wäre zu schüchtern sie zu fragen, ob sie mit mir ins Kino gehen würde oder so."

Wie stellst du dir deine Liebe vor?
Renke: „Wenn man in jemanden verliebt ist, dann würde man ihn immer gerne angucken, aber man guckt ihn irgendwie nicht an. Man ist ganz schüchtern dem gegenüber. Das wäre jetzt zwar kein Vergleich zu jetzt, aber in der Grundschule war ich mal auch ganz doll verliebt, und dann habe ich mit der irgendwie gesprochen und habe nur so komisch rumgegluckst."

Mit wem sprichst du über Sex?
Renke: „Also mit meinen Eltern spreche ich nicht über Sexualität, und zwar weil mir das irgendwie zu blöd ist. Da kommen dann tausend Fragen. Da kann man besser mit Gleichaltrigen drüber sprechen, da sind dann praktisch alle gleich, irgendwie. Wir sprechen im Freundes-

kreis schon drüber, wie das ist, wenn man onaniert. Also keiner von uns hatte schon Sex. Und ich weiß auch nicht, ob irgendwer von uns schon ein Mädchen nackt gesehen hat, also glaube ich nicht."

Playboys

Zu seinem 14. Geburtstag lässt sich Renke aus einer Laune heraus die langen Haare abschneiden. Alle finden seine neue Frisur ganz toll. „Auch die Mädchen quatschen mich plötzlich immer mehr an", erzählt Renke ganz verwundert. „Die finden es gut, weil ich nun so ordentlich aussehe. Mir persönlich ist mein Kopf nun zu brav. Aber jetzt lasse ich es erst mal. Oder vielleicht doch wieder lang wachsen lassen? – Hm?"

Mit seinem besten Freund unternimmt Renke jede Menge Dummheiten: Sie besorgen sich „aus geheimen Quellen" Horrorvideos oder seit neuestem auch erotische Literatur. „Ich habe bei uns da hinten im Hof in der Papiertonne so an die 40 Playboys gefunden", flüstert Renke. „Sammlerteile aus den 80ern und noch total gut in Schuss. Die habe ich gut auf meinem Hochbett unter dem Kissen versteckt, so dass Mama und Björn sie nicht finden können." Renke zeigt konspirativ seine Ausklappschönheiten und meint noch, „dass seine Kumpels ganz scharf auf seine Hefte wären und sie sich prima für nützliche Dinge wie Musik-CDs eintauschen lassen".

Interview im Juni 2005

Was treibst du so?
Renke: „Ich komme von der Schule nach Hause und bin erst mal fertig, habe keinen Bock mehr auf Schule, esse ein bisschen, setze mich hierher, höre Musik, und dann überlege ich: ‚Was muss ich heute noch machen?' Meistens gibt es ja noch irgendwas … also montags ist hier Schlagzeug, dienstags ist Konfirmandenunterricht, mittwochs ist nichts und donnerstags ist Schulband. Freitags auch nichts. An den Tagen, wo was ist, da weiß ich, was ich machen muss. Aber an den anderen Tagen, da verabrede ich mich … und in allen Pausen, die ich mal mache, höre ich einfach Musik und lasse meinen Gedanken freien Lauf. Und wenn ich erst mal am Schlagzeug dransitze, dann macht mir das Spielen Spaß, und dann spiele ich manchmal auch länger als eine halbe Stunde …"

Renke antwortet mit monotoner Stimme und gähnt vor der Kamera die Langeweile heraus. Ständig unterbricht er das Gespräch wegen irgendeiner Nichtigkeit. Es ist ein Geduldsspiel.

Was bewegt dich momentan?
Renke: „Also gerade denke ich viel über meine extremen Schulden nach. Und vor allem, es sind nicht unbedingt viele Dinge, die ich machen muss. Aber ich bin ein bisschen schlampig, und manchmal komme ich schon mit wenig Sachen nicht klar. Ich plane andauernd in meinem Kopf hin und her, wann ich morgen früh aufstehe, ich muss noch das und das machen. Und dann piept der Wecker um fünf, und dann drehe ich mich zur Seite und schlafe einfach weiter ..."

Wie macht sich die Pubertät bei dir bemerkbar?
Renke: „Weiß ich nicht ... Also, meine Haut, die langsam zur Drachenhaut wird, aufgrund ihrer ganzen Pickel, das ist ein bisschen unschön, aber ich kann auch nichts dagegen machen. Das ist einfach irgendwie so ..."

Welche Rolle spielen Mädchen in deinem Leben?
Renke: „Früher in der Grundschule oder im Kindergarten, da waren Mädchen eher so wie Kumpel. Jetzt ist es aber anders. Wenn da jetzt so ein ganz tolles Mädchen ist, was ganz super aussieht ... vielleicht laufe ich dann rot an, das weiß ich nicht, wenn ich mit dem spreche. Aber mit Mädchen spreche ich nicht so wie mit Jungs. Man benutzt ganz andere Wörter, wenn man mit Mädchen spricht, als wenn man mit Jungs spricht. Also man ist da eher etwas feiner, sag ich mal und hängt nicht die Sau raus ..."

Erregen dich Mädchen?
Renke: „Ich merke das schon, dass ich manchmal erregt bin. Und das ist auch manchmal ganz unpassend, wenn die Schulstunde abklingelt und man nicht so wirklich aufstehen kann. Noch schlimmer ist es in der Bahn ... Aber inzwischen passiert mir das nicht mehr ganz so oft wie vor einem Monat. Ich gehe dann da so mit um, Pullover über die Hose rüber ... Aber da gibt es auch andere. Ich habe einen gesehen, der hatte nur ein kurzes T-Shirt an, da hat man so eine richtige Beule in der Hose gesehen, der ist damit durch die Klasse gerannt ... Mich erregt vor allem das Aussehen, also Hintern, Brüste und so. Aber was mir auch wichtig ist, mit was für einem Gesicht man ange-

guckt wird ... Weil, es können einem da entweder so Fratzen entgegen schielen, oder ein nettes Gesicht guckt einen mit einem strahlenden Lächeln an."

Sprecht ihr untereinander über Selbstbefriedigung?
Renke: „... Also solche Themen wie ‚sich einen runterholen‘, wofür wir als Deckname ‚auf den Dachboden gehen‘ benutzen, weil man vom Dachboden was runter holen kann. Also: ‚Bist du auf den Dachboden gegangen?‘ Da spricht man doch nur mit seinen besten Freunden drüber. Mit anderen kann man ein bisschen rumalbern. Aber mit den besten Freunden spricht man da schon richtig drüber."

Wenige Tage später entdeckt Björn zufällig die Playboy-Hefte und spricht mit Heike darüber. Die stürmt empört in Renkes Zimmer und wirft ihm ohne Vorwarnung eine ganze Rolle Klopapier aufs Hochbett: „Für alle Fälle Renke, damit ich nicht so häufig die Bettwäsche wechseln muss ..." Björn sucht das Gespräch „von Mann zu Mann", und staunt „über Renkes plötzliches Interesse für weibliche Rundungen". Renke meint dazu nur lapidar: „Diese alten Playboy-Hefte lassen sich auf dem Flohmarkt sicher gut zu Geld machen. Vielleicht kann Mama sie für mich verkaufen?"

Mutter entsorgt die Hefte schließlich auf dem Müll. Und Renkes Proteste halten sich in Grenzen, denn „Filme sind eh spannender"...

Der erste Joint
Kurz danach die nächste Aufregung im Hause von Lienen. Mutter stellt an einem Abend so ein „komisches Dauergrinsen in Renkes Gesicht" fest und außerdem „riechen seine Klamotten immer so süßlich". Sie hat die schlimmsten Befürchtungen: „Renke hat heimlich Haschisch geraucht? Oh Gott, jetzt das auch noch!" Sie bespricht sich mit Björn, der nicht glauben kann, „dass Renke Joints raucht".

Währenddessen bauen Renke und J. genüsslich mit DIN-A4-Schreibpapier sogenannte „Monstertüten". Immer wieder spielen sie dabei ihren selbstgedrehten Film ab und lachen sich schlapp. Die Szene: „Lockere Kiffermusik à la Bob Marley als Untermalung".

> **Renkes Video im Sommer 2005**
> Renke kommt ins Bild und bläst eine „Megawolke" genüsslich ins Objektiv. J. filmt: „Nee, ich finde, so schlecht schmeckt das gar nicht mal. Also, ich hätte mir das jetzt schlimmer vorgestellt, mit deiner Tee-Idee", sagt Renke und formt kleine Rauchwölkchen mit dem Mund.

Björn beschließt, Renke wegen des „komischen Geruchs in seiner Kleidung" anzusprechen. Er erwischt Renke dabei auf dem falschen Fuß und merkt, dass der 14-Jährige versucht, sich rauszureden.

Renke: „Ich habe einfach nur gekokelt."
Björn: „Was heißt ‚nur gekokelt'? Hast du geraucht?"
Renke: „Also ein Freund von mir hatte die Idee, dass wenn ich ihm aus Pfefferminztee so 20 so ..."
Björn: „Aus was, bitte? Aus Pfefferminztee?"
Renke: „... aus Pfefferminztee so 20 Joints drehe, dann gibt er mir eine Flasche so selbst angesetzten Apfelmost."
Björn: „Renke! Willst du mir wirklich erzählen, du hast Pfefferminztee-Joints gedreht?"
Renke: „Ja."
Björn: „Ich gehe jetzt davon aus, dass das wirklich stimmt, ja? Ich möchte jetzt nicht belogen werden ..."
Renke: „Nein, das stimmt."

Björn verlässt kopfschüttelnd Renkes Zimmer: „Pfefferminzjoints ... unglaublich!"

Florine: Ich kann jetzt meiner Mama auf den Kopf spucken

von Wolfgang Klauser

> Florine: „Ich finde es sehr gut, dass ich größer geworden bin. Da kann ich jetzt meiner Mama auf den Kopf spucken, wenn ich will. Mir gefallen die Pickel nicht, aber wem gefallen die schon? Und dann: Regelschmerzen! Die hatte ich letztens das erste Mal, und das ist wirklich sehr unangenehm. Und man kann ja nicht einmal im Monat einfach zu Hause bleiben."

Freundinnen
Ein kalter, grauer Februartag. Die Stimmung ist auf dem Nullpunkt. Florine krächzt energisch: „Nein, S. möchte das nicht und sie hat keinen Vertrag mit dem Fernsehen abgeschlossen ..." Florines Empörung wird jäh durch rasselnde Keuchhustenanfälle gestoppt. Das hört sich nicht gut an. Noch vor vier Monaten hatten wir harmonische Drehbeiten und ein sehr beeindruckendes Interview mit ihr. Und jetzt finde ich keinen Zugang zu ihr. Bei den letzten Telefongesprächen gab es immer wieder Missverständnisse. Jede Frage, was sie so macht, wo wir sie begleiten können, wird konsequent abgebügelt: „Das geht nicht ... das kann ich so nicht ... was sollen die anderen von mir denken ... was hat das denn mit meiner Pubertät zu tun?" Florines Haltung gegenüber der Kamera, die sie begleitet, ist gerade äußerst negativ. Einerseits ist es beeindruckend, wie dieses 13-jährige Mädchen Grenzen setzt. Andererseits findet sie dies und das dann doch wieder o.k. – unberechenbar. Vor allem, wenn die Freundinnen dabei sind. Florine singt gerne und gut. Sie bekommt Gesangsunterricht, singt im Chor und hat auch schon Auftritte. Heute Abend zum Beispiel in ihrer Schule. Alle Jahrgangsstufen des Immanuel-Kant-Gymnasiums in Leipzig versammeln sich in der Aula, um aus ihren Reihen die „Besten" zu wählen. „Für mich hat Singen eine ganz große Bedeutung, weil Mama schon ganz früh mit mir damit angefangen hat", erzählt sie aufgeregt. „Gott sei Dank sind wir heute zu dritt ... Wenn ich da

jetzt ganz alleine oben stehen müsste, würde ich wahrscheinlich einen Nervenkoller kriegen ..."
Mitmachen darf jeder, der sich traut: Mädchen in kurzen Röcken, die tanzend eingängige Gassenhauer aus den Popcharts präsentieren, eine Oberstufen-Band im Grufti-Outfit und düsterem Songmaterial, spindeldürre Ballett-Feen mit sorgsam einstudierten Choreografien – und dann Florine mit ihren beiden Gesangspartnerinnen. Doch das Trio ist gehandicapt. Florine ist schon seit Wochen schwer erkältet, ihr Husten hat sich zu einer Bronchitis entwickelt und ihre Stimmbänder sind entzündet. Mit einer Überdosis verschreibungspflichtigem Hustensaft hat sie sich für diesen Auftritt „gedopt". Florine ist ehrgeizig. Sie möchte unbedingt gut klingen und ihre beiden Mitstreiterinnen nicht enttäuschen. Und wir dürfen sogar mit der Kamera dabei sein, aber nur, wenn wir ihre Freundin S. nicht filmen: „Die möchte in dem Film überhaupt nicht vorkommen", sagt Florine zum x-ten Mal, „denn nur weil sie meine beste Freundin ist, hat sie mit dem Fernsehen noch lange keinen Vertrag abgeschlossen ...". Natürlich. Es ist nicht ganz einfach, S. aus dem Bild zu halten, wenn sie ständig neben Florine auftaucht ... aber wir halten Wort.

Nur noch zehn Minuten bis zum Auftritt. Die drei Mädchen haben sich zum Einsingen in die hinterste Ecke des Schulflures zurückgezogen. Ein hoffnungsloses Unterfangen bei dem Lärmpegel. Gerade rappen sich aus Florines Parallelklasse ein paar Jungs in die Herzen ihrer Mitschülerinnen. „Echt krass, Alter" und als Zugabe gibt es noch Break-Dance-Einlagen. Florine hat für den Wettbewerb einen dreistimmigen Kanon aus dem Mittelalter ausgesucht. Der feinsinnige Text wird auf Englisch gesungen. Gegen die posende Männlichkeit im Rapper-Outfit wirken die drei Siebtklässlerinnen wie aus dem Mädchenpensionat. Noch drei Minuten ... Vor der Bühne ein kurzes Interview: „Ganz, ganz übel geht's mir vor dem Auftritt, sonst sitzt man ja mit dem ganzen Chor dort, und jetzt sind wir nur zu dritt. Man hat solche Angst, dass man sich versingt. Und ich habe auch Angst, dass mir kurz vorher noch mal die Stimme weg bleibt ... aber dafür habe ich ja eine Thermoskanne mit dabei. So, jetzt geht's los ..."

An der Wand flackern Schattenbilder von Mädchenköpfen, die konzentriert in überdimensionierte Mikrofone singen. Florine trifft manchmal den falschen Ton. Hilfe suchend schaut sie ins Publikum. Mama und ihr neuer Freund Jens, ein „saunetter Typ", sind auf den letzten Drücker noch zu ihrem Auftritt gekommen. Das Trio hat es auf der Bühne schwer. Unten im Publikum herrscht Unruhe, denn die Rapper schreiben noch Autogramme, und Florines Lied scheint eher den Geschmack der Erwachsenen zu treffen. Aber am Schluss applaudieren dann auch ihre Mitschüler. Florine hat leicht feuchte Augen und flüchtet sich in die Arme ihrer Mutter. Sie ist unzufrieden mit sich. „Aber mit der schlimmen Erkältung war es eigentlich ein Wunder, dass ich überhaupt einen Ton rausbekommen habe", sagt sie mitgenommen.

Es folgt ein kleines Drama: Freundin S., „die mit dem Fernsehen keinen Vertrag hat ...", macht Florine eine gehörige Szene, denn sie sei dauernd gefilmt worden ... wir können sie vom Gegenteil überzeugen. Ein wichtiger Moment, der zeigt, wie besonders dramatisch Florine alles nimmt, was mit ihren Freundinnen zusammenhängt. Sie erzählt bei der Gelegenheit, dass sie vor kurzem völlig aufgelöst war, weil S. mit einer anderen Freundin gestritten hatte – nun wollten beide nichts mehr miteinander zu tun haben. Florine, die beide mag, weiß nun nicht, zu wem sie halten soll oder müsste ... Stundenlang zermartert sie sich ihr Hirn, wie sie „die Freundschaft der beiden wieder kitten kann ... und wir auch wieder zu dritt was machen können."

Die Freundinnen rücken immer mehr in den Mittelpunkt von Florines Leben. Mit ihnen liest sie nach der Schule Fantasy-Geschichten und bespricht ihre Sorgen, Nöte und Wünsche, die Mädchen gehen ins Kino oder einfach nur bummeln in der Leipziger Innenstadt. Bald steht auch Shoppen an, denn Florine will Jugendweihe feiern, und sie weiß noch nicht so recht, was sie anziehen soll: „Eher was Festliches, es darf aber nicht spießig sein, oder was Normales, was für den festlichen Rahmen aber nicht zu flippig sein sollte ..."

Interview im Februar 2005

Wie hast du dich seit Drehbeginn verändert?
Florine: „Ich denke mehr darüber nach, was mal später wird. Was ich zum Beispiel mal machen möchte. Irgendwie musst du dich mal auf was spezialisieren, du kannst nicht alles machen. Dann vielleicht noch der Umgang mit Freunden, wie und wo man sich trifft. Also, dass man sich öfter auch außerhalb der Schule mal trifft oder zusammen in die Stadt geht, Krams macht. Und dass es auch mehr Probleme gibt, mit Freunden, auch mit Eltern. Weil man nicht mehr alles mit so einer kindlichen Leichtigkeit nehmen kann ... Und es ist jetzt

wirklich so, dass ich vielleicht noch mehr Selbstkritik mache. Dass ich noch mehr den Ehrgeiz habe, die Sachen wirklich perfekt zu machen. Ich glaube, das mit dem Perfektionismus habe ich von Papa geerbt. Dass ich oft nicht weiß: ‚Was soll ich jetzt denken, was soll ich machen?' Und oft auch bei so manchen Sachen nicht weiß, zu wem ich jetzt halten soll, ob ich dazwischen gehen oder mich raushalten soll ..."

Gibt es Konflikte zwischen deiner Mama und dir?
Florine: „Ich bin jetzt gerade, also ich weiß, dass das nicht richtig ist, abends immer ziemlich lange wach so mit Lesen. Also, ich kann einfach auch nicht mehr einschlafen. Und Mama kommt immer rein: ‚Ja, jetzt Licht aus!' Und ich so: ‚Okay, okay' und mache das Licht aus. Ich bin zurzeit nicht so auf Konfrontation aus, weil wir uns ziemlich oft gestritten haben. Und deshalb versuche ich lieber alles ganz toll zu machen. Wenn Mama mich um was bittet, dann habe ich halt immer das Gefühl, dass sie sagt: ‚Oh, hast du irgendwas falsch gemacht, du Doofe ...' – Bestimmt meint sie das gar nicht so, aber ich nehme es so auf und denke: ‚Wieso macht sie es nicht selber, wenn ich es eh nicht kann?'"

Welche Rolle spielen Jungs in deinem Leben?
Florine: „Eigentlich habe ich zurzeit weniger Schwärmereien. Also vielleicht findet man mal den einen oder anderen Jungen ganz süß. Aber seit dem Sommer bin ich nicht auf der Jagd nach irgendeinem Jungen. Also es sind viele andere Mädchen in meinem Alter, die meinen: ‚Ich muss jetzt unbedingt einen Freund haben. Oh weia, wen nehme ich nur?' Das interessiert mich einfach nicht so ..."

Auch die folgenden Telefonate mit Florine sind nicht einfach. Sie findet „alles total anstrengend, was mit dem Film so zu tun hat ... und S. findet es eh doof ..." Ich versuche auszuloten, ob ich es mit einer Laune zu tun habe, ob sie aussteigen möchte, bitte sie um Klarheit, gebe ihr Zeit. Schon wenige Tage später ruft sie an:

„Ich habe nachgedacht und mit Mama darüber geredet ... Ich möchte schon weitermachen, es ist mir wichtig. Vielleicht kannst du einfach mal ein oder zwei Tage vor dem nächsten Dreh kommen, und wir verbringen einfach so Zeit miteinander – ohne dieses Pubertätszeug", lacht sie.

Jugendweihe

Es ist ein sonniger Sonntag im Mai 2005. Für Florine ein ganz besonderer Tag – Jugendweihe. Sie feiert mit ihrer Freundin Miele und ihrer Familie: Mama und deren Freund Jens, der Oma und ihrem fünf Jahre älteren Bruder Crispin, der schon lange aus dem gemeinsamen Zuhause in Leipzig ausgezogen ist. Es ist sieben Uhr morgens und alle sitzen beim Frühstück in dem verglasten Erker der Altbauwohnung. Nur Crispin fehlt. „Der kommt sicher erst zur Veranstaltung im Gewandhaus", meint Florine. Crispin arbeitet oft bis morgens in einer Kneipe oder schaut bis zum Sonnenaufgang Filme. „Der trinkt und raucht und lebt ein bisschen ungesund", sagt sie nachdenklich. „Er hat einfach eine schwierige Phase im Moment ..."; „Schau, wer da kommt", sagt Jens. „Crispin!", ruft Florine und rennt zur Türe, um ihn zu begrüßen. Crispin hat sich extra fünf Wecker gestellt, um den „großen Tag seiner Schwester nicht zu verpennen". Die freut sich sehr!

Zu DDR-Zeiten war die Jugendweihe noch eine Zwangsveranstaltung der Partei: die 14-jährigen trugen blaue FDJ-Uniformen und gelobten, für die gute sozialistische Sache zu kämpfen. Für Florine kam eine Konfirmation nicht in Frage, sie ist nicht wirklich gläubig. Außerdem ist die Jugendweihe bei ihren Freunden wie überall in den neuen Bundesländern wieder richtig angesagt.

Die Frühstücksrunde wird schlagartig aufgelöst. „Florine, du hast noch 30 Minuten, um dich umzuziehen und schick zu machen, also hopp", sagt Mutter Anja. Florine düst mit Miele in ihr Zimmer. Für die Jugendweihe hat Mama ihr „von ihrem letzten Geld noch dieses schicke Kleid gekauft", erzählt Florine ihrer Freundin stolz. Es ist weinrot, eng anliegend und lang bis zu den Knöcheln. Miele bürstet ihr die Haare und steckt sie nach oben. Noch ein wenig Wimperntusche und Kajal, Puder für die „kleinen fiesen Pickelchen auf der Stirn" und „Mamas edle Halskette" und fertig ist eine junge Frau. Wir ahnen, wie sie später mal aussehen wird. Nur mit den Schuhen will es nicht so recht klappen. Schwarze Stiefel, die sie geschenkt bekommen hat: „Mama hätte nicht auch noch Schuhe für mich kaufen können. Es war doch eh schon alles so teuer für diese Jugendweihe." Die Stiefel sind zu klein. Egal, Florine beißt die Zähne zusammen und entschwebt in ihrem schicken Outfit Richtung Auto. „Ich komme mir völlig verloren vor in diesem Kleid ... Darf ich mich bitte in den Kindersitz setzen, denn gleich werde ich erwachsen sein", albert sie nervös herum.

Alle reden davon, dass die Jugendweihe ein Symbol für das Ende der Kindheit ist. Was das aber genau bedeuten soll, weiß Florine gar nicht so richtig. „Bitte nehmt die Hände aus den Hosentaschen", mahnt die Betreuerin ihre Schützlinge vor dem Gewandhaus. 223 Mädchen und Jungen, alle 14 Jahre alt, warten mit einer Rose in der Hand auf ihren großen Moment. Die Türen zum Festsaal werden weit geöffnet, feierlich ertönt Musik: „Das klingt wie Filmmusik, so ein Abspann von einem Schmalzfilm", sagt Florine zu einem Mädchen in ihrer Gruppe „irgendwie so kitschig, aber schön". Florine ist ergriffen, mit einem Mal scheinen Worte wie „Schritt zum Erwachsenwerden" für sie Bedeutung zu bekommen: „Jetzt sehen sie alle ganz schick aus", kommentiert sie den Einzug der Jugend. Jungs mit rotem Irokesen-Haarschnitt und im Nadelstreifenanzug nehmen Platz. Bei manchen hat man das Gefühl, ihre festliche Kleidung ist noch eine Nummer zu groß für sie. Manche der Mädchen erscheinen in gewagten Outfits: superkurze Röcke, die knapp über dem Hintern enden und offenherzige Dekolletés, die Einblick bis zu den Schuhspitzen gewähren. Sieht so das Erwachsenwerden aus?

„Liebe Jungendliche", moderiert ein Mittvierziger auf lockere Art, „endlich ist er da, der große Festtag, der Tag Eurer Jugendweihe. Ihr seid sozusagen unsere Hoffnungsträger." Es folgen weitere Ansprachen, gerichtet an die jungen Akteure im Parkett und die Eltern, Verwandten und Freunde der Familie auf der Galerie. Das weitere Rahmenprogramm gestalten die Jugendlichen selbst, Tanzchoreografien und neu komponierte Pop-, Rock- und Rapsongs. Das gefällt. Kein Wunder, dass die jungen Leute diese unterhaltsame Form des Erwachsenwerdens der oft steifen Konfirmation vorziehen.

Florine hat den offiziellen Teil hinter sich. Nach der Jugendweihe geht sie mit ihrem leiblichen Vater und ihrem großen Bruder zum Essen. Die Familiensituation wirkt angespannt. Aber am Nachmittag ist eine große Feier in einem Café angesagt. Für Essen und Geschenke hat Anja sogar das Konto überzogen. Florine durfte zur Feier des Tages ihre besten Freundinnen einladen. Die meisten kennen sich nicht gut und sitzen zu Beginn stumm am Tisch, die Arme über dem Bauch verschränkt, mit suchendem Blick. Wo ist Florine? Die hüpft vergnügt, barfuss, zu ihrem „Geschenktisch" und freut sich über ganz viele Bücher und auch über das Paris-Wochenende mit ihrem Vater. Zurück am stummen Mädchentisch kann sie das Eis schnell brechen und bald dreht sich alles nur noch um ein Thema: Jungs – die rauchen, die „niedlich" sind, oder „süß". Florine: „Der ist so lange süß, bis er einem einen Liebesbrief schreibt ... Und bei der Jugendweihe, da waren so Jungs, die sahen aus wie vierte Klasse. Die waren vielleicht so groß" – Florines Hand geht bis zu ihrem Kinn, „und die haben schon Jugendweihe gemacht. Die sahen ganz verloren aus, in ihren Anzügen, so jung. Die waren so klein. Und riesige Mädchen zum Teil ..." Die Freundinnen pflichten ihr bei: „Ja, die Mädchen sahen alle viel erwachsener aus."

Alle Mädchen kichern und essen dabei ein Kuchenstück nach dem anderen, mit dick Sahne drauf. Florine erzählt, dass sie auf der Bühne ein Buch mit dem Titel „Jugendweihe" überreicht bekam – „fürs Regal", meint sie. Ihr Resümee zu diesem Tag: „Mit 14 darf ich keine dummen Sachen mehr anstellen, dann gehe nämlich ich, und nicht mehr Mama für mich in den Knast. Aber ich habe nicht vor, eine Tankstelle auszu-

Steckbrief: Florine Sophie Baumbach
im Juni 2005

Alter: 14 Jahre
Geburtstag: 7. Juni 1991
Größe: 1,70 m
Schuhgröße: 39, manchmal auch 40
Gewicht: 52,1 kg
Lieblingsessen: Eintopf
Zuhause: 4-Zimmer-Altbauwohnung in Leipzig
Schule: Immanuel-Kant-Gymnasium in Leipzig, Klasse 8c
Mutter: Lehrerin
Vater: Physiker
Geschwister: Crispin (19 Jahre), Inja (Halbschwester, 3 Jahre)
Taschengeld: kriegt immer dann von ihrer Mutter Geld, wenn sie „es für sinnvolle Ausgaben wie Schule oder Kino braucht"
Berufswunsch: Sprachwissenschaftlerin oder Innendesignerin
Sommerferien: 2 Wochen auf Ibiza mit Mama, Oma und Inja, 1 Woche Ostsee mit Mama, Jens und Inja, den Rest der Ferien in Leipzig „verbummelt"
Hobbys: Lesen, in den Wald gehen, Hörspiele hören, Singen
Spitzname: Floa oder Florida
Lieblingsfach: Musik, Deutsch und Geografie
Lieblingsgruppe: Sängerin Juli mit dem Song: „Geile Zeit"; der Soundtrack von „Die fabelhafte Welt der Amelie"

rauben!" Die Mädchen lachen ausgelassen und gehen dazu über, „so richtig über Jungs abzulästern" und über „heimliche Liebschaften zu tratschen" – unter Ausschluss der Öffentlichkeit.

Die Frauenärztin
Es ist Ende September. Florine und ihre Mama fahren durch Leipzig. Sie sind auf dem Weg zur Frauenärztin. Es ist Florines erster Termin, und sie ist nervös, deshalb fährt Anja mit. Mit ihr redet Florine offen über Sexualität. Florine hat vor ein paar Monaten ihre Periode bekommen und auf Anraten ihrer Mutter möchte sie sich nun gründlich untersuchen lassen. Sie will wissen, ob mit ihr alles in Ordnung ist.

Ärztin: „Dann würde ich so anfangen, dass ich meine Fragen stelle. Es ist immer ganz wichtig, für später auch, wenn du vielleicht mal eine Pille benötigst, was du für Erkrankungen hattest, ob es irgendwas Besonderes bei dir in der Familie gibt ... Wie ist das bei dir gewesen, als du das erste Mal deine Regelblutung bekommen hast?"

Florine: „Ich habe es zuerst mal gar nicht mitbekommen, es war der letzte Schultag vor Weihnachten ... und dann war ich auf Toilette und – ups! Ich hatte gar nichts gemerkt, keine Bauchschmerzen oder so. Man ist sich dann nicht so sicher und denkt: ‚Das wird's schon sein, was soll es denn sonst sein?' Dann habe ich versucht, meine Mutter zu erreichen, die war noch auf der Arbeit. Und dann habe ich meine Freundin angerufen. Das war ganz lustig, die hat dann auch kurz danach das Gleiche bekommen, so nach dem Motto: Willkommen im Club. Meine Mutter hatte vorher was vorbereitet, Geschenke, und eigentlich wollten wir einen Mutter-Tochter-Tag machen. Ich hatte mir schon ein Café ausgesucht, wo wir uns einen schönen Tag machen wollten. Aber es hat irgendwie nicht geklappt. Das tat Mama auch furchtbar leid. Da hat sie mir zwei Bücher geschenkt. Meine Freundin ist noch vorbeigekommen, und da haben wir uns einen schönen Tag gemacht ..."

Ärztin: „Das finde ich auch ganz, ganz toll ... Wie geht's dir denn jetzt so mit deiner Regel?"

Florine: „Mir geht es gut, ich hatte bis jetzt nur einmal ein ganz bisschen Übelkeit und Bauchweh ... Ansonsten geht es mir immer gut, und es ist unregelmäßig, total unregelmäßig ..."

Ärztin: „Jetzt weiß ich erst mal was bisher so gewesen ist ... Ich würde ganz gerne mit dir auch vielleicht noch so ein paar intimere Sachen besprechen. Meine Frage wäre im Wesentlichen: Hast du einen Freund?"

Florine: „Nein, ich bin noch Jungfrau."

Ärztin: „Ist ja immer auch eine Frage, wie wird es mal perspektivisch bei dir, was hast du eigentlich für Vorstellungen, wenn du das erste Mal Verkehr hast, wie das mit Verhütung sein soll, und auch mit Schutz vor Infektionskrankheiten?"

Florine: „Ich habe erst mal nicht nur nichts vor, sondern ich will es nicht. Wenn ich einen Freund habe, und der stellt da irgendwelche Forderungen, dann hat er Pech gehabt. Meine Mutter sagt auch immer: ‚Ja, und wenn du dann mal ganz doll verliebt bist, dann weißt du das doch nicht.' Aber das ist auch mit Sicherheit für die nächsten zwei Jahre erst mal kein Thema für mich. Weil ich das einfach unnötig finde, so früh. Da kann so viel passieren. Und ich habe keine Lust, jetzt, bevor ich mit der Schule fertig bin, mit einem Kind oder irgendwas dazusitzen. Ich möchte einfach noch ein bisschen mehr Erfahrung und so bekommen."

Florine ist fest entschlossen: Sie will noch mindestens zwei Jahre lang Jungfrau bleiben.

Florine: „Ich merke, dass sich viel verändert, weil ich mich oft mit Mama streite, über alles Mögliche, über mein Zimmer zum Beispiel. Ich habe dann den Eindruck, für Mama ist es nur richtig, wenn es so ist, wie sie es macht. Also, es kann sein, dass es gar nicht so ist, und dass ich es nur so aufnehme. Ich weiß es nicht."

Mutter Anja: „Ich habe das Gefühl, dass sie sich sehr schwer tut, sich von der Kindheit zu verabschieden. Ich glaube, sie versucht, mit aller Macht daran festzuhalten, indem sie bestimmte Dinge tut, die eben jüngere Mädchen immer noch machen. Dass sie sehr viele Bücher liest, die mit der Realität nicht viel zu tun haben. Ich habe das Gefühl, sie flüchtet da in irgendeine Fantasy-Geschichte."

Moritz:
Ich bin eher so ein Ausgeflippter

von Wolfgang Klauser

Moritz: „Ich mache mich schon ein bisschen hübsch für die Schule, also Gel in die Haare rein und Parfüm und Creme anlegen und so. Das riecht dann so gut. Das mögen auch die Mädchen ..."

Vater und Sohn – Abschied von der Kindheit
Alles muss raus. Und alles soll neu werden. „Ich finde, dass mein altes Zimmer nicht mehr jugendgerecht ist, und dass man für mein Alter ein anderes Zimmer braucht", erklärt Moritz. In jedem Winkel findet er noch Dinge, „die kindisch und peinlich sind". „Die alten Kinderbücher hier kriegt meine kleine Schwester Pia", murmelt er und stapelt dutzende Hardcovers in einen Karton. Dazu legt er Puzzles mit Tiermotiven, Blechautos, Cowboy- und Indianerfiguren und „so andere, so Kinderspiele halt".

Es ist Februar 2005. Während Moritz letzte Woche noch mit seiner Klasse in Oberwiesental, im Erzgebirge, auf Ski-Klassenfahrt war, hat sein Papa Timo schon angefangen „Moritz' Bude umzubauen". Der freiberufliche Maler und Allround-Handwerker hat für seinen Sohn ein nagelneues Holzregal gebaut. Natürlich hat Moritz zuvor genaue Anweisungen gegeben, wie es aussehen soll. Als Blickfang hat er nun sein Skateboard aufrecht draufgestellt, eine Neonröhre dahinter taucht alles in blaues Licht. Und die neuen Wunschfarben für die Wände stehen bereit. Vater und Sohn wollen gemeinsam streichen: Moritz hat noch nie eine Malerrolle in der Hand gehabt, handwerkliche Arbeiten sind nicht gerade seine Leidenschaft.

„Nimm jetzt Plane und Klebeband, und deck alles ganz sauber ab", ordnet Timo nett, aber bestimmt an. Stumm klebt Moritz Ecken und Kanten ab, legt den Fußboden mit Folie aus und taucht die Farbrolle ein. „Du musst schon mehr Farbe nehmen." Timo steht hinter Moritz, greift seine rechte Hand und zeigt ihm, wie er die Farbe richtig aufnehmen soll. Moritz ist angespannt. „So, mein Sohn, so musst du gleichmäßig rauf und runter gehen", erklärt Timo, „damit die Farbe auch richtig deckt." Moritz schweigt und streicht unter Aufsicht seine Bahnen. Aus Versehen kleckern Farbspritzer auf seinen Kopf, das Shirt und die Hose: „So eine Scheiße!", schimpft Moritz und schaut wie ein begossener Pudel – die paar Kleckse bringen ihn total aus der Fassung.

Moritz ist ungeduldig. Mit sich oder mit seinem Papa – wer weiß? Timo schaut vom anderen Ende des Zimmers zu, wie Moritz wieder Farbe aufträgt. „Ganz der Vati", sagt er. Moritz lächelt verlegen und macht, ohne einen Ton zu sagen, weiter. Ich frage ihn, wie sich das Verhältnis zu den Eltern in der Pubertät verändert? Noch während ich die Frage stelle, kniet sich Timo neben Moritz und wartet auf die Antwort. Das interessiert offenbar auch ihn. Moritz rollt die Wand stoisch rauf und runter: „Das ist nicht mehr so eine richtig tolle Beziehung. Weil wir nicht mehr so viel mit den Eltern zu tun haben wollen. Ich möchte eher mit Freunden weggehen und so ...", Moritz lächelt leicht verlegen, ist aber froh, es gesagt zu haben. Timo scheint irritiert: „Wie meinst du das jetzt? Haben wir dich jetzt nicht genauso lieb wie früher?", fragt er Moritz direkt. „Doch", antwortet der und erwidert den Blick, „aber darum geht es auch nicht ... ich möchte einfach mehr mit meinen Freunden machen, ausgehen vielleicht und so und nicht mehr mit den Eltern ..." Timo zieht die Augenbrauen nach oben und steht auf. Moritz streicht weiter. „Hier unten im Eck mehr Farbe bitte", meint der Vater. Moritz schaut auf die Wand: „Jawohl, Sir!"

Interview im Februar 2005

Wie geht es mit deinem Raucher-Problem?
Moritz' Stimme wird leise. Er blickt zur Türe, ob sein Vater vielleicht in der Nähe ist:

Moritz: „Ich habe deswegen ja ziemlich viel Stress hier gehabt, mein Vater war total enttäuscht von mir. Ich bleibe in den Pausen jetzt immer oben und quatsche mit denen, die nicht zum Rauchen runtergehen. Und mittlerweile geht mir das völlig am Arsch vorbei, was die da unten machen, und was da so abgeht."

Wird man da zum Außenseiter der Clique?
Moritz: „Bei uns in der neuen Clique spielt Rauchen nicht mehr so eine wichtige Rolle. Da ist es eher cool, dass man die Finger davon lassen kann."

Welche Rolle spielen Mädchen in deinem Leben?
Moritz: „Ich hätte gerne eine Freundin, da kann man halt mehr ... da hat man dann mehr zu tun und kann mehr weggehen. Man sitzt nicht so viel zu Hause vorm Fernseher oder vorm Computer."

Und warum hast du noch keine Freundin?
Moritz: „Ich bin zu schüchtern. Man müsste halt – cool sein. Oder was weiß ich, was die Mädchen für Vorstellungen haben! Na ja, ich bin halt in der Klasse eher so ein Kumpeltyp. Die Jenny (eine Klassenkameradin) kommt manchmal zu mir, und wir quatschen oft die ganze Nacht miteinander. Wir passen dann auch auf meine kleine Schwester Pia auf, aber wir sind halt nur ganz normale Freunde."

Eine Nummer zu groß!
Moritz hat eine neue Leidenschaft für sich entdeckt: Tanzen macht „unheimlich Spaß". In der Leipziger Tanzschule Seifert macht er gerade einen Grundkurs. Knapp zwanzig Paare – alle zwischen 13 und 18 Jahre alt, treffen sich einmal die Woche und lernen Standardtänze wie Walzer oder Foxtrott. Moritz hat nur ein kleines Problem mit seiner Tanzpartnerin. Er vertraut es seinem Videotagebuch an:
„Heute habe ich mich übelst über meine Tanzpartnerin aufgeregt, weil die ... Na, beim Tanzen führt ja immer der Mann, und sie hat beim Discofox plötzlich angefangen, so zu drehen. Aber das macht ja der Mann! Und plötzlich fängt die an zu drehen! Da hab ich der gesagt: ‚Ich führe und ich bestimme, wann gedreht wird.' Und beim nächsten Mal fängt die wieder an zu drehen ... Das finde ich so scheiße."

Das Problem erledigte sich von selbst: Moritz' Tanzpartnerin ist nicht mehr bei den Stunden erschienen. Seine Neue findet Moritz „ganz toll". Doch auch bei ihr gibt es ein Problem: „Sie ist ein paar Zentimeter größer als ich", sagt Moritz leicht frustriert, „und das ist schon komisch, wenn sie auf mich runterguckt".

Beim nächsten Mal ist auch Papa Timo in der Tanzschule mit dabei, denn er und seine Frau Kerstin gehen auch gerne und oft tanzen. „Das sind die Gene bei Moritz", sagt Timo stolz, „dass er so viel Freude daran hat". Im Moment ist Moritz aber überhaupt nicht glücklich. Irgendwie hat er heute nicht das richtige Taktgefühl. Immer wieder kommen er und seine Tanzpartnerin aus dem Rhythmus. V. ist genervt, denn Moritz schaut nur auf seine Füße und hat mit ihr noch kein vernünftiges Wort gewechselt. Sie stichelt: „Ich kann dir für unseren Abschlussball gerne auch meine 1,80 große Schwester anbieten. Die wird mit dir dann schon ein lustiges Tänzchen aufführen ..." Moritz stoppt die Drehung und bleibt mitten im Tanzsaal stehen. Ein schneller Blick nach links vorne, da schaut sein Vater zu, nach rechts hinten, da kommt der Tanzlehrer: „Gibt es bei euch Probleme? Moritz, du musst deiner Tanzpartnerin immer lächelnd und freundlich in die Augen gucken ..." V. grinst: „Das ist ja sein Problem! Ich werde meiner großen Schwester auf jeden Fall sagen, dass sie dich auffordern soll ..." Moritz: „Oh nee, bitte nicht. Da wirke ich ja noch kleiner." Sie kichert und schaut über Moritz hinweg. Der blickt neidisch auf seinen Freund Richard. „Der hat echt eine super Partnerin", erzählt er, „die ist gleich groß und die ist schon 18 Jahre alt und hat einen Führerschein." Richard führt seine Partnerin elegant und schwungvoll über das Parkett. Moritz zählt laut den Takt mit und blickt wieder auf seine Füße.

Ich frage V., wie sie Moritz als Tanzpartner findet. „Ich mag Tanzen total gerne ... Aber ich finde es nicht gut, dass mein Tanzpartner einen Kopf kleiner ist. Ich habe auch erst mit einem anderen getanzt, und der tanzt jetzt aber mit seiner Freundin, und da war jetzt Moritz nur noch übrig gewesen. Und deswegen tanze ich jetzt mit ihm." Mädchen können mit 14 Jahren schon sehr verletzend sein. Die Erfahrung hätte sich Moritz gerne erspart. Doch im Moment bleibt ihm nichts anderes übrig, als die bösen Spitzen seiner Tanzpartnerin einzustecken. Denn für Mitte März ist der Abschlussball der Tanzschule angesagt, und da möchte er schon mit ihr an seiner Seite auftreten. „Ich werde bestimmt einen Anzug anhaben", plant Moritz, „den ich zwei Tage später auch zu meiner Konfirmation tragen werde. Aber ich habe noch keine richtige Vorstellung, was ich ihr schenken soll. Natürlich einen Blumenstrauß und so ein kleines Geschenk ... Aber was nur?"

Steckbrief: Moritz Mönnich
im Juni 2005

Alter: 14 Jahre
Geburtstag: 19. März 1991
Größe: 1,63 m
Schuhgröße: 40
Gewicht: 45 kg
Lieblingsessen: Moritz immer noch: „Mir schmeckt einfach vieles."
Zuhause: eine 5-Zimmer-Dachgeschosswohnung in Leipzig
Schule: Immanuel-Kant-Gymnasium in Leipzig, Klasse 8c
Mutter: Buchhändlerin
Vater: Maler
Geschwister: Pia (knapp 2 Jahre alt)
Taschengeld: 15 Euro in der Woche
Berufswunsch: (Star-) Koch
Sommerferien: geplant 2 Wochen in Karlsruhe bei seinem besten Freund Florian – den Rest der Ferien wird er wohl in Leipzig verbringen
Hobbys: Tanzen, Reisen und Kochen
Spitzname: hat keinen Spitznamen
Lieblingsfach: Sport
Lieblingsgruppe: Beatles

Feuchte Träume

Seit Drehbeginn vor einem Jahr ist Moritz sieben Zentimeter gewachsen. Von der Körpergröße her findet er langsam Anschluss zu seinen Klassenkameraden ... und mit Gel in den Haaren lassen sich auch noch ein paar Zentimeter gut machen. Moritz hat sich nun einen Irokesen-Haarschnitt schneiden lassen und den Kamm in der Mitte rot eingefärbt. „Meine Eltern finden es gut", sagt Moritz stolz, „und auch die Mädchen in der Klasse finden mein Styling cool. Ich finde gut, dass ich einen gut gebauten Körper habe, dass ich nicht fett bin und hier an den Seiten keine Speckröllchen habe. Was ich scheiße finde an meinem Körper, dass man die Rippen sieht. Und dass mir noch keine Brust- und Achselhaare wachsen."

Wann immer er kann, ist Moritz jetzt mit seinen Freunden unterwegs. Von seinen Eltern möchte er sich bewusst abgrenzen. Oft zieht er jetzt mit seinem Freund R. durch die Stadt, „Kumpels besuchen", oder sie fahren mit dem Fahrrad in den nahe gelegenen Park, nehmen Getränke und Süßigkeiten mit und reden über alles Mögliche. Zum Beispiel über den Stress zu Hause, wo es mit Vater Timo nur noch Streit gibt: „Wenn ich nach der Schule nach Hause komme, ist erst alles in bester Ordnung. Und dann gleich geht es wieder los: Bring den Müll runter. Räum dein Zimmer auf!" „Nee, das würde mich aber auch echt ankotzen", meint Richard mitfühlend. „Das nervt total", seufzt Moritz. „Ich will auch mal meine Ruhe haben. Einfach in meinem Zimmer ein bisschen chillen."

Moritz und Richard. biegen vom Weg ab und steuern im Dickicht ihr „Geheimversteck" an. Hier wird oft das heikle Thema „Mädchen" vertraulich besprochen.

Richard: „Gibt es eigentlich irgend jemanden in der Schule, auf die du stehst?"
Moritz: „Ja: Aus der b finde ich eine ganz schön heiß ... Du weißt schon!"
Richard: „Ja, ich auch. Die sieht wirklich gut aus. Die ist auch immer so lustig, ich finde die cool. Hat eine ganz schöne Oberweite. Aber aus unserer Klasse, nee ..."
Moritz: „Ich finde unsere Klasse trotzdem ganz okay, ziemlich crazy sind die ..."
Richard: „Apropos crazy, machst du jeden Abend dein Ding? Du weißt schon ..."
Moritz: „Ja, ich weiß schon, klar, fast jeden Abend ..."
Richard: „Früher haben ja die Leute gesagt, das wäre ungesund und haben es nie gemacht. Weil sie blöd waren ..."
Moritz: „Ja, die haben nur Kinder gezeugt ..."
Richard: „Macht dir das Spaß? Das zu tun?"
Moritz: „Ja, eigentlich schon ..."
Richard: „Das ist irgendwie cool."
Moritz: „Das gehört inzwischen dazu ..."
Richard: „Träumst Du manchmal so erotisch?"
Moritz: „Manchmal schon ...von der aus der b zum Beispiel. - Ah, autsch! Diese Scheiß-Mücken hier ..."
Richard: „Das ist irgendwie komisch. Es gibt ja so eine Phase im Leben, da stellt man sich alle Frauen nackt vor."

Beide Jungs packen ihre mitgebrachten Essenssachen aus und machen erst mal Picknick. Moritz zeigt Richard einen Prospekt von Australien.

Da möchte er mal mit seiner Mama hinfliegen, eine Tante besuchen. „Mein Vater muss zu Hause bleiben", meint Moritz. „Der hat nämlich Flugangst und muss auf meine kleine Schwester aufpassen, die ist noch zu klein für die weite Reise." Moritz hält beim Blättern plötzlich inne.

Moritz: „Ich glaube, dass Robert in Jenny (Jenny ist Moritz' beste Freundin) aus unserer Klasse verknallt ist. Sie hängen immer zusammen ab. Das nervt irgendwie. Er beschäftigt sich gar nicht mehr mit uns …"
Richard: „Und diese müden Anmachmethoden, das kann man doch total durchschauen. Wie einmal, als du ihn gefragt hast, ob er sich mit dir einen Döner teilen will. Sagt er nee, und dann geht er zur Jenny und sagt, willst du dir mit mir einen Döner teilen? Nee, Robert und Jenny, die kann ich mir gar nicht vorstellen."
Moritz: „Robert ist doch viel zu klein, genau wie ich …"
Richard: „Die aus der b sind irgendwie alle Riesen. V. ist echt gut, aber da gibt's noch geilere. Aber wenn die ins Klassenzimmer reinkommt, dann muss ich die immer angucken. Du guckst immer L. an. Na gut, manchmal, als ob sie es absichtlich macht, sieht man ihren Slip. Die Hose ist zu eng …"
Moritz: „Die hängt einfach zu weit unten. Ach, ich bin eher so ein Kumpeltyp für andere. Der Spaßtyp und nicht der Beziehungstyp. L. hat mich abblitzen lassen."
Richard: „Wie hast du sie angesprochen?"
Moritz: „Wir haben uns immer Zettelchen geschrieben … und sie hat dann geschrieben, ich wäre nicht ihr Typ. Wir könnten aber Freunde bleiben."
Richard: „Das ist doch gut. – Würdest du gern mal mit einer ins Bett steigen?"
Moritz: „Na klar. Warum nicht? Aber bestimmt jetzt noch nicht. Vielleicht mit 16 oder mit 17 oder mit 18 …"
Richard: „Vielleicht erst mal mit Petting anfangen, oder?"
Moritz: „Ja, das sowieso erst mal, so davor sozusagen so."
Richard: „Aber was doof ist, da musst du dir immer Kondome kaufen, und die sind zu teuer. Es gibt 21 Stück für 18 Euro – oder andersrum?"

An diesem Abend kommt Richard mit zu Moritz nach Hause. Immer öfter dürfen nun Freunde – und manchmal auch schon Mädchen – bei ihm übernachten. Heute will er mit Richard fünfhundert Karten für die Leipziger Buchmesse abstempeln: Moritz' kleiner Nebenverdienst, den

er für seine geplante Australienreise sparen möchte. Aber vorher machen die beiden noch etwas anderes, das Moritz geheimnisvoll ankündigt: „Wir schlafen da drüben im Wohnzimmer beim Fernseher, und dann gucken wir verbotene Sachen." Richard kommentiert: „Nämlich Erwachsenenfilme."
Moritz: „Ab null Uhr ... ja, also verbotene Sachen."

Vater und Sohn – Die erste Freundin
Moritz kocht für sein Leben gerne. Er möchte später Koch werden „und vielleicht ins Ausland gehen". Sein Vorbild ist der Hamburger Fernsehkoch Tim Mälzer: „Der ist so locker drauf und kann verdammt gut kochen."

Heute gibt es „Schineschisch", blödelt Moritz in der Küche rum. „Nudeln mit Gemüse und Hackfleisch, hmm, lecker, lecker ..." Allerdings „schleicht" sein Vater gerade um ihn herum – und Moritz weiß: „Er will was von mir wissen! Etwas, was ich ihm aber nicht sagen möchte. Ich habe halt auch meine Geheimnisse." Moritz dreht an der Pfeffermühle und schmeckt die Soße ab. Von hinten kommt Timo und schaut ihm über die Schulter.

Vater: „Hast du jemand im Auge?"
Moritz: „Nein, die sind alle zu groß. Die sehen auch alle nicht so hübsch aus."
Vater: „Ja, wollte ich gerade sagen."
Moritz: „Hm ... Orangensaft."
Vater: „Du würdest mir das sagen, oder?"
Moritz: „Nein! Ich sag's nicht, das ist mein Geheimnis, das muss ich ja nicht jedem, das muss ich ja nicht meinen Eltern sagen, zum Beispiel. Ich kann es ja meinen Freunden sagen."
Vater: „Deinen Eltern musst du es nicht sagen?"
Moritz: „Nee, nur wenn es offensichtlich ist. Dann wisst Ihr es ja sowieso."
Vater: „Also, wenn ich an meine erste Liebe zurückdenke ..."
Moritz: „Damals, damals ...!"
Vater: „Damals!"
Moritz: „Wie lange ist das her? 40, 50 Jahre?"
Vater: „Knapp. Also das hat man mir angesehen, und das Mädel, das war schon was Besonderes. Also zu mir sind nicht so viele Mädels gekommen wie zu dir, aber dass das meine erste Liebe war, das hat man

schon gesehen. Und das ist das, was ich dir ja auch gönne. Eine richtige Jugendliebe."

Moritz: „Jetzt aber noch nicht. Ich habe ja auch noch Zeit, oder?"

Vater: „Natürlich. Also ist es noch nicht so ... Das ist alles noch freundschaftlich?"

Moritz: „Ja, freundschaftlich."

Vater: „Aha."

Moritz: „Hast du schon drüben den Tisch gedeckt, dass wir endlich essen können?"

Nein, du bist ein ganz normaler Mensch! Unterschiede im Zeitpunkt der körperlichen Reife in der Pubertät

von Karina Weichold

Die Veränderungen am Körper vom Kind zum Erwachsenen und die damit verbundenen Konsequenzen für die Psyche und soziale Situationen folgen bei jedem Jugendlichen einer individuellen „Uhr". Das heißt, das Alter, in dem die ersten Barthaare sprießen oder ein BH notwendig wird, kann sich bei Jungen und Mädchen erheblich unterscheiden. Diese Variationen sind als normativ anzusehen: Mädchen können schon im frühen Alter von 8 Jahren oder aber erst mit 13 oder 14 körperliche Veränderungen erleben, und auch bei Jungen kann der Zeitpunkt der Pubertät zwischen dem 9. und 15. Lebensjahr variieren. Wie der Zeitpunkt des Beginns der Pubertät kann sich die Zeitspanne, in der sich die Veränderungen vollziehen, zwischen Pubertierenden erheblich unterscheiden. Beispielsweise wurde anhand von Studien gezeigt, dass bei Mädchen zwischen dem Auftreten der ersten körperlichen Veränderungen (meist der Beginn des Brustwachstums) und der ersten Regelblutung (ein Merkmal der körperlichen Reife am Ende der Pubertät) im Mittel 2 bis 3 Jahre liegen. Bei einigen Mädchen ist es nur ein Jahr mit umfassendem körperlichen Wandel (über Rebecca: „körperlich hat sie in nur wenigen Wochen einen richtigen Schub gemacht"), bei anderen Mädchen kann sich der Veränderungsprozess über sechs Jahre hinziehen. Wie schon oben erwähnt, werden hier nur normale Schwankungen fokussiert und keine klinisch auffällige Früh- oder Spätentwicklung.

Jungen fiebern im Allgemeinen einer größeren, muskulöseren Erscheinung und den Insignien eines erwachsenen Mannes entgegen. Renke sagt: „außerdem wächst mir hier ein einzelnes Barthaar, ganz allein, und mir wachsen auch ein paar Achselhaare." Früher dran zu sein bedeutet also für Jungen etwas Positives, was damit einhergeht, dass sie für gleichaltrige Mädchen interessant sind (die ansonsten im Durchschnitt einen Reifevorsprung von etwa zwei Jahren haben). „Auch die Mädchen quatschen mich plötzlich immer mehr an.", bemerkt Renke, und das wird vielleicht nicht nur an seinem neuen Haarschnitt liegen ...

Entsprechend wird ein etwas verzögertes Wachstum in Körpergröße, Muskelgewebe und Schambehaarung negativ unter Jungen belegt und ist immer wieder Thema: Moritz hat Probleme mit einer etwas größeren Tanzpartnerin, die mit der noch größeren Schwester droht: „Da wirke ich ja noch kleiner!", und sagt: „Was ich scheiße finde an meinem Körper, ist, dass man hier so die Rippen sieht. Und dass mir noch keine Brust- und Achselhaare wachsen".

Bei Mädchen ist eine frühere Reife relativ zu anderen Gleichaltrigen einerseits mit negativeren Aspekten belegt, insbesondere den Zuwachs an Körperfett betreffend, der scheinbar unzeitig erfolgt. Auch Rebecca achtet immer mehr auf ihr Aussehen. Angeblich hat sie sich eine „widerliche Winterfettschicht angefressen". Andererseits bietet der Entwicklungsvorsprung die Möglichkeit, schon dem 18-jährigen Schwarm schöne Augen zu machen, sich als Frau zu kleiden und auch so zu verhalten und ihre Reize auszuspielen: Über Rebecca: „Sie kann es jetzt nicht mehr abwarten, obwohl ihre körperliche Entwicklung ohnehin schon fast abgeschlossen scheint." Rebecca ist stolz darauf, „Frühzünder" zu sein.

Mädchen mit einer eher späteren Reife verglichen mit anderen Altersgenossinnen wird einerseits mehr Zeit zugesprochen, sich auf das Erwachsenenalter vorzubereiten, andererseits werden sie oft im weiblichen Freundeskreis wegen ihrer „Unerfahrenheit" gehänselt. Florine ist 14 und hat erst vor wenigen Monaten ihre erste Regelblutung erlebt (der Durchschnitt liegt in Deutschland bei etwas über 12 Jahren). Sie selbst schätzt sich eher als spät in ihrer körperlichen Entwicklung ein: „Ich habe das Brustwachstum erst relativ spät gehabt, und da haben auch einige von meinen Klassenkameradinnen auch schon spöttische Bemerkungen gemacht." Florine berichtet vom Druck, den reifere Gleichaltrige ausüben: „Also, es sind viele andere in meinem Alter, die meinen: ‚Ich muss jetzt unbedingt einen Freund haben. Oh weia, wen nehme ich nur?' Das interessiert mich einfach nicht so."

Die Unterschiede im Zeitpunkt der Pubertät, sowohl Beschleunigung als auch Verzögerung sind meist nur über kurze Zeit zu beobachten. Zuerst reifen innerhalb einer Altersgruppe die Frühen. Zu denen gesellt sich bald die Mehrheit der anderen Jugendlichen, und ihre frühe Pubertät ist dann kein Thema mehr. Späte sind dann diejenigen, die mit ihrer kindlichen Gestalt der Mehrheit hinterherhinken, jedoch meist nur für kurze Zeit, denn diese kleine Gruppe holt bald auf und bei allen ist die körperliche Entwicklung fast gleichzeitig abgeschlossen.

Welche Ursachen haben jedoch die Unterschiede im Zeitpunkt der Pubertät, was bestimmt also, ob man früher oder später körperlich reift? Heute wird viel diskutiert, dass unsere Jugendlichen immer früher in die Pubertät kommen – was ist dran? Im Folgenden werden diese Fragen untersucht.

Unterschiede zwischen Populationsgruppen und der historische Trend

Heute liegt das mittlere Alter, zu dem Mädchen ihre erste Regelblutung erleben, in Europa und den USA zwischen 12 und 13,5 Jahren. In anderen Regionen der Welt kann dies früher oder später sein, so haben Mädchen in Afrika im Durchschnitt zwischen dem 14. und 17. Lebensjahr die erste Menstruation. Diese Unterschiede sollen insbesondere an Umweltbedingungen liegen wie Ernährungsmustern und den Bedingungen im sanitären und medizinischen Bereich. Auch innerhalb von Ländern variiert der Reifezeitpunkt zwischen verschiedenen ethnischen Gruppen – in den USA pubertieren Mädchen afrikanischer Herkunft früher als die Mädchen europäischer Abstammung. Darüber hinaus zeigten Studien, dass Mädchen aus wohlhabenden Familien früher und schneller reifen. All diese Befunde belegen, dass die Umwelt einen erheblichen Einfluss auf den Zeitpunkt der Pubertät hat. Dieses Argument wird ebenfalls von Studien zu historischen Trends gestützt.

In der Tat ist es so, dass sich die Pubertät über die letzten 150 Jahre immer weiter nach vorn verlagert hat, also immer früher bei gesamten Populationsgruppen eintritt. Dies weiß man insbesondere für Mädchen, weil hier der Zeitpunkt der ersten Regelblutung als Merkmal genutzt wurde (das sehr akkurat von Frauen erinnert werden kann). Lag das Alter der ersten Regel 1840 noch bei 17 Jahren, so berichten die Mädchen heute im Alter von 12 bis 13 Jahren von diesem pubertären Ereignis. Als Ursache dieses Trends gelten Verbesserungen in der Ernährung (besonders sind Fleisch und Milchprodukte ausschlaggebend) und der medizinischen Versorgung. Die Frage ist nun: Werden wir in den nächsten Jahrzehnten immer jüngere körperlich Erwachsene haben? Die Antwort ist Nein, denn Untersuchungen aus Skandinavien haben ergeben, dass in den letzten 20 Jahren der Trend zur immer früheren Reife stagnierte und nicht weiter sank.

Interindividuelle Unterschiede im Zeitpunkt der Pubertät
Nachdem geklärt wurde, wie sich der Zeitpunkt der Pubertät über die Zeit entwickelte und inwieweit er zwischen großen Populationsgruppen unterscheidet, sollen nun die Ursachen interindividueller Variationen untersucht werden. Wie kommt es also dazu, dass in einer Schulklasse mit Jugendlichen gleichen Alters solche sitzen, deren körperliche Erscheinung noch der eines Kindes gleicht, während andere schon wie Erwachsene aussehen?

Natürlich spielen zuerst genetische Faktoren eine Rolle. Man weiß, dass der Zeitpunkt der körperlichen Reifung zwischen Müttern und Töchtern miteinander einhergeht. Ist die Mutter früher in die Pubertät gekommen als ihre Klassenkameradinnen, so ist dies auch für die Tochter sehr wahrscheinlich. Gleichsam stützen Zwillingsstudien einen genetischen Beitrag, denn das pubertäre Entwicklungstempo ist zwischen eineiigen Zwillingen besonders ähnlich. Daneben spielen jedoch psychosoziale Merkmale der Umwelt in Kindheit und Jugend eine große Rolle, um zu erklären, warum Jugendliche früher oder später, verglichen mit der Mehrheit, in der Pubertät reifen. Insbesondere die Überprüfung von Ansätzen zur Erklärung einer frühen Reife steht immer wieder im Interesse der Forschung.

In einer sehr populären Theorie wird angenommen, dass zumindest teilweise die Erlebnisse in der Familie während der Kindheit ausschlaggebend für den Zeitpunkt der Pubertät sind. Dabei soll ein belastendes Familienumfeld, welches durch häufige Konflikte, massive finanzielle Engpässe und ein problematisches Erziehungsverhalten (wenig Unterstützung, kaum emotionale Zuwendung, harte Strafen, keine oder inkonsistente Regeln und Normen) dazu führen, dass die Kinder an ihre Eltern unsicher gebunden sind. Das bedeutet, die Eltern sind für sie nicht verlässlich ansprechbar und bieten wenig Unterstützung. In der Folge sollen die Kinder verstärkt Verhaltens- und emotionale Probleme zeigen, sind also eher aggressiv, verhalten sich unangemessen und leiden häufiger unter depressiver Verstimmung. Bedingt durch das geringe Aktivitätsniveau, welches Depressionen häufig begleitet, lagern diese Kinder mehr Fett ein, was eine frühe Reife stimulieren soll. Im Jugendalter sollen die Frühreifen mit dieser Biografie dann häufig wechselnde Sexualpartner haben, die Beziehungen sind meist nur von kurzer Dauer. Verbunden mit einer oft zeitgleich auftretenden geringen Investition in die eigene Ausbildung können sich dann unter Umständen längerfristig Anpassungsprobleme ausbilden. (Gelungene Anpassung im psychischen und sozialen Bereich bedeutet, dass Entwicklungsaufgaben des jeweiligen Lebensabschnitts erfolgreich gemeistert werden, dass sich Jugendliche von den Eltern abgrenzen, einen eigenen Lebensstil finden, erste romantische Beziehungen aufbauen, ein Berufsziel verfolgen, in soziale Gruppen integriert sind, dass keine Störungen vorliegen wie etwa eine Sucht oder Depression, und dass die Person mit sich und ihrem Leben zufrieden ist und sich wohl fühlt.)

Viele Studien haben sich mit diesen Annahmen und deren Überprüfung beschäftigt und in der Tat gibt es zahlreiche Belege (besonders für Mädchen), dass zumindest Teile dieser „Folgekette" bei einem kleinen Teil der Jugendlichen nachzuweisen sind. Man konnte zeigen, dass das Aufwachsen ohne den biologischen Vater, geringes Engagement des Vaters in familiäre Belange und die Erziehung der Kinder sowie häufiger Streit in der Familie sowohl mit depressiver Verstimmung des Kindes in Beziehung stehen als auch mit einer früheren körperlichen Reife in der Pubertät. Bei Mädchen scheinen es insbesondere Verhaltensprobleme und Schulprobleme zu sein, die das Bindeglied zwischen einer belastenden Familiensituation und einer frühen Reife darstellen. Um den Wirkmechanismus detailliert zu erklären, geht man davon aus, dass der Stress in der Familie eine erhöhte Konzentration des Stresshormons Cortisol bewirkt. Die Ausschüttung von Cortisol wiederum kann in den Regelkreis zur Produktion der Geschlechtshormone eingreifen und so schon frühzeitig deren Aktivität erhöhen.

Zu dieser beschriebenen Abfolge der Einflussfaktoren wurde eine alternative Hypothese aufgestellt und durch Studienbefunde gestützt. Dabei schreibt man den Genen wieder einen erheblichen Einfluss zu: Das Verhalten des Vaters, also sein geringes Engagement in der Familie, Rückzug aus elterlichen Pflichten, Interesse an kurzen Partnerschaften und aggressives Verhalten soll auf ein Gen des X-Chromosoms zurückzuführen sein, welches an die Töchter weitergegeben wird. Die Mädchen solcher Väter haben also eine gewisse Empfindlichkeit für Umwelteinflüsse und ein erhöhtes Risiko für eigene Verhaltensauffälligkeiten und frühe pubertäre Reife. In einer Studie wurden Männer und Frauen mit dieser genetischen Besonderheit untersucht und die Befunde stützen die oben genannten Annahmen: Die Männer waren in der Tat feindlicher gegenüber anderen, waren weniger in der Lage, ihre Impulse zu kontrollieren und hatten mehr Sexualpartner. Die Frauen wuchsen, entsprechend der Annahmen, häufiger ohne den leiblichen Vater auf und sind früher in die Pubertät gekommen.

Zusammengefasst scheint es also verschiedene Wege der Einflussnahme früher Ereignisse in der Kindheit auf den Zeitpunkt der körperlichen Reife zu geben. Insbesondere für Mädchen ist hier das Aufwachsen ohne den leiblichen Vater von Bedeutung sowie seine Persönlichkeits- und Verhaltensmerkmale. Wichtig ist jedoch die Anmerkung, dass diese problematischen Verläufe nur bei einer Minderheit der Jugendlichen vorkommen.

Dickere Kinder – frühe Pubertät?

In den letzten Jahrzehnten wurde analog zur Vorverlagerung der Pubertät ein Zuwachs in Körpergröße und Gewicht bei Jugendlichen festgestellt. Insbesondere während der Pubertät vermehrt sich der Anteil an Körperfett rapide und das Ausmaß dieses Zuwachses hat etwas damit zu tun, wie viel und was Jugendliche essen und wie aktiv sie sich bewegen. Dieser Fakt hat zur Folge, dass einerseits angenommen wird, dass in der Pubertät das Risiko für die Entstehung von Fettleibigkeit am größten ist. Andererseits liegt die Schlussfolgerung nahe, dass dickere Kinder früher in der Pubertät reifen als Dünne.

Der Anteil des Körperfetts am Körper wird durch die Konzentration des Hormons Leptin angezeigt. Dieses Hormon steuert die Energiebalance und das Hungergefühl beim Menschen. Leptin steht über verschiedene Hirnbereiche eng mit der Produktion von Geschlechtshormonen in Verbindung und signalisiert bei einem bestimmten Körperfettanteil eingangs der Pubertät die Reproduktionsbereitschaft. Es wird angenommen, dass mindestens ein Körperfettanteil von 17 Prozent vorliegen muss, bevor dieses Signal gegeben wird und die Produktion der Geschlechtshormone angestoßen wird. Zu Beginn der Pubertät ist die Leptin-Konzentration gering, was einen geringen Anteil an Körperfett anzeigt und vermehrten Hunger sowie die Anlagerung von Fett stimuliert. Ähnliche Konzentrationen liegen bei jungen Leistungssportlern vor und Personen, die exzessiv trainieren oder hungern. Eine geringe Ausschüttung des Hormons Leptin wiederum geht mit einem geringen Östrogenspiegel, einem niedrigen BMI (Body-Mass-Index; Anteil des Köperfetts) und verzögerter körperlicher Reife einher.

Zusammengefasst bedeutet das also, dass ein bestimmter Anteil des Köperfetts vorliegen muss, damit vermehrt Geschlechtshormone produziert werden und der Körper erwachsen wird. Dennoch erlebt nicht jedes übergewichtige Kind seine Pubertät früher als andere Altersgleiche, obwohl sie einen höheren Leptinspiegel als die Dünnen haben.

Demnach kann der Anteil des Körperfetts und damit verbundene Leptin-Konzentrationen nicht der einzige Auslöser der pubertären Veränderungen sein und andere, psychosoziale und genetische Faktoren haben ebenfalls einen bedeutenden Einfluss. Beispielsweise greift auch das Stresshormon in den Regelkreis zur Produktion von Geschlechtshormonen ein. Außerdem verändern sich in der Pubertät die Hirnstrukturen und deren Funktionsweise, was die Pubertät mitauslöst. Es ist also ein komplexes Wechselspiel zwischen Leptin und dem damit verbundenen Körperfettanteil, Veränderungen im Gehirn, genetischer Empfindlichkeit, die durch den Vater übertragen wurde sowie frühe Erfahrungen in der Familie, die den Zeitpunkt der Pubertät bestimmen.

Zusammenfassung
Ist es nun so, dass eine Häufung problematischer Ereignisse in der Kindheit per se einen eher ungünstigen Entwicklungsverlauf definiert? Wird also jedes Kind, das aus einer Scheidungsfamilie stammt wie Florine, Rebecca oder Renke, die Kette von Anpassungsproblemen bis hin zu früher Reife durchmachen? Offensichtlich nicht, denn bei Florine beispielsweise kam die Pubertät nicht früher als bei anderen Mädchen gleichen Alters.

Den Entwicklungsrisiken wie Scheidung wirken immer positive Ressourcen entgegen. Das Wechselspiel zwischen Risiken und entwicklungsfördernden Ressourcen beeinflusst zu jedem Zeitpunkt im Leben eines Menschen die psychosoziale Anpassung neu. Die sogenannte Resilienzforschung hat sich mit diesem Thema besonders beschäftigt und die Entwicklung von Kindern untersucht, die unter widrigen Verhältnissen aufgewachsen sind. Gemeint sind Kinder, die Traumata durchmachten, also Krieg, Armut oder Missbrauch erlebten und somit eigentlich eine negative Prognose für ihre Entwicklung haben. Erstaunlicherweise hat sich ein Teil der Kinder positiv entwickelt, sie sind integere, angepasste und sozial eingebundene Erwachsene geworden, die mit ihrem Leben zufrieden sind. Solche Kinder zeichneten sich durch besondere Merkmale in ihrer Person oder in ihrem Umfeld aus, die als Entwicklungsressourcen fungierten und positiven Einfluss nahmen. Eine positive Laufbahn haben diejenigen eingeschlagen, die intelligenter, freundlicher und sozial kompetenter waren. Weitere Entwicklungsressourcen lagen in der Familie, beispielsweise zeigten die Kinder später weniger Probleme als zu erwarten, wenn sie innerhalb der Familie eine verlässliche, unterstützende, liebevolle und fördernde Bezugsperson hatten oder wenn die Mutter berufstätig war. Außerdem sind die Aktivitäten des

Kindes für seine Entwicklung entscheidend gewesen: Eine strukturierte Freizeitaktivität, Interesse an und Neugier auf Themen oder Aktivitäten, die über einen längeren Zeitraum vom Kind oder Jugendlichen verfolgt werden, sowie das Eingebundensein in Gruppen (Vereine, Sportgruppen, künstlerische Gruppen) sind ebenfalls Entwicklungsressourcen. Kommen also auch angesichts eines vorliegenden Entwicklungsrisikos (Scheidung der Eltern, familiäre Konflikte, frühe Krankheit des Kindes etc.) eine Reihe dieser Ressourcen zusammen, kann der Entwicklungsverlauf durchaus positiv verlaufen.

Insbesondere Mütter nehmen eine bedeutende Rolle als Entwicklungsressource ein. An den Beispielen von Renke und Florine wird dies besonders deutlich. Renke hatte in der Kindheit an sich eher ungünstige Ausgangsbedingungen durch seine verfrühte Geburt und die daraus folgenden gesundheitlichen Probleme. Dazu kommt die Scheidung der Eltern im dritten Lebensjahr. Seine Mutter war trotz dieser Belastungen immer für ihn da, hat ihn umsorgt und gefördert, und auch heute noch (trotz der für die Pubertät typischen Streitereien, die nicht enden wollen) haben sie eine enge emotionale Verbindung: „Mutter fängt schallend zu lachen an und boxt Renke in die Seite. Renke: ‚Mama, manchmal bist du echt komisch!'" Trotz der Probleme in der Schule ist Renke gut angepasst, verfolgt seine Interessen, hat Hobbys, Freunde, ist offen gegenüber Neuem und äußert seine Gedanken sehr klar und differenziert. Ähnlich war Florine von besonderen Belastungen während ihrer Kindheit betroffen: Die Scheidung der Eltern, das Leben in zwei verschiedenen Ländern jeweils mit Vater oder Mutter. Wieder scheint es, als habe insbesondere die Mutter einen sehr positiven Einfluss gehabt, denn die Bindung zwischen Mutter und Tochter ist sehr groß und bleibt ebenfalls quasi unberührt von der wachsenden Autonomie, die für die Pubertät typisch ist. Florine ist musisch begabt, sozial engagiert, tiefgründig und investiert viel Zeit in ihre Ausbildung, und sie ist mit ihrer körperlichen Reife eher später dran. Ebenso ist Rebecca nicht mit ihrem leiblichen Vater aufgewachsen. Sie hat jedoch einen „Ersatz-Vater", Werner, der schon fast seit ihrer Geburt mit der Mutter zusammenlebt. Für Rebecca ist er „von Anfang an ein Vater, den sie längst lieb gewonnen und angenommen hat". Sie ist glücklich und sorglos aufgewachsen, selbstbewusst und sehr gut in der Schule. Rebecca verbringt viel Zeit mit Sport und engagiert sich beim Reiten, Basketball und Skifahren.

Deutlich wird also, dass die Beziehung zur Mutter, ihr positives, unterstützendes Erziehungsverhalten und darüber hinaus Persönlichkeitsmerkmale des Kindes und das Verfolgen eigener Interessen und Aktivitäten im Freizeitbereich den Entwicklungsverlauf sehr positiv beeinflussen. Weiterhin sind die Eigenschaften und das Engagement der „neuen" nichtleiblichen Väter von Bedeutung. All diese Faktoren können die Effekte früherer Belastungen wie eine Scheidung der Eltern abpuffern.

Es ist also ein komplexes Netzwerk aus Einflussfaktoren, die den Zeitpunkt der Reifung während der Pubertät bestimmen. Der Einfluss von Stressoren in der Familie lässt sich durch positiv wirkende Ressourcen abmildern. Es muss nicht zwangsläufig eine frühe Reife das Resultat sein, und die Kinder sind in vielen Aspekten sehr gut angepasst. Die Erfahrungen, die während der Kindheit gemacht werden, haben Einfluss auf ihren Hormonhaushalt und damit auf den Zeitpunkt der körperlichen Reife. Dazu kommt der Einfluss des Fettanteils am Körper und genetische Prädispositionen, wenn man erklären möchte, warum Jugendliche früher oder später in die Pubertät kommen. Ob man frühreif oder eher später mit der Pubertät dran ist, kann jedoch Konsequenzen für die Entwicklung der Persönlichkeit und das soziale Leben im Jugend- und Erwachsenenalter haben. Dies soll im nächsten Kapitel näher beleuchtet werden.

Welche Faktoren bedingen eine frühe körperliche Reife in der Pubertät?

- Veränderungen in den Ernährungsmustern (Fleisch, Milchprodukte) und Verbesserungen in sanitären und medizinischen Rahmenbedingungen
- Genetische Faktoren (Zeitpunkt der Pubertät bei den biologischen Eltern; eine vom Vater auf die Tochter übertragene Prädisposition für Verhaltensprobleme und frühe Pubertät)
- Belastendes Familienumfeld während der Kindheit, gekennzeichnet durch geringe Ressourcen, häufigen Streit, inkonsistente oder harsche Erziehungspraktiken und häufig wechselnde Partnerschaften der Eltern
- Aufwachsen ohne biologischen Vater
- Verhaltensprobleme und depressive Verstimmung während der Kindheit
- Einflüsse des Stresshormons Cortisol
- Geringe physische Aktivität, hohes Körpergewicht und hoher Anteil an Körperfett vermittelt über Einflüsse des Hormons Leptin

3. Flugzeuge im Bauch

Rebecca Hartl: Ich habe praktisch keinen Respekt mehr vor meinen Eltern

von Dominique Klughammer

> Rebecca: „Meine Eltern müssen mich als werdende Erwachsene akzeptieren. Sie müssen mich endlich loslassen, und ich entscheide dann, wie ich was mache und wann ich was mache. Wenn das von ihnen aus funktioniert, dann kümmere ich mich auch um meine Pflichten, Zimmer aufräumen zum Beispiel."

Getrennte Wege
Es ist November 2005. Wenn Rebecca und Susanne sich dieser Tage in den Schulgängen begegnen, dann gibt es in der Regel nur noch ein kurzes Kopfnicken, manchmal erkundigen sie sich gegenseitig höflich nach den aktuellen Noten. Mehr ist zurzeit bei beiden nicht drin.

Rebecca ist immer mehr mit ihrem Äußeren beschäftigt, sie war auch schon wieder beim Friseur. Dafür, dass sie nach nur zwei Monaten Blondinendasein wieder zu ihrer natürlichen Haarfarbe brünett zurückkehren wollte, musste ihre Mama noch mal 70 Euro hinblättern. Damit soll nun Schluss sein, dieser Meinung ist auch Rebecca, und sie hat angefangen, sich mit Babysitten in der Nachbarschaft ein paar Euro dazuzuverdienen. Der Job macht ihr viel Spaß und sie ist selbst überrascht, wie gut sie mit kleinen Kindern umgehen kann. Überhaupt stimmt zurzeit alles in ihrem Leben, vor allem in puncto Jungs. Rebecca kommt gut an, und sie genießt das. Souverän kokettiert die 14-Jährige mit manch 16-Jährigem und meist behält sie die Oberhand. Das ist ihr wichtig. Das findet sie cool.

Die anderthalb Jahre jüngere Susanne dagegen fühlt sich vom Coolsein der anderen manchmal fast erdrückt. Sie selbst geht nach wie vor sonntags zum Ministrieren in die Kirche. Und ihre Mutter sagt über sie das, was sich alle Mütter wünschen, was aber die meisten Töchter in Panik versetzt: „Ich kann mich einfach nicht beklagen. Sie ist immer noch total brav."

Susanne hat sich vor kurzem selbst überwunden und das erste Mal an einer Zigarette gezogen. Sie fand es ekelhaft, aber sie kämpft darum, cool zu sein. Gleichzeitig findet Susanne das ganze Getue im nächsten Augenblick „affig" und möchte sich sofort wieder davon distanzieren. Auch was die Jungs betrifft, ist Susanne nicht sicher, wie sie am besten ankommen könnte. Klar ist nur: „Letztes Jahr waren Jungs noch nicht halb so wichtig. Das ist total verrückt und manchmal denke ich mir einfach: ‚Das sind doch nur Jungs!'"

Sie hat seit kurzem einen neuen Schwarm, und das ist eine kleine Sensation, denn dem letzten Schwarm war sie nun elf Monate lang treu. Dieses Opfer hätte allerdings nichts gebracht, meint sie schmunzelnd, und der Neue sei sowieso viel süßer, aber eben auch zwei Jahre älter und cooler. Was tun? Dumm ist nur, dass sie ihn in der Schule fast nie sieht, denn sie hat seine „Plätze" und seinen Tagesrhythmus noch nicht in Gänze recherchiert. Und sein Sternzeichen kennt sie auch noch nicht. Das muss abgeklärt werden, denn Susanne ist Jungfrau und da passt nicht jedes Sternzeichen dazu. Ihre neuen Freundinnen haben versprochen, bei der Recherche zu helfen und seine Handynummer aufzutreiben. Aber die hübsche Susanne rechnet sich trotzdem keinerlei Chancen aus: „Ich komme einfach immer nur bei den Jungs an, die ich doof und uninteressant finde. Alle anderen finden mich uncool."

Vier Monate später, im März 2006, treffen wir wieder die beiden Mädchen, die vor gar nicht langer Zeit noch allerbeste Freundinnen waren. Susanne hat sich äußerlich das erste Mal deutlich verändert, seit wir sie vor nunmehr zwei Jahren kennenlernten. Das runde Kindergesicht ist markanter geworden, ihre prächtigen Locken sind gezähmt – sie ist das erste Mal richtig stolz auf ihre tollen Haare. Sie ist ein paar Zentimeter gewachsen und außerdem schminkt sie sich sehr gekonnt. Susanne ist mit ihrem Leben ziemlich zufrieden, sie genießt das entspannte Verhältnis zu ihren Eltern. Außerdem hat sie Zukunftspläne geschmiedet: „Ich möchte nach dem Abitur gerne eine Weile ins Ausland gehen und mit Sprachen etwas machen. Und überhaupt will ich wissen, wo meine Grenzen sind." Nach solchen Sätzen erschrickt Susanne immer furchtbar und setzt dann ihr süßestes Lächeln auf. „Aber ich bin immer noch brav. Außerdem bin ich momentan irgend so ein Zwischending. Also noch keine Frau. Aber das sieht ja beim Sport auch wieder komisch, nein sogar schlimm aus. Das hüpft dann immer so." Gekicher.

Susanne erzählt weiter von den Mädchen in ihrer Klasse und landet sehr schnell wieder bei Rebecca, die sie momentan „einfach nur noch nervt. Sie übertreibt einfach so und setzt ihre Reize schamlos ein. Und dann setzt sie sich wieder auf den Schoß von dem einen Jungen und dann wieder auf einen anderen Schoß. Die Jungs haben doch auch Gefühle, die tun mir dann immer richtig leid."

Während Rebecca ihre Beine rasiert, kommentiert sie die Sache aus ihrer eigenen Perspektive: „Die Su lebt immer noch kindlich und glücklich wie in einer Murmel. Ich mag sie nach wie vor total gerne, aber sie kann bei manchen Sachen einfach nicht mitreden, weil sie noch viel jünger ist. Und das ist dann eben langweilig für mich. Und außerdem: Was regt sie sich denn immer über meine Klamotten auf? Ich hab' einfach nur die alten T-Shirts, die gespannt haben, gegen neue ausgetauscht. Und die haben ein bisschen Ausschnitt, na und?"

Interview im März 2006
Rebecca ist noch direkter und selbstbewusster geworden, wie unser Interview zeigt.

Beschreibe doch mal dein momentanes Verhältnis zu deinen Eltern.
Rebecca: „Unser Verhältnis hat sich noch einmal sehr verändert, ich habe praktisch keinen Respekt mehr vor meinen Eltern. Manchmal rede ich einfach gar nicht mit ihnen, was sie zur Verzweiflung bringt. Vor kurzem hab ich meine Alte vor meinen ganzen Freunden angemacht und ‚Die spinnt!' gerufen. Da hat sie sich total aufgeregt. Aber eine Freundin von mir sagt zu ihrer Mutter sogar, dass sie behindert sei. Die regt sich darüber nicht auf."

Kommt es auch mal vor, dass dir eine Äußerung leid tut?
Rebecca: „Also erstens rege ich mich zu Recht auf, weil die mich immer noch behandeln, als ob ich drei Jahre alt wäre. Ich darf zum Beispiel nur bis zehn Uhr auf's Frühlingsfest. Meine Eltern leben total nach dem Gesetz, auch was den Alkohol betrifft. Da krieg ich die Krise, alle anderen dürfen länger bleiben.
Aber manchmal merke ich dann schon, dass mir das Falsche rausgerutscht ist. Ich bin nur so verdammt stolz und kann Fehler nur ganz schwer eingestehen. Wenn sich die Wogen dann geglättet haben, gehe ich aber meistens zu ihnen und sage, wie gern ich sie habe."

Wie habt ihr euch denn in Sachen Alkohol geeinigt?
Rebecca: „Gar nicht, das heißt: Sie verbieten mir den Alkohol, aber er schmeckt mir trotzdem. Aber in einem Jahr werde ich 16 und dann können sie mir sowieso nichts mehr sagen. Ich kenne viele Jungs in meinem Alter, die brauchen fünf Bier, um überhaupt locker zu werden, so bin ich ja gar nicht. Nur ein bisschen. Letztens allerdings hab ich mal zu viel getrunken und auf einer Party mit einem Typen rumgeknutscht, um einen anderen eifersüchtig zu machen. Da hab ich mich total scheiße gefühlt."

Hast du mittlerweile konkretere Zukunftspläne?
Rebecca: „Ja, ich will jetzt nicht mehr Kindergärtnerin werden, sondern Physikerin. Weil ich in Physik so gut bin und das Spaß macht. Oder Schauspielerin könnte ich mir auch vorstellen. Außerdem will ich mal ins Ausland, zum Beispiel nach Italien gehen, oder aber mindestens nach München in eine eigene Wohnung ziehen."

Die letzte Frage für heute. Kannst du mir erklären, warum du bei Fragen, die sich dem Thema Sexualität auch nur annähern, immer so wütend reagierst?
Rebecca (sofort wieder auf 180!): „Was soll das? Sex geht keinen was an, ich rede da wenn, dann nur mit meinen Freundinnen drüber, weil ihr Erwachsenen immer sofort Scheiße labert. Ihr habt angeblich Lebenserfahrung, aber ihr wisst gar nichts, und ihr interpretiert dann immer nur doof herum."

Rebecca hat mit Donnerhall gesprochen. Ich kann sie gut verstehen, da es mir in ihrem Alter genauso ging. Aber man kann ja trotzdem mal fragen ...
    Rebecca dreht die Musik demonstrativ auf, wirft sich auf ihr Bett und tippt rasend schnell ein paar SMS. Vermutlich werden ihre Freundinnen gerade darüber informiert, dass ich gewagt habe, die Tabu-Frage zu stellen.

Interview mit Rebeccas Mutter im März 2006
Ich gehe in die Küche zu Rebeccas Mutter. Zeit für ein Gespräch mit ihr.

Wie geht's euch denn momentan mit Rebecca?
Mutter: „Es schwankt sehr, aber auf jeden Fall kriegen wir unser Fett täglich ab. Manchmal denke ich, es kann nicht schlimmer werden und siehe da: Es wird noch schlimmer. O.k., ich explodiere auch manchmal relativ schnell, aber bei Rebeccas Sturheit ist einfach das Ende der Fahnenstange erreicht. Ich bin nur noch die böse Mutter, die keinerlei Einsicht hat und die nicht akzeptieren kann, dass die Tochter erwachsen sein will. Das Dumme ist nur, dass sie einerseits wie eine Erwachsene behandelt werden will, andererseits aber gerne das Baby spielt, wenn es um Aufgaben oder Pflichten geht."

Was geht in dir vor, wenn Rebecca dir gegenüber beleidigend wird?
Mutter: „Sie treibt einen so in die Enge, wirklich bis zum Äußersten, und es ist sicher nicht das Mittel der Wahl, dass man dem Kind, wenn man nicht mehr weiter weiß, eine scheuert. Ich will ja auch nicht den Satz verwenden: ‚So lange du deine Füße unter meinen Tisch …' Aber manchmal ist man einfach völlig ratlos, weil sie in ihrer Diskussionsweise extrem schlagfertig werden und sich winden wie eine Kugel in der Kugel. Du gibst ihnen ein Argument, sie drehen es dir sofort im Mund um und sie machen sich so unangreifbar für einen. Da ist man am Ende seiner erzieherischen Weisheit. Wirklich.

Manchmal habe ich mir schon gedacht, wenn dir deine Tochter ein ‚Du spinnst' und auch andere Kraftausdrücke entgegenschmettert, ist die Erziehung definitiv den Bach runter gegangen. Aber dann dachte ich, das darf doch nicht wahr sein, ich geh jetzt hoch und ziehe ihr eine über. Ich habe wirklich eine Wut gehabt und war gleichzeitig so verletzt, weil sie so wahnsinnig gemein zu mir war. Sie hat sich dann in ihr Bett verkrochen, und ich hab zu ihr gesagt: ‚Du bist so gemein, du teilst nur aus, und wenn man zu dir irgendwas sagt, spielst du sofort die beleidigte Mimose. Wenn du so austeilst, musst du auch Kritik ertragen können. Und ich bin auch nicht eine deiner Freundinnen, an die du Schimpfworte austeilen kannst, und wenn du noch einmal zu mir sagt, was du eben gesagt hast, dann schmier ich dir so eine, entgegen all meinen Grundsätzen kriegst du so eine geschossen, dass du nicht mehr weißt, wo hinten und vorne ist, weil das einfach nur noch gemein von dir war.'

Dann beschwert sie sich, dass wir immer so barsch mit ihr sind, und ich habe gemeint: ‚Dann überlege dir bitte das nächste Mal, in welchem Ton du mit mir redest. Ich habe keine Lust, weiterhin höflich um dich herumzuspringen, und du beleidigst mich permanent nur.' Dann bin ich gegangen. Drei Tage lang hat sie die furchtbar Beleidigte gespielt und ein völlig neues Register gezogen, sie hat einfach ein paar Tage lang nicht mit mir geredet. Das war furchtbar, aber dann kam eine kleine Einsicht, sie hat nachgedacht. Sie wurde auf einmal ganz hilfsbereit und ich dachte: ‚Aha', andererseits dachte ich: ‚Ein Wort der Entschuldigung hätte ich eigentlich schon erwartet.' Und sie schnaubte schon wieder: ‚Was erwartest du denn noch?'; ‚Na, eine Entschuldigung.' Und sie macht: ‚Grummelgrummelgrummel.' Also das Entschuldigen wird wohl noch ein harter Prozess für sie, aber ich fürchte, da muss sie durch."

Was wünschst du dir am meisten?
Mutter: „Ich möchte, dass wir wieder vernünftig miteinander reden können, dass sie mehr über ihr Verhalten nachdenkt und dass Rebeccas Synapsen im Kopf bald so verlinkt sind, dass sie wieder funktionieren. Als 10-Jährige konnte man manchmal besser mit ihr reden als jetzt. Ich wünsche mir einfach, dass wir als Familie gemeinsam gut durch die Pubertät kommen."

Wir reden noch eine Weile weiter, auch darüber, wie schmerzlich es ist als Eltern zu merken, dass sich das eigene Kind einem nicht mehr anvertrauen will. Rebeccas Mutter tappt nach eigener Aussage manchmal völlig im Dunkeln ...

In diesem Moment kommt Rebecca mit diebischem Grinsen die Treppe herunter: „Ja, tappe ruhig im Dunkeln! Meine Freunde verstehen mich sowieso besser und hier ist einfach alles nur Scheiße."

Fünf Minuten später sitzt die ganze Familie friedlich vereint am Tisch. Rebecca albert herum und ist auf einmal wieder die gut gelaunte und charmante Tochter. Wie denn der plötzliche Sinneswandel komme, frage ich sie. „Na, ich hoffe, dass meine Eltern langsam kapieren, wie sie mich behandeln müssen! Und ich glaube, es sieht gut für mich aus." Was kann man dazu noch sagen? Alle lachen.

Nur damit ihr es wisst: Ich habe jetzt einen festen Freund!

Es ist Anfang Mai 2006 und Rebecca hat bald wieder Geburtstag. Ihren 15., sie fiebert ihm natürlich entgegen. Jedes Jahr verspricht mehr Freiheiten, rechnet sie mir vor. Ich telefoniere wie immer zwischen unseren Treffen viel mit ihr und ihren Eltern. Der Name Leo fällt auffallend häufig. Rebecca ist am Telefon noch aufgedrehter als sonst, manchmal überschlagen sich ihre Worte regelrecht. Irgendwann serviert sie mir genüsslich und mit erhobener Stimme den Satz der Sätze: „Nur damit du es weißt: Ich habe jetzt einen festen Freund!" Wow! Das ging jetzt schnell. Bei unserem letzten Dreh vier Monate zuvor hatten mich ihre Blicke fast getötet, als ich wagte sie zu fragen, ob sie denn gerne einen Freund hätte. „Ich bin 14!!!", schnaubte sie mich damals an. Sie ist immer noch 14, aber das tut jetzt nichts mehr zur Sache.

Also: Leo heißt er, und er geht in die Zehnte, er ist 16 Jahre und 8 Monate alt. Darauf legt Rebecca sehr viel Wert, denn er ist fast zwei Jahre älter als sie. Wie sie es immer wollte! Vom Sehen oder besser gesagt vom Wegsehen kennen sie sich schon lange: „Auf einem Fest hab ich seinen Ellenbogen ins Auge bekommen, weil es so eng war und dann hab ich so gescherzt: ‚Geh auf die Knie, damit ich dir verzeihe.' Und dann haben wir uns so angeschaut – hmmm – er ist aufgestanden und hat mir gleich noch mal eine reingeboxt. Hihi."

Das gegenseitige Herumhacken und Piesacken zwischen Rebecca und den Jungs war immer ein Thema. Ein kindlicher Kampf, der Rebecca stets himmlisches Vergnügen bereitete. Doch gefunkt hat es dabei noch nie. Das ist das Neue. Es geschah vor ein paar Wochen auf einer Party. Da saßen Rebecca und Leo zufällig nebeneinander und Rebecca ist es im Verlauf des Abends kalt geworden: „Na ja, ich hab eben jemand zum Kuscheln gesucht und dieser Jemand ist jetzt mein Freund."

Kichern und Küsse

An unserem letzten Drehtag wird mir Leo stolz präsentiert. Er hat sich von Rebecca überreden lassen bei ihr zu bleiben, wenn wir kommen. Welch schöner Abschluss für unsere gemeinsamen zwei Jahre! Rebeccas Zeit der Wunder endet also mit dem Wunder des ersten Verliebtseins. Rebecca und Leo schlendern Hand in Hand durch die Schulgänge, sie necken und kitzeln sich gegenseitig und geben sich im Minutentakt leicht verhuschte Küsschen. Die Mitschüler sollen sehen, dass die beiden jetzt miteinander gehen, und auch die Kamera stört offensichtlich nicht weiter.

Steckbrief: Rebecca Lena Hartl
im Mai 2006

Alter: 14 Jahre
Geburtstag: 27. Mai 1991
Größe: 1,62 m
Schuhgröße: 39
Gewicht: 52 kg
Lieblingsessen: Obst, Nudeln, Süßigkeiten
Zuhause: Reiheneckhaus in Holzkirchen (südlich von München)
Schule: Gymnasium in Tegernsee, Klasse 8c
Mutter: Sozialpädagogin (momentan Hausfrau mit Teilzeitjob)
Stiefvater: Beamter
Geschwister: 2 Halbbrüder (Dominik und Johannes), 1 Halbschwester (Veronika); Johannes und Veronika leben beim leiblichen Vater, Dominik (11 Jahre) wohnt im selben Haus mit Rebecca
Taschengeld: 32 € im Monat, davon 10 Euro vom Opa, die Rebecca bekommt, so lange sie nicht anfängt zu rauchen. Außerdem verdient sie sich etwa 20 Euro im Monat mit Babysitten dazu.
Berufswunsch: Physikerin, Schauspielerin
Pfingstferien: Mit Oma, Opa und Schulfreundin nach Kroatien
Hobbys: Basketball, Radfahren, Flirten
Spitzname: Becky
Lieblingsfach: Physik und Mathe
Lieblingsgruppe: Him, Korn, Linkin Park, System of a down

Interview mit Rebecca und Leo im Mai 2006
Das Interview mit Rebecca und Leo machen wir auf den Steinstufen am Ufer des Tegernsees, das Wasser funkelt in der Frühlingssonne. Es ist fast kitschig. Gut so.

Leo, was gefällt dir denn am besten an Rebecca?
Leo: „Rebecca ist eigentlich keine Zicke, es gibt fast nur Zicken, die sofort eingeschnappt sind. Rebecca kontert gerne, sie ist frech, es ist einfach schön mit ihr. Nur zeitlich ist es manchmal schwierig, entweder bin ich beim Training oder sie."

Wie unterscheidet sich denn die Beziehung mit Rebecca gefühlsmäßig von früheren Freundschaften?
Rebecca (verträumter Blick): „Ich höre?"
Leo: „Na, weiß ich nicht. Meine letzte Beziehung ist schon eine Weile her und das mit Rebecca ist jetzt schon ganz nett eigentlich."
Rebecca (aufgebracht): „Ganz nett???"
Leo: (grinst etwas verunsichert): „Rebecca ist sehr offen, man kann gut mit ihr reden."

Rebecca, wie hast du dich denn in Leo verliebt?
Rebecca: „Er hat mir einfach den Kopf verdreht, ich weiß auch nicht warum, er ist auch so super lustig, super nett, er hat schnell meine Schwächen herausgefunden, die nutzt er gerne aus." (Hihi, gegenseitiges Kitzeln) „Ursprünglich war er nur als Kumpel gedacht und er sah einfach gut aus und war super nett und hat mir den Kopf verdreht. Seine liebe, charmante Art hat mich voll von den Socken gerissen und hat mir einfach meinen Verstand geraubt."
Leo: „Dann muss ich ja jetzt auf zwei Gehirne aufpassen." (Hihi.)
Rebecca: „Nein, im Ernst. Das will man eigentlich gar nicht in Worte fassen, das will man so genießen, wie es ist. Am Anfang war das wirklich ganz krass, da hab ich alles, was ich so erzählt habe, immer mit Leo in Verbindung gebracht, ich konnte gar nicht mehr unterscheiden: ‚Was hat jetzt mit was überhaupt zu tun?' und ich habe richtig die Kontrolle über mich selber verloren. Das hat man auch an meinem psychischen Zustand gemerkt, dass ich mich überhaupt nicht mehr unter Kontrolle hatte. Jetzt ist es besser. Ein bisschen zumindest. Oder manchmal auch nicht. Wenn ich zum Beispiel Hausaufgaben mache, denke ich: ‚Warum sitze ich jetzt eigentlich hier und mach die blöden Hausaufgaben?', und dann kommen wieder Gedanken an Leo und ich reime mir irgendeinen Scheiß zusammen. Das habe ich vorher nie gemacht."

Ist es etwas Ernsthaftes?
Leo: „Weiß ich nicht. Bei mir gibt es so eine Entwicklung in den Beziehungen, doch mit Rebecca bin ich da schon weiter gekommen. Das Gefühl prägt sich immer mehr aus, dass es da einen gibt, mit dem man über alles reden kann, mit dem man immer mehr machen will, der für einen da ist und mit dem man Spaß hat. Das war in meiner letzten Beziehung nicht so. Das ist jetzt wesentlich besser."

Rebecca: „Ich mache mir da nicht so viele Gedanken. Wenn uns etwas nicht passt, dann sagen wir uns das auch, und dann schauen wir einfach, wie es weitergeht. Jetzt ist es schön und ich hoffe, dass es möglichst lange so weitergeht. Ich will jetzt nicht sagen fürs Leben oder nur, um meinen Spaß zu haben, nein Letzteres ganz sicher nicht."

Leo: „Doch, ich glaube schon, dass das eine festere Beziehung ist und hoffe, dass sie auch noch länger halten wird. Jetzt sind wir ja schon fast sieben Wochen zusammen."

Rebecca: „Ich hoffe auch, dass es hält!"

Habt ihr denn irgendwelche Vereinbarungen für eure Freundschaft getroffen?
Rebecca: „Unsere Beziehung ist nicht so gezwungen. Wir müssen nicht immer nur für den anderen da sein, wir lassen uns schon viele Freiräume. Es ist auch lustig."

Sprecht ihr darüber, wie weit ihr im Moment gehen wollt?
Rebecca: „Wir beide sprechen jetzt nicht darüber, wie weit wir gehen wollen, aber unsere Eltern sprechen ständig darüber. Das ist total schlimm, die bohren dann immer nach oder sie müssen unbedingt über das Thema Verhütung sprechen und das nervt einfach nur. So Pille nehmen oder Beratungsstelle und so ein Quatsch. Wenn sie mich für so eine Schlampe halten, dann kann ich auch nichts machen. Aber ich finds unmöglich von ihnen."

Leo: „Meine Mutter versucht auch, mit mir darüber zu reden und was aus mir herauszuquetschen, aber ich sage sowieso nichts mehr zu Hause. Sie muss nicht alles wissen, ich gebe ihr nur ein paar Informationen."

Interview mit Rebeccas Mutter
Ich lasse die Turteltäubchen wieder ein bisschen alleine und mache mein letztes Interview mit Rebeccas Mutter. Ich bin gespannt, was sie zu den großen Neuigkeiten sagt.

Wie hast du denn erfahren, dass Rebecca jetzt einen Freund hat?
Mutter: „Sie hat mir das so zwischen Tür und Angel erzählt, irgendwann spät abends sagt sie ‚Nur damit du es weißt: Ich hab' jetzt einen festen Freund.' Zuerst denke ich mir, das ist ja Wahnsinn, aber zumindest erfahre ich es, das ist doch super. Das war also die Infor-

mation, auch dass sie schwer verliebt ist. Wir kannten ihn nur vom Namen her und als er das erste Mal bei uns erschienen ist, waren Werner und ich in der Küche. Sie stellen sich beide strahlend hin und Rebecca frohlockt: ‚Das ist der Leo!'
Also dieser Leo umarmt sie so von hinten, und sie legt den Kopf auf seine Schultern. Da hab ich schon geschluckt und gedacht, der gibt ihr jetzt das, was ich ihr eigentlich geben will und was sie in ihrer Kratzbürstigkeit mir gegenüber total ablehnt. Da stehst du so da und fragst dich: ‚Kinn runter fallen lassen oder cool bleiben?' Werner und ich haben uns schnell fürs Coolbleiben entschieden und so getan, als ob das jetzt das Selbstverständlichste auf der Welt wäre, ja, dass er sie eben gern hat. Aber momentan drehts dir da schon den Magen um, du hast einfach keine Zeit, darüber nachzudenken und musst sofort reagieren. Da stehst du da und denkst: ‚Hm, was soll ich denn jetzt sagen zu dem Kerl?' Du musst das ja irgendwie gut managen.

Und die beiden stehen erwartungsfroh da, und du siehst so richtig: Mal schauen, wie die Alten jetzt reagieren! Einerseits war das total amüsant, andererseits ein sehr, sehr ungewohnter Anblick. Aber meiner Mama ging es vermutlich auch nicht besser."

Ich habe gehört, dass du das Thema Verhütung regelmäßig ansprichst?
Mutter (lacht): „Ach, hat Rebecca sich schon wieder beschwert? Na, ich habe meiner Tochter schon klar gesagt, dass wir das nicht so den Hit finden würden, wenn wir jetzt Großeltern werden würden, aber das Thema ist ihnen super peinlich. Das ist ein Thema, da komm ich ganz schwer an sie ran. Letztens hab ich es ganz direkt vor den beiden angesprochen und gesagt, dass wir ihnen jederzeit das Gespräch zum Thema Verhütung anbieten, und dass sie leider in eine Generation fallen, in der man auf jeden Fall ein Kondom benutzen sollte – auch wegen Aids und Hepatitis. Die beiden haben sich gegenseitig dann so entgeistert angeschaut, und ich hatte das Gefühl, dass unsere Gedanken da schon viel weiter sind, als die der beiden Verliebten. Das beruhigt mich dann auch. Aber man tappt natürlich schon im Dunkeln und denkt sich: ‚Was machen die da oben im Zimmer eigentlich?'

Sie wissen beide, worum es geht, und Leo sagte auch, dass seine Mama ihm Ähnliches ans Herz gelegt hat. Sie haben beide genügend Verstand ihn einzusetzen, und ich hoffe, sie kommen im richtigen Moment zu uns und sagen: ‚Geht das jetzt, können wir jetzt über Verhütung sprechen?'

Das ist so etwas Neues, dieses frisch verliebt sein, das wollen die beiden ganz alleine erkunden. Natürlich wird mit den Freundinnen stundenlang darüber diskutiert, aber die Eltern bleiben da außen vor. Rebecca findet auch, dass wir zu aufdringlich sind mit der Aufklärung und vor allem furchtbar peinlich."

Wenn Rebecca nun einen 16-jährigen Freund hat, wird sie vermutlich noch mehr Druck machen, was ihre Freiheiten und Ausgehzeiten betrifft, oder?
Mutter: „Ja, klar. Zu ihrem 15. Geburtstag hat sie sich in den Kopf gesetzt, dass sie bis Mitternacht aufs Frühlingsfest darf. Und wir mussten mal wieder die Notbremse ziehen, um 22 Uhr ist einfach Schluss. Rebecca will sich momentan um jeden Preis abnabeln und alle Freiheiten dieser Welt für sich in Anspruch nehmen. Da weiß man manchmal gar nicht mehr, wie man noch dagegen ankommen soll.

Werner und ich besprechen uns da ganz viel, aber auch von Freundinnen, Kolleginnen oder Büchern hole ich mir Rat. Werner ist da rigoroser als ich. Ich denke schon manchmal, ob ich sie nicht doch lassen sollte. Aber andererseits: Was hat sie dann noch für eine Steigerung, sie wird ja immerhin erst 15! Was kommt denn dann noch, wenn sie 16 ist?

Natürlich stehst du da unter Druck, weil ständig kommt: ‚Die anderen dürfen das aber!!' Da fragen wir uns manchmal schon, ob wir so spießig und so engstirnig sind. Vielleicht wollen wir sie nur überbehüten oder wir sind zu sehr unserer eigenen Generation verhaftet, wo wir längst nicht so viel durften."

Ein bisschen Liebeskummer
Nach dem Gespräch trinken wir noch gemeinsam einen Kaffee, außerdem ist Erdbeerquark vom Mittagessen übrig geblieben. Glück für uns, denn Rebecca ist mal wieder auf Blitzdiät, auch „Rebeccas Zwei-Tage-Diät" genannt. Leo versucht gleichermaßen, seine Freundin davon zu überzeugen, dass sie eine Topfigur hat. Aber da bleibt Rebecca stur. Oder kokettiert sie einfach nur?

Beim Abschied von Familie Hartl versprechen wir uns gegenseitig, den Kontakt zu halten. Und das ist uns allen wirklich wichtig, denn wir haben zwei Jahre lang so viel und so Entscheidendes mit ihnen zusammen erlebt.

Wir hören früher voneinander als erwartet. Rebecca meldet sich nur zwei Tage später telefonisch bei mir und erzählt, wie sehr sie darunter leide, dass sich Leo nicht einmal zu ihrem Geburtstag Zeit nimmt. Er sei an dem Tag beim Segeln und wisse noch nicht, ob sie sich abends sehen können. Und überhaupt sei das ständig so.

Rebecca hat das erste Mal Liebeskummer in ihrem Leben, aber ihr schönes und starkes Selbstbewusstsein, das sie trotz Kindlichkeit bereits bei unserer ersten Begegnung an den Tag legte, ist auch in dieser schwierigen Situation spürbar. Jetzt ist sie erwachsen geworden. Oder?

Rebeccas Rückblick: „Insgesamt ist das eine schöne Zeit"

Gab es ein Hauptproblem mit deinen Eltern in den letzten Jahren?
Rebecca: „Die Weggehzeiten! Meine Alten kapieren einfach nicht, dass ich kein Baby mehr bin, das ständig überbehütet werden muss. Meine Freunde zum Beispiel dürfen alle länger weg als ich, na ja, die meisten zumindest. Ein paar sind schon 16, aber auch manche, die 14 sind, dürfen zu bestimmten Anlässen bis Mitternacht wegbleiben. Und bei mir ist dann immer um zehn Uhr Schluss – sogar an meinem Geburtstag (der 15.) soll ich um zehn daheim sein! Das glaubt doch keiner, oder? Da geht's ja überhaupt erst los. Meine Eltern halten sich total blöd ans Gesetz und verstecken sich immer dahinter. Total spießig. Und Papa ist da sogar noch strenger als Mama."

Wie ging es dir denn nach den heftigen Auseinandersetzungen mit deiner Mutter?
Rebecca: „Ich glaube, Mama war schon manchmal nah dran, mir eine zu knallen. Manchmal verstehe ich das sogar, denn ich treibe sie ja wirklich zum Wahnsinn mit meinen Sticheleien. Manchmal hat sie mich einfach aufs Zimmer geschickt, weil sie nicht mehr weiter wusste." (grinst) „Es kommt schon vor, dass ich über mich nachdenke und dass es mir manchmal auch leid tut. Dann sag ich ihr auch, dass ich sie lieb habe.

Aber es regt mich einfach total auf, wenn sie mich nicht loslassen können und wenn sie ständig über mein Leben bestimmen wollen. Ich kann doch entscheiden, was gut für mich ist, oder? Entschuldigen tu' ich mich auf jeden Fall nicht so gerne."

Wie hast du denn rückblickend die Pubertät erlebt?
Rebecca: „Keine Ahnung. Die ist ja noch nicht vorbei, denke ich mal. Ich würde mal sagen, dass ich eine noch nicht ganz fertige Frau bin, zumindest geistig. Stimmungsschwankungen habe ich immer noch total stark, und oft verstehe ich gar nicht, woher das jetzt kommt. Auch in der Schule. Manchmal zieht mich eine schlechte Note dermaßen runter, dass der ganze Tag im Arsch ist. Aber insgesamt ist das eine schöne Zeit, auch wenn's zu Hause oft drunter und drüber geht. Aber das wird meiner Meinung nach jetzt besser. Meine Eltern sind ja auf dem besten Weg, mich endlich richtig zu verstehen." (grinst)

Hast du noch Kontakt mit Susanne?
Rebecca: „Nein, wir sehen und sprechen uns kaum noch. Ich mag sie immer noch total gerne, aber der Altersunterschied war einfach zu gravierend. Die Su ist da einfach nicht mehr so mitgekommen und über Jungs konnte ich ja sowieso schon lange nicht mehr mit ihr richtig sprechen. Ich habe neue Freundinnen gefunden und ich glaube, die Su auch. Vielleicht verstehen wir uns ja irgendwann mal wieder besser."

Du hast seit ein paar Wochen einen Freund.
Was ist das für eine neue Erfahrung?
Rebecca: „Das kann ich jetzt gar nicht in Worte fassen, will ich auch eigentlich nicht. So frisch verliebt zu sein ist was absolut Neues, das machen Leo und ich untereinander aus. Das Gefühl ist einfach da, dass es da einen gibt, mit dem man über alles reden kann, mit dem man ständig zusammen sein will. Ich will das auch nicht mit euch Erwachsenen großartig besprechen, denn da kommt ihr gleich immer mit eurer blöden Aufklärung, das ist dann einfach nur noch aufdringlich und vor allem peinlich. Wir wissen schon, wie weit wir jetzt gehen wollen und alles, was später kommt, wird sich dann schon zeigen."

Renke:
Ich möchte Schlagzeug studieren!

von Wolfgang Klauser

> Renke: „Also ich muss ehrlich sagen, dass ich nicht genau weiß, wie ich mir mein Leben vorstelle ... Es ist so, wie es ist. Ich habe das Gefühl, dass ich einfach leben möchte, nicht für die Schule lernen, lieber in die Stadt gehen, rumhängen ... Aber ich wüsste nicht, was ich machen soll, wenn ich die Schule nicht schaffe. Ich würde ja gerne irgendwann Schlagzeug studieren und dann irgendwas mit meiner Musik machen, beruflich. Keine Ahnung, was man machen kann, wenn man so ein Schlagzeugdiplom hat ..."

Eine eigene Bude

Das Haus ist eine einzige Baustelle: von der Außenfassade bröckelt der grau-braune Putz, und innen ist das dreigeschossige Haus von 1895 fast vollkommen entkernt. Vorsichtig tauchen Björn und Renke durch stützende Konstruktionen aus Eisenstangen und Gerüstbrettern, schauen durch metergroße Löcher in der Decke in die darüberliegende Etage und bahnen sich ihren Weg durch aufgehäufte Schutthaufen und Baumaterialien. „Hier sollten wir das Musikzimmer machen", sagt Renke und schreitet einen knapp 15 Quadratmeter großen Raum im Erdgeschoss ab. „Mein Schlagzeug kommt ans Fenster und da stellen wir Mamas Klavier auf. Die Decke und die Wände bekleben wir mit Schallmatten, dann können wir mit meiner Band so richtig harte Musik spielen ..."; „So, so", reagiert Björn auf Renkes Gestaltungswünsche. „Du möchtest also hier einen Übungsraum für deine noch nicht existierende Band einrichten? Wir dürfen bei deinen Belegungsplänen in unserem neuen Haus aber schon noch mitentscheiden ...?"; „Ein wenig schon", antwortet Renke grinsend und trottet in den nächsten Raum. Und hier soll sein großer Traum in Erfüllung gehen. Renkes „eigene Bude", bestehend aus zwei Zimmern, Bad und WC, eine Art Einliegerwohnung, wenn es nach seinen Vorstellungen geht. Björn hat da Bedenken: „Das sehe ich noch nicht so richtig, dass du mit deinen 14 Jahren kommen und gehen kannst, wie es dir passt."

Die Sommerferien sind zu Ende und bei Familie von Lienen liegen die Nerven blank. Mama Mutter hat die Referendarsprüfung nicht geschafft. Vertrauend auf ihr zukünftiges Lehrergehalt, haben sie einen Bankkredit aufgenommen, um sich ihren Traum vom eigenen Haus zu erfüllen und es komplett nach ihren Vorstellungen umzubauen. Die nächste Prüfung kann Mutter frühestens in einem halben Jahr machen, solange fehlt ihr Gehalt. Das bedeutet, dass die Familie noch mehr Eigenleistungen in ihr Bauprojekt einbringen muss. Björn hat als Architekt das nötige Wissen und die Erfahrung, solch eine aufwendige Komplettsanierung durchzuziehen. Und selbst Renke, der schon seit längerem „null Bock auf nichts" hat, steht inzwischen ab und zu auf der Leiter und reißt die alten Tapeten von der Wand.

Wenige Tage nach Weihnachten 2005 ist es dann endlich so weit. Renke, seine beiden kleinen Brüder Remo und Bero, Mutter Heike und „Zieh-Papi" Björn ziehen in ihr neues Zuhause: 285 Quadratmeter sanierte Wohnfläche im Leipziger Stadtteil Lindenau, nur wenige Minuten von Renkes Gymnasium entfernt. Die ehemalige Hausruine ist nicht wiederzuerkennen. Eine freundliche Fassade schmückt nun das Mehrfamilienhaus. Die Räume sind alle frisch verputzt und in hellen Farbtönen gestrichen, die Holzböden geschliffen oder mit Sisal-Teppich ausgelegt, und alle Zimmer zur Vorderfront des Hauses mit großen Fenstern ausgestattet. Der Blick geht auf eine alte Backsteinkirche und größtenteils unsanierte Häuser in der Nachbarschaft.

(Stief-) Vater und Sohn bauen das Schlagzeug ab. Björn findet daneben eine Art Poesiealbum, mit Kinderfotos von Renke und seinen besten Freunden. „Das kannst du wegschmeißen!", tönt Renke. „Wieso, das ist doch eine schöne Erinnerung an deine Kindheit ..." Björn blättert und liest laut vor: „Meine dicksten Freunde ..."; „Och nee." Renke nimmt Björn das selbst geklebte Heftchen aus der Hand und schmeißt es in den bereitgestellten Müllbeutel. Dann wird das völlig verstaubte und verklebte Schlagzeug zerlegt. Björn schleppt halb demontierte Schlagzeugteile vom zweiten Stock runter zum Familien-Van. Vorsichtig versucht er, die sperrigen Teile aufeinanderzuschichten. Währenddessen kommt Renke mit Kleinzeug an. Bis auf weiteres wird Renke noch oben bei den Eltern wohnen. Aber er träumt schon von seinem eigenen Reich: „Das wird cool da unten werden, da freue ich mich jetzt schon drauf ..."

„Ein Busen der Natur"

Nachdem Björn und Renke einen Großteil seines „alten Chaos-Zimmers" ins neue Haus gebracht haben, immer begleitet von größeren Diskussionen und kleineren Auseinandersetzungen wegen Renkes Unzuverlässigkeit im häuslichen Alltag, kommt am Nachmittag sein Freund G. offiziell zum Lernen. Doch die beiden wollen ihre Silvesterparty planen – mit Mädchen und Alkohol. Renke hat sich schon mal heimlich eine Flasche Ouzo aus dem Supermarkt geholt. Wie? Einfach, indem er einen 18-Jährigen vor dem Supermarkt gebeten hat, ihm so eine Flasche mitzubringen. Auch mit Schnupftabak hat sich Renke reichlich eingedeckt – den bekommt er „ganz legal im Tabakgeschäft". Renke schnupft in letzter Zeit gerne: „Wenn man die richtige Dosis schnupft, dann wird man davon leicht schwindlig. Ich mag dieses Gefühl, so leicht und beschwingt zu sein." Wo ihre Party stattfinden soll, weiß noch keiner so recht, denn die Eltern sollen ja von dem Ganzen nichts mitbekommen. Renke und G. überlegen nun, wie in aller Welt man die Mädchen aus ihrer Klasse einladen kann ...

Renke: „Weißt du, immer wenn ich irgendwelche Mädchen sehe, und die sehen dann bombastisch gut aus – ich bin halt irgendwie nicht der Typ, der dann auf die zugeht. Ich bin sogar zu feige, einen Brief zu schreiben. Das bringe ich irgendwie nicht ..."

G.: „Na, ich ja auch nicht. Da bin ich auch sehr feige ..."

Renke: „Eigentlich ärgere ich mich darüber, dass ich keine Freundin habe und ja auch selber Schuld habe. Dann frage ich mich: Warum ist mir das zu riskant, ist doch auch nicht mehr, als ein paar Worte zu sagen. Aber irgendwie traue ich mich das nicht. Vielleicht wird sich irgendwann von allein eine gute Gelegenheit ergeben? Und auf diese warte ich wohl mein Leben lang ..."

G-: „Stehst du zurzeit auf ein Mädchen aus unserer Klasse?"

Renke: „Die eine ist ja ganz okay ... die sieht einfach am besten aus der Klasse aus. Die hat den besten Vorderbau, oder? Ist doch wahr. Da gibt es welche in unserer Klasse, bei denen ist alles Schwabbel und überfettet und bei der ist das, finde ich, alles genau richtig."

G.: „Ja, da hast du Recht ..."

Renke: „Und, du? Kennst du sonst noch jemanden ...?"

G.: „Na ja, so nee, eigentlich nicht ... So kenne ich keine, die noch so in den Favoritenkreis kommen könnte."

Renke: „Immer wenn irgendeine gut aussieht und so ... habe ich dann das Gefühl, dass sie nicht wirklich zu mir passt, und ich finde auch

bei jeder so Nachteile … Aber so eine, die ich so richtig cool finde durch und durch …"
G.: „Ich denke mal, das gibt es gar nicht. Das wäre ja eine Traumfrau. Und eine Traumfrau gibt es nicht."
Renke: „Ja, doch, im Traum."
G.: „Ja, in deinen kühnsten Träumen …"
Beide lachen. Renke meint: „Aber trotzdem, irgendwie will ich schon mal eine Freundin haben. Das ist, ich weiß nicht, so einsam, dieses Leben …"

G. hat schon wieder „Kohldampf", obwohl er noch eben „eine große Portion Fleisch mit Nudeln verputzt hat". Doch in Renkes neuem Zuhause ist die Küche noch nicht eingeräumt. Die beiden holen sich „Süßteile" vom Bäcker ein paar Straßen weiter. Beim genießerischen Vertilgen erzählt Renke, dass etliche Klassenkameraden momentan „ganz scharf auf Pornos sind". Wo die Hefte und Filme herkommen? Keine Antwort. Zwischen den Jungs existiert eine Tauschbörse mit „verbotenen Sachen". Manchmal gleich nach der Schule.

Renke: „Also ehrlich gesagt, ich brauche nach der Schule keine Pornos … Eigentlich brauche ich überhaupt keine Pornos. Mama hat neulich meine ganzen Playboys weggeschmissen. Irgendwie sind die auch ziemlich pervers, diese Pornohefte. Die werden langwelig und anätzend. Dann guckt man die sich an und denkt, eigentlich will ich mir das gar nicht angucken."
G.: „Vor allen Dingen, manche sind auch echt abartig, sogar die meisten."
Renke: „Vor allem kriegt man dann, glaube ich, so ein paar gewisse Ideale, die es gar nicht geben kann … zu bombastisch, mit einer halben Tonne Schminke drauf. Aber irgendwie sehen die auch wieder scheiße aus. Also ich finde, eine Gute muss normal aussehen und eine gute Figur haben."
G.: „Was ist jetzt nur normal?"
Renke: „Ja, das weiß ich jetzt auch nicht. Das entscheidet man spontan. Wenn man das sieht und dann geht man in die Höhe, dann ist das gut, oder? – Aber, um noch mal auf Pornos zurückzukommen, also ich brauche echt keine. Es reicht ja schon, wenn man mal bis zwei Uhr nachts Fernsehen guckt, und dann denkt man: Jetzt habe ich gar keinen Bock mehr, das zu gucken, und guckt das immer weiter. Das macht irgendwie abhängig, so was zu gucken."
G-: „Na ja, abhängig macht das jetzt direkt nicht …"

Renke: „Na ja, dann halt indirekt. Ich frage mich immer, wann ich das erste Mal mit einer penne. Ob ich noch ein Jahr warten muss, noch zwei Jahre, noch zehn Jahre. Aber ich glaube, das wird schon noch alles. Ich habe überhaupt keine Vorstellung wie das sein wird, das wird alles total spontan kommen, glaube ich ... Hast du da irgendwelche Ideale, die du dir vorstellst?"
G.: „Ideale? Höchstens langes Haar. Und sie sollte Spaß verstehen. Mit viel Humor, sehr viel. Und dann sollte sie auch gut aussehen ..."
Renke: „Ja. Nicht so künstliche Titten und nicht so hängende, sondern ganz normal. Ein Busen der Natur."
G.: „Der Natur? Jetzt kannst du wieder darüber streiten: Was ist ein Busen der Natur?"
Renke: „Ein von Natur aus schöner!"

Beide Jungs sinnieren vor sich hin.

Renke schaut zur Kamera und sagt: „Das ist schon einfacher, mit G. über solche Dinge zu sprechen als im Interview. Obwohl ich mich schon immer wieder frage, was zum Beispiel die Leute in der Schule oder meine Oma oder mein Vater dazu sagen werden, wenn sie das alles im Fernsehen zu hören kriegen ..."
„Ein paar Sprüche werden wir schon zu hören bekommen", meint G. ungerührt und macht sich über das letzte Gebäckstück her.

Drogenprobleme an der Schule
G. wurde von der Klassenlehrerin nach der Weihnachtsfeier gefragt, ob er Koks genommen habe oder mit Rauschgift in die Schule gekommen sei. Böse Nachrede, befinden die Jungen. Einer ihrer Klassenkameraden soll gedealt haben – es gab einen Schulverweis – und ihr „ganz normaler" Schnupftabak ist auch schon in Verruf gekommen. G. versprach der Lehrerin, auch das Schnupfen von nun an in der Schule zu unterlassen. Trotzdem sprach sie mit seiner Mutter über die Drogenprobleme und die in ihren Augen entsprechenden Drahtzieher an der Schule. G. und Renke schauen sich fragend an. Die Vorwürfe und Verdächtigungen machen sie erst mal nur ratlos und wütend. Sie fühlen sich unschuldig inmitten einer Umgebung, die sie besser zu kennen glauben als die Erwachsenen ...

Steckbrief: Renke von Lienen
im April 2006

Alter: 14 Jahre
Geburtstag: 5. Juli 1991
Größe: 1,83 m
Schuhgröße: 44/45
Gewicht: 63 kg
Lieblingsessen: Lasagne – „Kocht Mama leider viel zu wenig!"
Zuhause: ein Einfamilienhaus in Leipzig
Schule: Robert-Schumann-Gymnasium in Leipzig, Klasse 8b
Mutter: Lehrerin
Stiefvater: Stadtplaner
Halb-Geschwister: Remo (8 Jahre) und Bero (4 Jahre)
Taschengeld: 14 Euro im Monat (immer so viele Euro, wie er Jahre zählt)
Berufswunsch: Musiker
Sommerferien: Renke möchte alleine in Leipzig seine Ferien verbringen
Spitzname: hat keinen Spitznamen mehr
Lieblingsfach: Hass-Fach ist Latein
Lieblingsgruppe: The Clash, Nirvana, Bob Marley

Interview im Dezember 2005

Hast du ein Drogenproblem?
Renke: „Mein Vater meint, ich wäre suchtgefährdet, und das bin ich überhaupt nicht. Ich habe mit Drogen und Alkohol ganz und gar kein Problem. Drogen, da nehme ich für mich erst mal nur Alkohol und Schnupftabak ... kein illegales Zeug, und nur, wenn ich gut drauf bin, wenn ich fröhlich bin und nicht aus Frust oder so. Ich finde, dass es eine Vielfalt an alkoholischen Getränken gibt, und eigentlich schmecken fast alle, also zum Beispiel Wein. Dann finde ich das Gefühl gut, wenn man nicht stark besoffen ist, sondern mehr so angetrunken, dann ist man launisch, kann sich gut unterhalten ... Das kann ich auch ohne Alkohol. Aber ich finde mit Alkohol, manchmal passt das einfach, dass man in so einer Stimmung ist und ein bisschen versinken kann."

Du träumst seit kurzem von deinem „eigenen Reich"?

Renke: „Ja, in diesem Haus habe ich hoffentlich ab dem Sommer meine eigene Wohnung, und ich habe den Schlüssel geklaut für die Zwischentür. Ich möchte mich von Mama und Björn schon abgrenzen. Wenn sie mich annerven, kann ich einfach nach unten in mein Zimmer gehen ... Mit Björn habe ich momentan Auseinandersetzungen, weil er einfach bei jedem kleinen bisschen Aggressionen kriegt und anfängt rumzuschreien. Es kann sein, dass er gestresst nach Hause kommt und ich sage ‚Piep', und dann kriege ich Ärger. Und Mama möchte alles perfekt haben, genau so, wie sie es will. Wenn es nur ein kleines bisschen anders ist, kriegt sie Wutanfälle ... Jetzt Weihnachten war das so, weil sie an ihren Weihnachtstraditionen hängt. Plötzlich sollte ich Bero und Remo duschen. Die hätten doch auch so Weihnachten feiern können. Da habe ich gesagt: ‚Ja, warum soll ich die jetzt duschen?' Da meinte sie: ‚Immer deine Widerworte', und dann ist es ein richtiger Streit ausgeartet, ganz doll. Und der ging dann den ganzen Abend über ... Erst bei der Bescherung hörte er wieder auf ..."

Was für eine Haltung legst du an den Tag?

Renke: „Meine Haltung ist wahrscheinlich ... Das passt mir selber nicht so, dass ich in der Schule schlecht bin. Aber ich kann mich nicht dazu anhalten, zu lernen. Ich denke dann immer, nee, ich kann besser noch dies und das machen, und irgendwas, was mir Spaß macht, und dann mache ich halt gar nichts ..."

Wie sieht deine schulische Situation aus?

Renke: „Ich möchte meine Schule schaffen. Ich will mir auch Mühe geben. Aber wenn ich sie jetzt nicht schaffen würde, was ich ja nicht hoffe, dann weiß ich auch nicht, was ich dann machen soll. Meine Eltern, also Mama, mein Vater, Björn und die Frau von meinem Vater – das würde sicher kein Problem sein. Mein Vater würde mir sagen, das ich irgendwie als Automechaniker oder so arbeiten sollte, oder als Handwerker, Tischler oder so. Aber ich wüsste nicht, was ich dann machen soll. Ich würde ja gerne irgendwann Schlagzeug studieren und dann irgendwas mit meiner Musik machen, beruflich. Ich denke, meine Probleme in der Schule hängen vor allem – also ich muss das ehrlich sagen – mit meiner Faulheit zusammen ... Ich verstehe, dass ich was machen muss. Aber dann: Ich müsste das lernen und ich müsste das lernen und das lernen. Und dann denke ich: ‚Das ist so viel und so viel', und dann mache ich irgendwie gar nichts."

Der 12jährige Renke schaut ins Ungewisse: Was bringen die nächsten Jahre?

Mit 14: eine coole Jacke von Stiefvater Björn

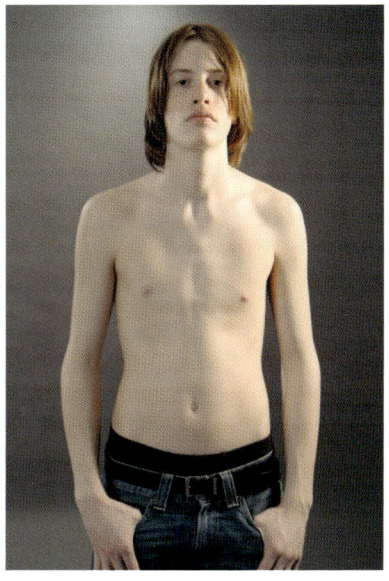

Mit 15 das Gefühl: Ich bin kein Kind mehr!

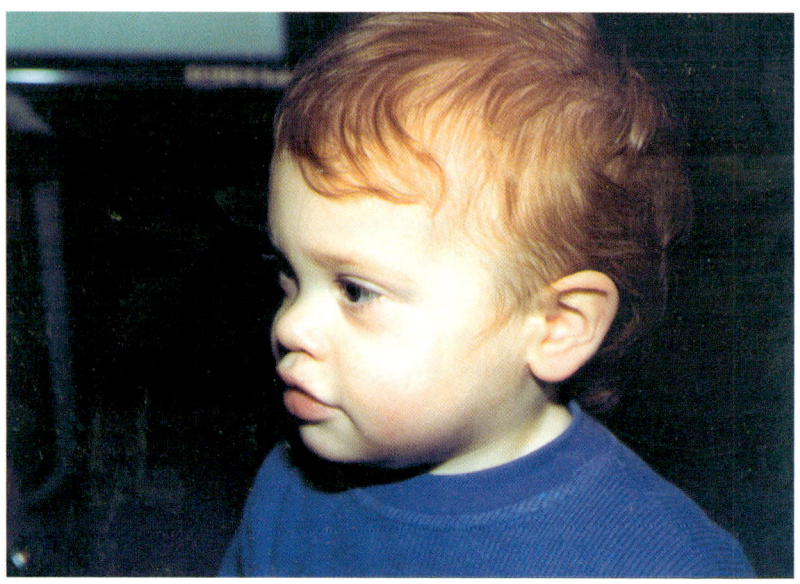

Renke, 1 Jahr alt

Renke und seine Mutter haben sich immer gut verstanden

Der 5-jährige Renke auf Entdeckungsreise

Der 13-jährige Renke: Waffen sind sein Hobby

Renke und sein Bruder Bero, der 10 Jahre jünger ist als er

Männerausflug im Wald

Renke spielt gern mit der Kamera …

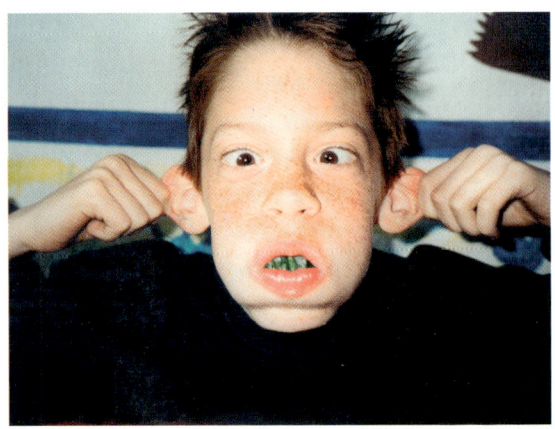

… mit seinem Aussehen …

… und vor allem mit seinen Haaren!

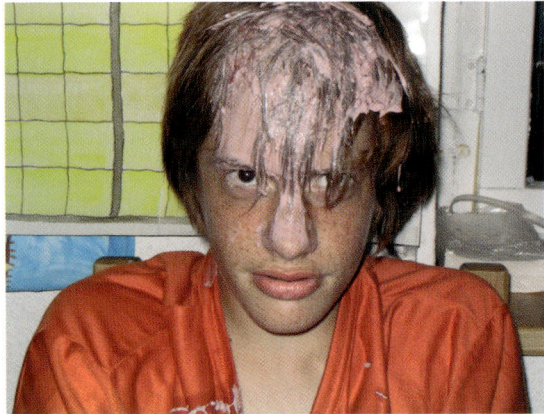

Rebecca mit 15: Neue Haare ...   ... neue Figur ...

... was bleibt, ist die „Telefonitis"!

Rebecca, 4 Jahre alt. „Da begann schon die Pubertät", scherzt ihre Mutter.

Stolze Schülerin im ersten Schuljahr

Die 8-jährige Rebecca: offen und neugierig

Mit der Familie unterwegs

Hausmusik mit ihrem Bruder Dominik, Weihnachten 2003

Rebeccas Zeit der Wunder ...

... hat ein Happy End!

Die 15-Jährige macht sich bereit: für die Zukunft als Erwachsene.

Was bedeutet Pubertät heute für dich?
Renke: „Also Pubertät ist für mich eines der komischsten Wörter, die es so gibt. Wenn jemand sagt: ‚Ich bin in der Pubertät', dann – weiß ich nicht, wie ich ihn angucke. Auf jeden Fall klingt Pubertät ziemlich bescheuert, man sollte sich da was anderes überlegen ... Also ich muss mal sagen, mit der Pubertät bin ich ein anderer Mensch geworden. Weil ich ganz andere Interessen habe. Und ganz andere Sachen mache. Ich denke, das hat viel mit dem Lebensstil zu tun ..."

Wie meinst du das?
Renke: „Vor zwei Jahren, da wollte ich gar nichts mit Mädchen zu tun haben und habe gerne rumgebaut und gebastelt, wozu ich jetzt absolut keinen Bock mehr habe. Da war mir Musik auch noch lange nicht so wichtig wie jetzt ... Ich bin nun mehr so ein Typ geworden, von kindlich sag ich mal, ich kann nicht pubertär sagen, oder ich kann auch nicht erwachsen sagen, sondern irgendwie anders. Ich bin irgendwie nichts. Ich habe einfach ganz andere Interessen ... Früher meinte ich auch, nie Alkohol zu trinken und niemals zu rauchen und so. Wo ich jetzt meine: Warum denn keinen Alkohol trinken? Schmeckt doch gut und wirkt doch wunderbar ..."

Und deine sonstige Entwicklung?
Renke: „Meine körperliche und geistige Entwicklung ist, glaube ich, noch nicht vollendet und ich weiß nicht, wo das dann noch hingeht. Ich denke, ich werde irgendwie noch ... Ich hoffe nicht, dass ich so ein komischer, erwachsener alter Sack werde ..."

Der Silvester-Rausch
Renke startet einen zweiten Anlauf. Während Heike und Björn damit beschäftigt sind, Umzugskisten auszupacken und Sachen einzuräumen, schleicht er in seiner gewohnt „schluffigen Art" um die angesagte Arbeit herum. Halbherzig packt er einen Karton an, lässt ihn aber sofort wieder zu Boden sinken. „Den hast du viel zu schwer gepackt, Mama", stöhnt Renke, „da kann ich nicht helfen." „Dann packen wir ihn halt zusammen an", sagt Björn, „aber wenn ich mir dein Gesicht angucke, dann bist du eh nicht bei der Sache".

Stimmt, Renke denkt an die Silvesterplanung. Er weiß immer noch nicht genau, wie das Ganze laufen soll – außer dass Alkohol und Mädchen dazugehören. Björn und Mutter ahnen schon, dass „verbotene Sachen" im Spiel sind – außerdem ist ein Junge mit dabei, mit dem Renke schon auf dem Weihnachtsmarkt Glühwein getrunken hatte. Auch von einem Sixpack und einer Zigarre war später die Rede. Die Eltern sind nicht begeistert von dieser ganzen Silvesterplanung, zumal sie selbst gar nicht zuhause sein werden. Stumm wird weiter gepackt. Bis Björn einfällt, dass Renkes Lateinlehrerin angerufen hat – wegen eines Lern-Termins, den er nicht wahrgenommen hat ... Die drei beschließen, dass er morgen Latein lernen geht. Auspacken werden die Eltern allein. Trotzdem bringt Renke das Thema immer wieder auf Silvester. Am liebsten würden Heike und Björn einfach um 1 Uhr, wenn sie nach Hause kommen, ein paar Böller mit ihm loslassen – ihn erst mal gegen Alkoholvergiftung versorgen, meinen sie scherzend – und nett mit ihm ins neue Jahr gehen ...

Es kommt alles ganz anders. Renke stürzt am Abend vor Silvester heimlich und alleine in seinem Zimmer ab. Er legt „coole Musik" auf und leert zu den Songs von Red Hot Chili Peppers den Großteil seines gebunkerten 38-prozentigen Branntweins. Ouzo, Schnupftabak und Peppers-Sound hauen Renke um, er verbringt den Rest der Nacht über einem Putzeimer: „Mir ging es so schlecht, das möchte ich nie mehr wieder erleben müssen", sagt Renke. „Alles hat sich wie verrückt gedreht, teilweise bin ich auf allen Vieren durchs Zimmer gekrochen – war das übel." Am nächsten Tag kommt Renke nicht hoch. Seiner Mama und Björn erzählt er die Geschichte, „etwas zu viel Schnupftabak genommen und was Falsches auf dem Weihnachtsmarkt gegessen" zu haben. Es glaubt ihm keiner. Aber Silvester ist für Renke gelaufen. Statt mit Kumpels und Mädchen um die Häuser zu ziehen, geht Renke freiwillig um 20 Uhr ins Bett – ihm ist immer noch schlecht.

Anfang Januar erzählt Renke am Telefon unter dem Siegel der Verschwiegenheit von seinem Rausch – „lieber nur so ein wenig beschwipst sein", ist sein Resümee für den künftigen Umgang mit der „legalen Droge Alkohol". Doch inzwischen wissen auch Björn und Heike von der Geschichte. Björn wartet einen ruhigen Moment ab und fragt, was denn wirklich los gewesen sei? Renke gibt ohne größere Ausreden zu: „Ja, ich habe da auch noch Ouzo getrunken ... so ziemlich viele Schlucke halt." Beide reden ausführlich über das Thema Alkohol und Drogen und Renke sieht ein, dass er „ziemlichen Scheiß gebaut hat".

Ein Alkoholverbot wird ausgesprochen. „Jetzt ist Schluss mit dem Probieren von Wein und Bier bei irgendwelchen Feiern oder wenn Björn und ich hier mal am Abend ein Fläschchen aufmachen", sagt Mutter Heike. „Ich möchte einfach nicht mehr, dass du Alkohol zu dir nimmst, Renke. Dafür bist du noch nicht alt und reif genug."

Stress
Es ist Anfang April 2006 und an diesem Wochenende steht viel an: Renkes Musikzimmer wird fertig, seine Konfirmation soll geplant werden und endlich steht auch die schon längst überfällige Motorradtour ins Leipziger Umland mit Björn an, eine „reine Männertour, auch zum Miteinander-Quatschen". Es hat sich viel angestaut. Renke hat „eigentlich nur noch Stress": mit Mama, mit Björn, mit seinem Vater, mit der Schule, mit einem Kumpel. Stress „mit allem und jedem" und auch mit sich selbst. Er wird wohl dieses Jahr nicht versetzt, obwohl er sich inzwischen in Mathe ins Zeug legt, gut den Nachhilfeunterricht versteht, aber in der Prüfung dann doch wieder eine Sechs schreibt. Mama und Björn haben keinen Nerv mehr auf die ewigen Diskussionen und Streitereien über die „immer gleichen Themen". Sein Vater „ist enttäuscht von ihm", weil Renke bei seinen Besuchen sich nicht mehr diesem anderen, zweiten Familienleben anpasst. Ein Freund hat ihn „gelinkt und enttäuscht", Mädchen traut er sich immer noch nicht anzusprechen und ständig vergisst er, Termine und Aufgaben zu erledigen.

„Ich fühle mich nur noch leer in mir", sagt Renke traurig. „Ich bin nur noch eine leere Hülle, die nichts mehr fühlt und ich habe auch keine Kraft mehr, mit Mama oder Björn oder überhaupt noch mit jemandem zu diskutieren …" Stille. „Ich fühle mich so leer wie noch nie in meinem Leben." Renke braucht endlich wieder ein Erfolgserlebnis. Er hat so viele Begabungen und Talente, ist intelligent und kommt gut an, und er hat ein feines Gespür für Situationen und Menschen. Renke ist für seine 14 Jahre schon weit entwickelt und trotzdem – für sich tritt er gerade auf der Stelle.

Ein erster Schritt
Der „Männerausflug" mit dem Motorrad ist regelrecht ins Wasser gefallen. Draußen gießt es wie aus Kübeln. Es ist einer dieser grauen kalten Tage, die man auch gut im Bett verbringen könnte: gute Musik hören,

einfach nur abhängen. Renke und Björn stehen auf der Leiter und kratzen mit dem Spachtel mühselig alte Farbreste und Putz von der Decke und der Wand. Das Musikzimmer soll noch rechtzeitig vor Renkes Konfirmation fertig werden. Und die ist in knapp zwei Wochen ...

Björn möchte Renke dazu anregen, auch beim Malen einen gewissen Anspruch an Genauigkeit zu entwickeln – erst mal vergebens. Renke hat auf so ein Thema überhaupt keine Lust und reagiert auf Björns Anregungen gar nicht. Die beiden arbeiten wortlos weiter. Dann startet Renke seinerseits einen Versuch.

Renke: „Ihr sagt immer, dass ich eine falsche Wahrnehmung habe, aber irgendwie kriegt ihr verkehrt mit, was ich sage."
Björn: „Vielleicht ist das ja schon Teil der falschen Wahrnehmung. Ich habe das Gefühl, egal, was man sagt, erst mal kommt eine Widerrede. Das nervt!"
Renke: „Nein, das stimmt nicht. Aber wenn das irgendein Mist ist, den ihr mir vorwerft, dann muss ich mich natürlich rechtfertigen ... Und du bist auch so ein Aggressionist ..."
Björn: „Aggressionist? Du meinst, ich bin dir gegenüber zu aggressiv?"
Renke: „Nein, ich meine, wenn dich was stört, dann kriegst du auch sowieso alles verkehrt in den Hals, finde ich."
Björn: „Gut, dann musst du mich, wenn das der Fall ist, daran erinnern ... Man schafft es gar nicht mehr, darüber zu reden, worum es eigentlich geht ... Renke, warum kannst du dir eigentlich gar nichts sagen lassen?"
Renke: „Inzwischen gebe ich ja schon lieber klein bei. Es war schon mal viel schlimmer ... Das hat keinen Sinn mehr, mit euch zu sprechen, weil man gar nicht richtig mit euch sprechen kann."
Björn: „Renke, wann willst du dich mit uns unterhalten? Wenn du irgendwas von uns möchtest ... du brauchst zum Beispiel mehr Geld ... Das eine bedingt das andere. Warum ist man genervt? Weil du mal wieder was nicht geschafft hast. Jetzt frage ich dich mal was ganz anderes: Warum schaffst du einfach nichts? Wie geht es dir denn eigentlich, dass du die einfachsten Sachen nicht hinkriegst? Vielleicht ist es das, worüber wir uns unterhalten müssten. Ich weiß nicht mehr, wie es dir geht. Von dir kriegt man kaum noch was mit, du bist kaum noch da ..."
Renke: „Häh? Ich bin fast immer da ..."
Björn: „Du bist aber nicht richtig anwesend, du kommst nur rein zum Essen. Wir sagen dann wieder: ‚Na, Hotel Mama und Hotel Nicht-Vati

grüßen …' Wir haben das Gefühl, dass du nur dein Ding machst. Und dann kannst du dich nicht nur hinstellen und sagen ‚pff'".

Renke: „Wieso, dass ich nur mein Ding mache? Aber es geht mir irgendwie … ein bisschen bescheuert. Und dann kommt dazu, dass ich eigentlich nur noch mit euch streite, und dass in der Schule alles scheiße ist …"

Björn: „Was ich jetzt wichtig finde, Renke, du sagst so gut wie nie, dass du ein Problem hast und dass du vielleicht auch mal Hilfe brauchst. Vielleicht geben wir dir im Moment keine Hilfe, weil wir bloß an dir rummeckern. Aber da müssen wir uns, glaube ich, beide bemühen, beide Seiten."

Renke: „Oder die Sache mit dem Schlagzeug, dass ihr mich vom Unterricht abgemeldet habt. Das war überhaupt nicht motivierend, wie ihr dachtet, sondern ziemlich demotivierend."

Björn: „Ich hatte ehrlich gedacht, dass das Schlagzeug dir so wichtig ist, dass du aufwachst und merkst: ‚Mein Gott, ich möchte das unbedingt, ich muss meinen Hintern endlich hochkriegen …'"

Renke: „Das hat bei mir eigentlich nur bewirkt, dass ich dachte: ‚Was mache ich jetzt eigentlich noch, was mir Spaß macht?'"

Pause. Beide müssen nachdenken.

Björn: „Das Schlagzeugspielen ist eigentlich das Wichtigste für dich momentan, oder? Nein, das stimmt nicht, aber das ist das, wo du wirklich Erfolge hast, du bist richtig gut. Es war wahrscheinlich eine schwachsinnig Idee, dir das zu nehmen … Ich weiß noch ganz genau, als wir versucht haben, uns darüber zu unterhalten. Und du eigentlich nur noch auf dem Bett lagst und angefangen hast, zu weinen."

Renke: „Das war aber auch ein Moment, wo alles auf einmal …"

Björn: „… Ja, da war es hier total stressig, es ging uns allen nicht gut … Aber ich habe daran erst gesehen, dass es dir auch nicht gut geht, Renke. Eigentlich ist man motiviert, wenn einem irgendwas Spaß bringt und wenn man Erfolge hat … Vielleicht ist wirklich viel geholfen, wenn wir es schaffen, uns auch mal wieder vernünftig zu unterhalten. Also das ging früher viel besser …"

Renke: „Aber ihr sagt dann in solchen Situationen immer, dass das alles nur an mir liegt, aber ich finde einfach, es kann ja gar nicht nur an mir liegen …"

Björn: „Ja, grundsätzlich gehören auch schon immer zwei zu irgendwas. Wollen wir einfach jetzt noch ein bisschen quatschen? Hier schaffen wir ja eh nichts mehr ... Komm, lass uns in die Küche gehen und einen Happen essen ..."

Später verabschieden wir uns. Es ist ein harmonischer Abend. Die ganze Familie sitzt in der noch improvisierten Küche zusammen, alle essen und reden. Bald wird Heike zu einem Kuraufenthalt fahren. Renke hat fest vor, die gerade erreichte gute Stimmung beizubehalten. Er hat wieder ein Ziel, ein positives. Er wird auch wieder Schlagzeug spielen. Und in seine Band zurückkehren ...

Interview mit Renke im April 2006

Was beschäftigt dich?

Renke: „Momentan beschäftigt mich am meisten, dass mir irgendwas an meinem Leben überhaupt nicht gefällt, und dass ich selber nicht weiß, was das ist. Außerdem, dass ich mich immer mehr von Björn und Mama distanziere ... es nervt mich manchmal einfach sehr an, was die machen. Dem Streit mit ihnen versuche ich aus dem Weg zu gehen. Das geht aber meistens nicht ... Wenn ich jetzt so sage, dass ich keine Kraft mehr zum Streiten habe, dann meine ich damit, dass ich immer wieder dasselbe sage. Und das nervt mich irgendwann an. Mama und Björn behaupten ja das Gleiche von sich selber auch. Aber irgendwie streiten sie trotzdem immer noch. Aber ich habe keine Lust mehr zu streiten, weil es so nervtötend ist, dann kriegt man nur schlechtere Laune."

Gehst du dir manchmal selbst auf die Nerven?

Renke: „Es gibt schon solche Momente, nur ein Beispiel: Letztens war ich mit Seppl in Mamas Arbeitszimmer am Computer. Eigentlich darf ich aber nicht einfach so in ihr Zimmer, ohne vorher zu fragen. Sie kam rein, und ich habe mich sofort mit ihr gestritten. Mama ist irgendwann runtergegangen und war total sauer. Und dann habe ich überlegt, auf jeden Fall hat sie Recht, das war jetzt eindeutig ganz und gar mein Fehler. Da bin ich ihr dann hinterhergelaufen und habe mich entschuldigt."

Wie gehst du mit dem Druck um, den du verspürst?

Renke: „Ich versuche nicht direkt, dem Druck zu entfliehen. Ich versuche, wenn ich zum Beispiel einen Berg von Terminen habe, das irgendwie zu regeln. Aber der Druck ist doch ziemlich stark und das ist ziemlich ätzend … Es gibt dabei irgendwas, das mich total schlecht draufkommen lässt. Wenn die Dinge nicht gut laufen und zuviel aufeinander kommt, fühle ich mich tagelang nur schlecht. Es gibt Momente, in denen ich mich einsam fühle. Da denke ich so: ‚Ja, ich will mich verabreden, aber gar keiner hat Zeit. Vielleicht mache ich was für die Schule. Nee, eigentlich habe ich keine Lust.' Dann steigere ich mich immer in irgendwelche schlechten Launen rein …"

Wie ist deine schulische Situation?
Renke: „Ich habe manchmal schon Angst, dass ich das in der Schule nicht schaffen könnte. Dass ich dann nur eine Mittelschule schaffe, also einen Realschulabschluss. Aber wenn das der Fall sein sollte, dann würde ich vielleicht erst mal gucken, ob ich ein bisschen jobben kann und nebenbei auf eine Abendschule gehen und mein Abitur nachholen. Ich hoffe, aber das ist mehr so was wie ein Traum, dass ich irgendwas mit Schlagzeug machen kann. Erst Schlagzeug studieren, und dann entweder Schlagzeug unterrichten oder irgendwie in einem Orchester spielen oder in einer Band … Oder ich würde auch gerne was mit Film machen oder am Theater vielleicht schauspielern, so Sachen halt, an denen ich Spaß und Freude habe."

„Ein Junge zum Verlieben" – das letzte Interview mit Heike und Björn

Wie hat Renke sich verändert?
Björn: „Er hat den Sprung von dem waffenstrotzenden Jungen zu einem Heranwachsenden gemacht, der plötzlich ganz andere Interessen hat. Und körperlich hat er sich ja sehr schnell entwickelt, wird immer für einen 16-Jährigen gehalten. Sein Verhalten ist im Grunde auch entsprechend, wie er sich selbst einschätzt, was er möchte, ist all das, was vielleicht einem 16-Jährigen zustehen würde. Doch er ist erst 14, und deswegen wird er auch von uns ausgebremst. Es ist echt schwierig, ihn jetzt richtig einzustufen, wo er so hingehört …"

Erlebt ihr ihn im Umgang mit Mädchen?
Björn: „Ein einziges Mal waren hier zwei im Doppelpack aufgekreuzt. Da dachte ich, na ja, wenn die so ankommen, die finden ihn doch vielleicht irgendwie interessant. Aber ich glaube, so selbstbewusst, wie er sich sonst gibt, macht er sich da immer viel kleiner als

er ist, nach dem Motto: Die wollen ja eh nichts von mir. Und traut sich da weniger zu, als er müsste. Ansonsten ... gab es so eine kleine Szene, da hatten wir Besuch von einer Freundin. Wir saßen auf der Couch und haben eine Flasche Wein getrunken, irgendwann kam Renke abends rein und setzte sich zu uns und hat mit uns super gequatscht. Das war wirklich eine klasse Situation. Er guckte auch so mit seinen großen braunen Augen zu uns. Später sagte sie zu mir: ‚Mensch, eigentlich ist das doch ein Junge zum Verlieben.' Und genau dasselbe hatte ich auch gedacht. So wie er da saß, dachte ich: ‚Mein Gott, wenn da nicht Mädchen drauf abfahren, würde mich das sehr wundern.' Das ist sicherlich der Fall, aber er ist einfach noch nicht so weit, dass er sich das zutraut."

Wohin führt die Reise mit Renke?
Björn: „Ich habe immer ein ziemliches Vertrauen gehabt, dass der irgendwo seinen Weg gehen wird. Er hat schon so ein gewisses Standing im Leben, er kann sich gut ausdrücken, er kann sich behaupten zwischen Leuten. Er konnte schon immer vernünftiger denken als andere in seiner Altersgruppe, also reifer. Sein großes Problem ist seine Passivität. Er hat zwar gute Ideen, aber er schafft es leider oft nicht, sie umzusetzen. Wo er im Moment Erfolge hat, das ist seine Musik. Wir haben vor kurzem ein Konzert gesehen, wo er in seiner Schulband ein fantastisches Solo hingelegt hat. Seine Mutter war richtig stolz und hüpfte da neben mir auf dem Sessel herum. Was ich lange von ihr nicht mehr so gesehen habe, dass sie sich auch so freut über ihn, und plötzlich sagt: ‚Mensch, der soll auch kein Stück anders sein.'"

Wie geht es ihm jetzt?
Heike: „Er ist labil und davon abhängig, wie wir mit ihm umgehen. Wenn Björn und ich das schaffen, wirklich ganz geduldig auf ihn zuzugehen, dann möchte ich fast sagen, hat er diese Stabilität, die er eigentlich immer nach außen hin gerne zeigt. Aber je großkotziger er nach außen hin wirkt, desto labiler ist er nach innen, desto schlechter geht es ihm eigentlich. Und je mehr von außen auf ihn eingeredet und gefordert wird, desto unsicherer fühlt er sich. Er kriegt das jetzt mit in der Schule, dass er der Loser ist. Er hat das mitgekriegt in der Band mit seinen Terminen, die er nicht einhalten konnte, dass da alle auf ihn geschimpft haben. Er fühlt sich absolut nicht wohl mit seiner Situation."

Wie gehst du damit um?
Heike: „Ich muss ganz ehrlich sagen, ich habe besonders im letzten Monat ganz schön Angst gehabt um Renke. Es war überhaupt nicht mehr so, dass ich darauf gewartet habe, dass er endlich diese Zeit der Pubertät übersteht und wieder ein bisschen Pfiff bekommt. Sondern ich habe wirklich Angst gehabt, dass er sich selber verlieren könnte. Da fing das an, dass ich mehr versucht habe, mich in ihn hinein zu versetzen. Ich habe Sanktionen wie die Abmeldung vom Schlagzeugunterricht wieder rückgängig gemacht und mit der Musikschule gesprochen, und Renke wird jetzt einfach so nahtlos wieder weiter machen können. Auch mit dem Bandleiter habe ich gesprochen, da wird er auch wieder mitmachen können. Auch mit der Schule … Ich habe ja nie gesagt, dass ich das schlimm fände, wenn Renke eine Klasse wiederholen müsste. Er selbst fände das schlimm, wenn er, groß wie er ist, noch eine Klassenstufe weiter runter müsste. Aber ich denke, das muss er dann in Kauf nehmen."

Wünschst du dir manchmal deinen kleinen Jungen wieder zurück?
Heike: „Dass ich daran denke, wie Renke damals war, als er klein war, solche Momente kommen, wenn es hier mal wieder eskaliert. Dann muss ich manchmal ganz wehmütig daran denken, was Renke für ein kleiner süßer Junge war. Ich denke nie daran, was Renke für ein kleiner lieber Junge war. Weil er eigentlich schon immer ganz genau gewusst hat, was er wollte. Diese Tendenz hat sich eigentlich schon ganz, ganz früh gezeigt. Ich denke gerne darüber nach, aber jetzt, wenn ich meinen großen Renke angucke, dann bin ich eigentlich stolz auf ihn. Ich bin total stolz darauf, dass Renke so ist, wie er ist. Auch wenn das noch so ein fauler Hund ist, ich möchte eigentlich, dass Renke genauso bleibt, wie er ist."

Mutter Heikes Rückblick: „Es gibt schöne Momente"
Heike: „Der größte Fehler, den man als Eltern machen kann, ist der, dass man immer meint, Recht haben zu müssen. Dass man meint, dass man den Kindern genau den Weg weisen muss. Es gibt da keine Wahrheit, es gibt nur ein gegenseitiges Annähern. Rückblickend kann ich eigentlich immer wieder sagen, je besser es mir selber gelungen ist, mich auf Renke einzustellen, desto harmonischer waren die Zeiten.

Und dann gibt es während der Pubertät diese wenigen Momente, die schön sind. Ich habe solche Momente als schön empfunden, wenn Renke und ich harmonisch miteinander umgehen konnten, wenn wir wirklich einfach einmal, ohne uns bei dem nächsten Satz wieder in die Haare zu kriegen, miteinander reden konnten. Das waren die schönen Momente ..."

Renke: „... ich weiß nicht, ob zum Glück oder leider: Auf jeden Fall ist die Pubertät noch nicht vorbei. Und ich finde, Pubertät ist ein ganz bescheuertes Wort. Das benutzen manche so abwertend, so jetzt zum Beispiel meine Eltern oder auch Björn. Was man so mit Pubertät meint, ist doch ein Lebensabschnitt, in dem man sich total verändert und wo ich an mir feststelle, dass ich innerhalb kürzester Zeit total andere Interessen habe. Also Pubertät ist auch eine Art Ausprobierphase, in der man praktisch für sein späteres Leben in einer gewissen Art und Weise nachforscht, was man machen will."

Florine: Die Pubertät ist noch nicht zu Ende

von Wolfgang Klauser

Florine: „Ich glaube nicht, dass die Pubertät jetzt zu Ende ist. Ich habe auch nicht gemerkt, dass sie angefangen hat. Aber ich denke, dass man sich sein ganzes Leben lang verändern wird. Dann vielleicht nicht mehr unbedingt körperlich, aber im Kopf sicher. Weil man auch immer wieder neue Erfahrungen macht, auch schlimme oder besonders schöne, die einen sehr doll verändern können."

Ein Leben auf dem Land

Florine hasst es. In ihrem jungen Leben musste sie schon oft umziehen, vertraute Orte und lieb gewonnene Freunde verlassen. Schon als sie noch Kind war, erlebte sie, dass Mama alle Spielsachen und Lieblingsbücher in große Kisten packte, sich Spielkameraden und Mitschülerinnen verabschiedeten, und der eigene Papa keine Rolle mehr spielen sollte, weil ein anderer Mann nun an Mamas Seite lebte, um irgendwann im Streit auf Nimmerwiedersehen zu verschwinden.

Florine zieht wieder um. Dieses Mal von der Stadt aufs Land. Von Leipzig nach Mahitzschen, knapp eineinhalb Autostunden von der sächsischen Großstadt entfernt. Die Entscheidung wegzugehen ist ihr schwergefallen, denn Florine mag ihr Leben – und ihr Zimmer in der „Villa Kunterbunt", dem alten Mehrfamilienhaus im Stadtteil Connewitz. Aber es ging einfach nicht mehr. Mama hat sich getrennt von ihrem Freund, es war seine Wohnung, in der sie bis jetzt gelebt haben. Und Mama hat sich auch zerstritten mit der Besitzerin des Hauses, die über ihnen wohnt. Schon über ein halbes Jahr leben Florine, ihre Mutter Anja und die kleine Inja in Ungewissheit, wo sie nun hin sollen. Viel Geld haben sie nicht zur Verfügung, um in Leipzig „eine schöne 3-Zimmer- oder gar eine 4-Zimmer-Wohnung in einer vernünftigen Gegend" mieten zu können: „Von meinem kleinen Lehrergehalt können wir uns keine großen Sprünge leisten," sagt die Mutter, „und mit einem befristeten Arbeitsvertrag und zwei Kindern kann ich kein finanzielles Abenteuer eingehen. Wir müssen ja auch noch von was leben können, wenn ich vielleicht nur wieder stundenweise Unterricht geben kann."

Lange hat Florine hin- und herüberlegt. Die besten Freundinnen zurücklassen, das Leben in der Stadt aufgeben und zu Jens ziehen – Mamas neuem Freund, mit dem sie sich „echt gut versteht" und den sie auch „sehr mag." Eines hat Florine in ihrem Lebensumfeld allerdings gelernt: Beziehungen zwischen Männern und Frauen sind meist nur von kurzer Dauer. Aber ein Umzug auf das Land bietet auch Vorteile: ein Leben auf einem ehemaligen Bauernhof, mit einem großen Garten und viel Natur, ein wunderschönes großes Zimmer, „in das den ganzen Tag die Sonne reinscheint", eine neue Klasse, in der sie hoffentlich keine Außenseiterin mehr wäre, und, und, und …

Der Drei-Frauen-Haushalt hat also beschlossen, zu Jens zu ziehen. Da gibt es nur ein Problem: Jens' Haus muss noch für die neue Familie ausgebaut, renoviert und hergerichtet werden, denn der gelernte Zimmermann Jens, der hauptberuflich aufwendig historische und denkmalgeschützte Gebäude restauriert, wollte noch als Single „alles peu à peu herrichten". Nun heißt es, neben der bereits angenommenen Terminarbeit, sein Haus mit neuen Fenstern, einer neuen Heizungsanlage, neuen elektrischen und anderen Versorgungsleitungen auszustatten. Dazu muss er auch die künftigen Kinderzimmer bezugsfertig machen, Heizung einbauen, Böden schleifen, Wände kalken.

Florine verabschiedet sich. Zusammen mit ihrer Mutter holt sie die letzten Umzugskartons aus der Mathildenstraße. Die Sonne scheint und zeigt ihr altes Zuhause nochmals von seiner schönsten Seite: „Wir kommen genau rechtzeitig, gerade zur Abendsonne, das war meine ‚Lieblingsobensitzzeit.' Aaah, ist das nicht schön …?" Florine springt sofort auf den Betonsockel des Gartenzauns, direkt am Eingang des Hauses. Hier hat sie oft in der Sonne gesessen, bei unserem ersten Treffen hat sie hier auf mich gewartet, mir sofort auch „einen Platz an der Sonne" angeboten und über das Leben philosophiert – da war Florine noch zwölf …

Florines Mutter sagt leise: „Das war das. Lass uns los fahren. Raus aufs Land. Los!" Der Abschied fällt schwer. Sie nehmen einander in die Arme. Beide haben feuchte Augen. Wieder verabschieden sie ein Stück gemeinsamen Weges. Man spürt, wie nah sich Tochter und Mutter sind …

Mutter: „Lass uns ins neue Zuhause fahren. In unser neues Zuhause."
Florine: „Wird aber auch Zeit jetzt, wir müssen auch noch alles wieder einräumen."
Mutter: „Das ist der kleinste Job."
Florine: „Meinst du!"
Mutter: „Ja, wir sind es doch gewöhnt."
Florine: „Ich hoffe, jetzt zum letzten Mal …"

Die beiden steigen ins Auto und fahren los.

Mutter: „Und, bist du jetzt traurig?
Florine: „Nö!"
Mutter: „Bist du nicht traurig? Ein bisschen ist es schon schade, dass das alles so zu Ende geht."
Florine: „Am Anfang war ich traurig, da wollte ich nicht aus der Mathildenstraße raus … jetzt freue ich mich auf unser neues Landleben …"

Die Mutter setzt die Sonnenbrille auf und legt eine Musikkassette mit Balladen auf. Beide sprechen kein Wort. Zwei Frauen auf ihrem Weg in ein neues Leben. Kein Drehbuch könnte diese Szene besser beschreiben.

Mutter: „Hast du eben die Frau da beim Friseur gesehen … was die für komische Haare hatte – das wird scheinbar wieder modern."
Florine: „Also mein Geschmack ist ein anderer …"
Mutter: „Aber du willst doch deine Haare auch neu machen. Abschneiden oder Färben, oder …?"
Florine: „Abschneiden, ja! Nicht Färben! Ich will mir doch nicht meine Haare kaputt machen …"
Mutter: „Aber hier ist eine Filzfabrik, da können wir deine Haare auch filzen lassen, Florine."
Florine: „Oh, nein, Filz. Ich will Rastas … Aber stell dir mal vor, so Rastahaare fußlang, bis zum Fuß, da brauchst du ja ewig bis die trocknen. Nee, vielleicht doch noch so ein bisschen abstufen …"
Mutter: „Stufenhaarschnitt, das kann ich dir nicht schneiden."
Florine: „Ich weiß, du kannst mir ja nicht mal die Haare so kurz schneiden."
Mutter: „Nein, das kann ich auch nicht. Ich finde das auch so schade um deine Haare …"
Florine: „Ja, deshalb kannst du es nicht! Die sind einfach zu lang. Ich will sie ja nur ein bisschen kürzer haben …"
Mutter: „Du hast gesagt bis hier, bis über die Schulter …"

Anja nimmt eine Hand vom Lenkrad, um Florines Wunsch-Haarlänge anzuzeigen.

Florine: „Mama, nimm beide Hände zum Fahren ... du gefährdest noch meinen Friseurtermin ... Nein, ich möchte sie doch nur ein bisschen kürzer."
Mutter: „Das ist doch aber viel kürzer ..."
Florine: „Keine Ahnung von nix."
Mutter: „Wer, ich?"
Florine: „Ja."
Mutter: „Nein!"
Florine: „Doch. – Ich würde nur gerne einfach mal was anderes machen, okay?"
Mutter: „Ich finde halt, wenn man so gestylt ist, das ist irgendwie ..."
Florine: „Ich bin nicht gestylt! Ich will mir die Haare ein bisschen abstufen, ich will sie mir nicht färben, ich will keine Strähnchen haben, ich will sie nicht tönen, ich will sie mir nur etwas abschneiden und ein bisschen stufen, ich will mir auch kein Volumenzeugs rein machen ... Mama, warum regst du dich so auf ..."
Mutter: „Ich rege mich doch nicht auf. Ich möchte nur nicht, dass du so rumläufst wie so eine Tussi ..."
Florine: „Was habe ich denn mit einer Tussi zu tun?"
Mutter: „Ich finde das einfach keine gute Idee ..."
Florine: „Na toll. Aber noch sind das meine Haare ..."
Mutter: „Aber ich zahle nicht den Friseur für so eine Tussi-Frisur ..."
Florine: „Ich habe auch eigenes Geld ..."
Mutter: „Das klingt so komisch. Irgendwas ist mit dem Reifen ... hörst du wie laut das ist? Ich halte lieber mal an."

Das Radlager rechts hinten gibt seltsame Geräusche von sich. Die Fahrgeräusche werden immer lauter. Marcel, unser Tonassistent, meint: „Drehen können wir so nicht. Und das Auto sollte schnellstens in die Werkstatt ..." Anja regt sich auf: „Dafür habe ich jetzt wirklich kein Geld mehr übrig. Umzug und Renovierung sind so teuer, wir sind total pleite. Ich brauche doch das Auto. Ich muss jeden Tag in die Schule nach Leipzig fahren." Florine beruhigt sie: „Ich habe noch was Erspartes, aber ich brauche davon auch noch ein paar Euro für den Friseur. Was kostet das eigentlich, so ein bisschen kürzer schneiden?"

Streiten mit Mama

Später denkt Florine in Ruhe über die Lage mit ihrer Mutter nach. Warum möchte die nicht, dass sie ihr Aussehen verändert – ist es das Geld oder etwas anderes? Sie bedauert ja schon, dass andere Mädchen ständig zum Friseur gehen können und sie nicht. Aber da ist auch und viel wichtiger das Thema Streit mit Mama – das gibt es zwar schon länger, aber jetzt kommt es Florine doch härter vor. Das liegt daran, meint sie, weil sie zunehmend auch eigene Ideen umsetzen möchte: „Das letzte Mal, wo wir uns so richtig gestritten haben, war wegen meiner Bücher. Mama kommt da mit so einer Selbstverständlichkeit einfach rein und räumt die um, weil ihr die Art, wie ich es gemacht habe, nicht passt. Das finde ich nicht in Ordnung, denn das ist meine ganz eigene Sache. Sie kann nicht einfach reinkommen und irgendwas ändern. Das darf ich ja bei ihr auch nicht machen." Florine ließ sich Anjas Meinung nicht aufdrängen und die Mutter verließ das Zimmer ... Haben die beiden denn für solche Situationen eine Streitkultur entwickelt? „Wenn wir uns streiten oder wir Mama kritisieren, dann sagt sie immer: ‚Ihr habt mich alle gar nicht mehr lieb.' Das passt überhaupt nicht dazu. Oder wenn sie anfängt zu lachen, wenn man wütend ist ..." Wie geht Florine mit so einem Streit um? Also, ich gebe mir Mühe nicht auszurasten, weil es nichts bringt, sie anzupöbeln. Dann muss ich mich runterleveln, während sie da ist. Wenn sie dann weg ist, steigere ich mich aber oft rein in meine Wut: weil ich irgendwie keinen Ausweg finde."

Interview im September 2005

Wie hast du dich verändert?

Florine: „Ich merke, dass ich vorsichtiger geworden bin. Wenn ich jetzt neue Leute kennenlerne, bin ich nicht völlig unvoreingenommen, sondern ich halte mich zurück und denke: ‚Mach jetzt bloß nichts zu schnell.' So lästern wie früher – womit ich schlechte Erfahrungen gemacht habe – das mache ich nicht mehr. Ich bin auch nicht mehr ganz so selbstbewusst. Also schon noch selbstbewusst, aber nicht mehr mit dieser kindlichen Selbstsicherheit, sondern dass ich jetzt mehr überlege, was jetzt andere dazu sagen oder ob das für andere gut ist."

Wie hast du dich sonst noch verändert?

Florine: „Ich bin größer geworden, größer als meine Mutter, das gefällt mir. Und ich denke schon, dass ich mehr Wert drauf lege, was für Klamotten ich trage."

Wie geht es dir in deiner neuen Schule?

Florine: „Die Situation mit meinen neuen Klassenkameraden ist ziemlich entspannt. Im letzten Jahr hatte ich ja eine Klasse, die ich nicht leiden konnte und wo das fast schon Mobbing war – jetzt denke ich manchmal automatisch so was wie: ‚Warum gucken die jetzt so komisch?' und dann: ‚Ach, was denkst du denn für einen Quatsch, mit denen verstehst du dich doch gut.' Ansonsten unternehmen die hier viel mehr wie Disco und andere Sachen, bei denen sie sich denken: ‚Das sage ich jetzt meinen Eltern einfach nicht, ich sage denen das irgendwann mal, und dann sage ich das kurz davor und geh einfach.' Und das kenne ich nicht so ..."

Spielen Alkohol und Zigaretten eine Rolle?

Florine: „Viele von denen rauchen. Und bei Partys trinken sie alle mal ein Bier oder einen Wein, aber es ist nicht so, dass sie mich unter Druck setzen. Einmal hat eine ganz ungläubig gefragt, ob ich wirklich nichts trinke, und da habe ich einfach gesagt: ‚Ja, ich mag das halt nicht so', und die haben dann nichts weiter dazu gesagt."

Gehst du auf Partys?

Florine: „Partys hatte ich bisher noch nicht so oft, aber ich mag sie schon gerne. Das ist einfach witzig, mit anderen Leuten sich über irgendwelche Sachen zu kugeln oder so. Ich mag nicht die Partys, wo die ganze Zeit nur getrunken wird. Da gehe ich aber auch nicht hin, da informiere ich mich vorher ... Und ich achte darauf, dass ich das nicht mache, wenn Mama mir das nicht erlaubt. Ich bin nicht so diejenige, die sagt, ja, die machen, keine Ahnung, DVD-Abend, und dann ist dort die Party. Das mache ich einfach nicht, weil ich weiß, wenn Mama das rauskriegt, dann kann ich das vergessen, das nächste Mal. Ich habe auch das Gefühl, dass das eigentlich unnötig ist, weil ich Mama auch so dazu kriege, dass ich hingehen darf ..."

Spielen Jungs eine Rolle in deinem Leben?

Florine: „Es ist schon eine Weile so, das habe ich auch mit meiner Freundin oft besprochen – man geht an der Straße lang und sieht einen Jungen und denkt: ‚Okay, das Herz darf wieder anfangen, zu schlagen ...' Schon seit über einem Jahr bin ich nicht mehr richtig verliebt gewesen. Und mal schwärmen, das nehme ich nicht mehr so ernst. Wenn wir Freundinnen untereinander sagen: ‚Der sieht aber gut aus', dann heißt das nicht, dass wir in den verliebt sind, das ist was ganz anderes geworden ..."

Was ist Liebe für dich?
Florine: „Also das Wichtigste, um richtig Liebe entstehen lassen zu können, ist, dass der andere auch in einen verliebt ist ..."

Und was ist das für ein Gefühl für dich?
Florine: „Na, irgendwie so Geborgenheit miteinander und, ja, Wärme. Und dass man sich gegenseitig akzeptiert. Und dass keiner was vom anderen verlangt, wenn man weiß, dass der das nicht will und dass man auch wirklich nett zueinander ist, sage ich jetzt einfach mal so, also irgendwie zärtlich ..."

Sprichst du zum Beispiel mit deinen Freundinnen über das erste Mal?
Florine: „Nicht, ob wir mit Jungs schlafen werden ... Wir planen nur eine Hochzeit vor, das ist lustig, eine Spinnerei, die Spaß macht. Wenn wir merken, dass sich Mädchen in unserem Alter manipulieren lassen, dass sie sich schon dazu ‚herablassen', dann reden wir darüber, dass wir das sinnlos finden. Und dass wir alle ziemlich genau wissen, dass das schon noch ein paar Jahre warten muss ..."

Hast du Angst vor Sexualität?
Florine: „Vor Sexualität in der Liebe habe ich keine Angst, das lasse ich erst zu, wenn ich dazu bereit bin. Und wenn er das nicht akzeptiert, dann ist das ja schon wieder keine Liebe mehr. Das ist so, dass ich davor keine Angst habe ..."

Merkst du, dass du älter wirst?
Florine: „Daran, dass es inzwischen schon was bringt, wenn ich was esse! Vorher ist das ja im Grunde alles durchgerutscht, im wahrsten Sinne des Wortes, und jetzt bin ich nicht mehr ganz so dünn wie früher, und das finde ich gut ... Früher war ich nicht glücklich, dass ich noch nicht so weit war. Aber sobald die Brust gewachsen ist, ist es ganz normal. Also ich bin zurzeit ziemlich zufrieden, und da macht man sich nicht mehr so viele Gedanken."

Jungs und Bananen
Ein sonniger Sonntag Ende September 2005. Florine ist aufgeregt. Gleich kommt Miele, ihre Freundin aus Leipzig – zum ersten Mal besucht sie Florine in ihrem neuen Zuhause in Mahitzschen. Wie viele Leute hier leben? „Keine Ahnung!", sagen Florine und ihre Mutter Anja und richten die Kaffeetafel mit selbstgebackenen Kuchen und heißer Schokolade für die „Mädchen".

Mahitzschen ist auf jeden Fall sehr übersichtlich: Es gibt eine Kinderkrippe, einen Bäcker, ein paar Ein- und Mehrfamilienhäuser und meist alte, marode Bauernhöfe – und genau so einen hat Anjas Freund Jens schon vor Jahren gekauft: ein Haupthaus mit alten, zum Teil verfallenen Stallungen und insgesamt 3987 Quadratmeter Grund. Überall steht noch Arbeit an. „Das macht aber total Spaß", sagt Florine zu Miele, „wir renovieren alles so, wie es auch früher gebaut wurde." Im Garten blühen meterhohe Sonnenblumen, überall wachsen neue Pflanzen und Bäume – Anja hat den sogenannten „grünen Daumen".

Florine und Miele machen es sich im Obstgarten in der Hängematte gemütlich. Die Sonne strahlt beiden ins Gesicht. Endlich können sie mal wieder in Ruhe Zeit miteinander verbringen und sich ihre Erlebnisse und kleinen Geheimnisse gegenseitig erzählen.

Miele: „Warst du nicht auf irgendeiner Party?"
Florine: „Ja, ich war bei der Thorgauer Modenacht ... echt schön. Da wurden von den Modeagenturen Entwürfe auf dem Laufsteg gezeigt, richtig mit tollen Choreografien. Da war ich mit Leuten aus meiner Klasse. Aber wenn die ihr Bier zu Ende getrunken haben, dann haben sie es einfach auf die Straße gepfeffert. Das war doof. Als ich gegangen bin, sind so viele Leute total rumgetorkelt ... eine übelste Riesenfete."
Miele: „Und warum hast du nicht getrunken?"
Florine: „Das reizt mich einfach nicht ... Ich habe mich vorher mit denen in so einer Pizzeria getroffen, da hat die eine gefragt: ‚Sag mal, trinkst du wirklich nichts?' Und ich: ‚Nö.' Und da guckt die mich so an, als wäre ich völlig daneben. Aber das war mir schnuppe und den anderen auch. Warst du eigentlich schon mal, außer zu deinen Geburtstagen, bei einer Party?"
Miele: „Ja, einmal ..."
Florine: „Und war es schön?"
Miele: „Ja, nö, es ging so, es war ein bisschen öde, dann, am Ende."

Florine: „Ja, das ist oft so …"
Miele: „Vor kurzem war ich ja auf dem Reiterhof, da ist immer so ein Junge. Und der hat gefragt, ob wir einen Freund haben … Danach wollte er dann gleich wissen, wie mein Hund heißt und so. Ich mag den nicht. Dann sind wir durch den Wald nach Hause gefahren, und da waren ganz viele Faschos (Neonazis), alle besoffen. Die haben hinter uns hergegrölt: ‚Heeehh du, komm mal her …'"
Florine: „Ja, das kann ich auch nicht leiden, das war auch bei dieser Party so, da kam ein Typ und hat mich übelst angequatscht. Da hab ich so gesagt: ‚Sag mal, hast du ein Problem im Schlüpfer …?' Und der ging dann zu den anderen: ‚Die sagt, dass ich ein Problem im Schlüpfer habe.' Der war so zu, der hat nichts mehr mitbekommen, echt. Furchtbar."
Miele: „Sind eigentlich die Jungs an deiner neuen Schule interessant?"
Florine: „Bei mir gibt es so wenig Jungs an der Schule, und das sind alles irgendwie ganz komische Typen. Das ist total verrückt. Da sind zwar viele nett, aber zum Beispiel gibt es einen bei mir in der Parallelklasse, der ist ein Punk, und der hat rosa Haare …"

Kichernd verreißen die Mädchen Hochwasserhosen, Springerstiefel, Hiphoper-Hosen und rosa Hemden. Oder Hemden mit Bildern von Drachen! Oder mit Teddybärchen! Dann wird Miele wieder ernst.

Miele: „Hast du schon mal einen ersten Kuss gehabt?"
Florine: „Nein, es gibt nur so blöde Jungs … und du?
Miele.: „Ja, mit dem E., du weißt schon, es war aber nicht so doll. Aber an meiner Schule, da ist ein Mädchen, die gibt immer an: ‚Ich glaube, morgen gehe ich mit dem, oder vielleicht doch lieber mit dem …' Die blöde Ziege ist ein Jahr älter als ich, aber die benimmt sich wie ein Kind. Wie in der fünften Klasse, so mit Botschaften auf Zettelchen …"
Florine: „Echt?"
Miele: „Ja: ‚Willst du mit mir gehen?'"
Florine: „Ja, eine Runde um die Mülltonne (beide lachen). Ja, nein, vielleicht … Und bei ja und vielleicht brauchst du dann ein Kondom …"
Miele: „Weißt du, was lustig ist, jetzt werden wir wieder aufgeklärt in der Schule, dieses Mal im Ethik-Unterricht …"
Florine: „Ich weiß nicht, wir haben das ja in der vierten Klasse gemacht. Aber da waren die Jungs eigentlich noch ziemlich in Ordnung. Da sollten wir uns Schimpfwörter für das andere Geschlecht ausdenken, so was lernt man dann in der Schule …"

Miele: „Wir sollten das auch machen. Ja, da waren wenigstens ein paar ernst, die meisten albern immer so rum. Unsere Lehrerin meinte: ‚Erst nehmen wir uns die Mädchen vor und dann die Jungs.' Und die sollten aufzählen, was sich bei uns verändert und so einen Kram. Da waren sie übelst albern, und dann bei ihnen selber sind sie dann übelst ernst gewesen, und haben keinen Ton mehr rausgebracht."

Florine: „In der fünften Klasse hat unsere Lehrerin eine Binde und einen Tampon rumgereicht. Die haben den Tampon durch die Klasse geschmissen. Und dann haben die an der Binde gerochen, wo die Lehrerin meinte: ‚Ich habe sie noch nicht benutzt.' Also echt mal ..."

Miele: „Wir hatten so einen Sack, so einen schwarzen, da waren ganz viele Gegenstände drin, und jeder durfte einmal was rausziehen. Da gab es dann alles Mögliche. Das, was du jetzt aufgezählt hast, und Kondome waren auch drin, die man dann über Holzknüppel ziehen musste ..."

Florine: „Echt? Das haben wir nicht gemacht, und ich erwarte es eigentlich noch, dass die das mal mit uns machen ..."

Miele: „Und jeder hat dann noch eine Banane gekriegt."

Florine: „Für ein jedes Mädchen, um so Mann zu spielen?"

Miele: „Nein ... um das drüber zu ziehen ..."

Florine: „Über eine Banane? Das ist echt geschmacklos. Ich finde das auch übelst eklig, wenn die Jungs sich das dann immer über den Kopf ziehen ..."

Miele: „Ja und dann mit der Nase aufpusten. Das können auch nur Jungs machen!"

Interview mit Florines Mutter im September 2005

Was bewegt Florine gerade?

Anja: „Im Moment fällt mir auf, dass Florine großen Anteil am Weltgeschehen nimmt und dort auch vor Mitleid vergeht. Aber was bei uns in der Familie wichtig ist, das ist für sie gerade nicht relevant. Das vermisse ich ganz oft sehr stark und bin da auch sehr enttäuscht. Es kommt inzwischen zu Auseinandersetzungen, die lautstark vonstatten gehen. Das gefällt mir nicht so."

Was sind das für Auseinandersetzungen?

„Es ist zum Beispiel so, dass sie einen Stufenhaarschnitt haben möchte. Und da erwarte ich von ihr und habe ihr das auch gesagt, ich finde das nicht schön, dass sie sich die Haare abschneidet, aber wenn sie das denn tun möchte, muss sie auch einen Beitrag dazu leisten. Und das heißt, dass sie die Hälfte davon von ihrem Taschengeld abgibt. Weil ich schon denke, dass das spätere Leben ja auch nicht so funktioniert, dass ich das so bekomme, weil ich das gerade möchte ..."

Das Interview findet ein jähes Ende, denn plötzlich steht Florine im Raum und unterbricht das Gespräch. Nicht zufällig, wie sie später zugibt, denn sie lauschte hinter der Türe, „was Mama so erzählt". Die Situation war sowieso gespannt wegen dieses sensiblen Themas zwischen Mutter und Tochter. Nun fühlen sich beide missverstanden, sind enttäuscht von der anderen, es wird gestritten, es fließen Tränen der Wut und Enttäuschung. Eine kleine emotionale Lawine ist – auch durch die Gespräche mit uns – ins Rollen gekommen. Es folgen viele Telefonate. Die Wogen werden geglättet. Wir treffen Florine und ihre Familie wieder im Frühling 2006.

Steckbrief: Florine Sophie Baumbach
im April 2006

Alter: 14 Jahre
Geburtstag: 7. Juni 1991
Größe: 1,71 m
Schuhgröße: 40 bis 41
Gewicht: 53 kg
Lieblingsessen: immer noch Eintopf
Zuhause: alter Bauernhof in Mahitzschen, bei Thorgau
Schule: Johann-Walter-Gymnasium in Thorgau, Klasse 9a
Mutter: Lehrerin
Freund der Mutter: Restaurator
Geschwister: Crispin (20 Jahre), Inja (Halbschwester, 4 Jahre)
Taschengeld: 20 Euro im Monat
Berufswunsch: „Gute Frage? – Ich weiß es im Moment nicht."
Ferien: 3 Wochen Schweden
Hobbys: ins VUZ (Virtuelles Umwelt- und Bildungszentrum) gehen, Lesen, Singen, Filme gucken
Spitzname: Fleur de la coeur
Lieblingsfach: Deutsch, Musik, Geschichte
Lieblingssänger: Jack Johnson, Red Hot Chili Peppers und Calexico, Wir sind Helden

Ein Wochenende in Leipzig

Den Freitagnachmittag liebt Florine. Dann fährt sie mit dem Zug „endlich wieder in die Großstadt" und geht ins „VUZ": Virtuelles Umwelt- und Bildungszentrum, von der Universität Leipzig für interessierte Jugendliche angeboten und über Sponsorengelder finanziert. In den Räumen des Zentrums für Medien und Kommunikation ist die Jugendredaktion untergebracht: Fast ein Dutzend Jungen und Mädchen können hier mit modernsten PCs mit schneller Internetverbindung arbeiten. Die beiden ehrenamtlichen Betreuerinnen haben die Aufgabe „Fußballweltmeisterschaft 2006 in Deutschland" gestellt. Die Jugendlichen müssen nun das Thema mit einem Medien- oder Umweltbezug ausarbeiten und dann jeweils vor der Gruppe präsentieren. Florine recherchiert gerade mit den Stichworten „Sportartikelausrüster" und „Kinderarbeit" im Internet. „Wenn ich das richtige sehe", sagt sie, „dann werden Fußbälle von Kindern in der dritten Welt gemacht ..." Sofort beginnt in der Gruppe eine Diskussion. Diese Jugendredaktionsarbeit macht Florine Spaß. „Hier kann man an super Themen mit Tiefgang arbeiten", sagt Florine begeistert. „Und es ist auch einfach schön, wieder in Leipzig sein zu können."

Wenn Mama es erlaubt, dann bleibt Florine bei Miele über Nacht. Meist gehen sie ins Kino oder lesen sich gegenseitig stundenlang aus Büchern vor: die Bandbreite reicht von Fantasy-Geschichten bis hin zu anspruchsvoller Literatur. Mieles Haus grenzt an ein altes Bahngelände mit leer stehenden Fabrikhallen. Ein idealer Ort zum Herumstreunen und Quatschen. Miele ist gerade von einer Klassenfahrt nach England zurückgekommen. Es war kalt, hat geregnet und es war auch „super cool". Vor allem haben sich schon auf der Busfahrt alle total verknallt – oder verliebt? Oder sind Jungs einfach süß? Natürlich nur, wenn sie nicht kleiner sind ... oder zu alt, 20 oder so ...

Florine: „Verliebt – die haben alle keine Ahnung, was das Wort bedeutet. Viele sagen, ich wäre wählerisch, aber ich glaube, ich bin einfach vorsichtig ..."
Miele: „Also meine Freundin, die hat jemanden gesehen in der Schule. Die hat dann immer gesagt: ,Ja, ich finde den so toll.' Aber wenn man jemanden richtig liebt, dann hat man immer ..."
Florine: „... dann hat man wenigstens schon mal mit dem gesprochen. Das ist dann Liebe auf den ersten Blick, aber echt."
Miele: „Ich finde, das ist dann fast schon peinlich, wenn man denen in die Augen guckt. Und man kann anderen, die man einfach nur nett findet, auch einfach so in die Augen gucken ..."

Florine: „Ich finde auch immer, wenn man verliebt ist und man kennt denjenigen einfach schon relativ gut, wenn man sich dann zufällig irgendwo berührt, dann denkt man: ‚Okay, mein Herz darf ruhig wieder anfangen, zu schlagen …' Ich habe eine Freundin, die sagt, sie will erst mit einem Mann schlafen, wenn sie ihn geheiratet hat. Sie will aber auch nicht heiraten, das verstehe ich auch nicht, aber egal …"

Miele: „Das ist doch Schwachsinn, wenn man mal einen Freund hat, und das kommt dann einfach so – ganz plötzlich, dann kann sie doch nicht sagen: ‚Nee, erst wenn wir geheiratet haben', das finden doch bestimmt viele total blöd …"

Florine: „Doch, ich denke schon, dass sie das sagen kann, das ist nun mal ihre Einstellung. Irgendwie verstehe ich das auch, wenn sie das halt so möchte. Nur, ich verstehe nicht, wenn sie sagt, sie will nie heiraten. Was will sie denn dann werden – eine alte Jungfer?"

Miele: „In meiner Klasse sind ganz viele, die haben schon echt … ich weiß nicht, wie früh die damit anfangen. Und das nehme ich ihnen nicht ab, dass die aus Liebe oder sonst was … Und eine aus meiner Klasse die hatte jetzt einen Freund, und dann sieht der die ja nackt. Das ist so dumm."

Florine: „Ich finde das auch blöd, wenn die dann so ein Trara darum machen, ich muss jetzt dafür abnehmen und rauchen, das verträgt sich nicht mit der Pille und …"

Miele: „Also drei aus meiner Klasse, die hatten es schon …"

Florine: „‚Die hatten es schon', das klingt so dämlich, weißt du das?"

Miele: „Ja, die haben schon mit jemandem geschlafen. Aber bei vielen glaube ich das … also bei einer glaube ich es, die ist ja auch ziemlich groß, die ist sitzen geblieben … Bei uns ist das noch nicht das Thema."

Florine: „Ja, ich habe auch keinen Freund, da ist das auch deshalb kein Thema. Aber meine Mutter regt sich immer übelst auf. ‚Oh, nein, das kann ich mir gar nicht vorstellen, dass irgend so ein Mensch da meine Tochter anfasst.' Und ich sag dann immer: ‚Mama, lass es doch einfach.' Das ist doch sinnlos, wenn sie sich darüber aufregt …"

Miele: „Das kommt irgendwann, ich denke nicht, dass man das vorplanen kann."

Florine: „Meine Mutter würde eine Meise kriegen, wenn ich jemanden küssen würde. Da würde sie denken: ‚Oh nein!' So kommt es mir manchmal vor."

Miele: „Wenn deine Mutter dich fragt, ab wann das richtig wäre, was würdest du ihr dann sagen?"

Florine: „Wir haben das Thema letztens gehabt, und da habe ich gesagt: ‚Na, ein paar Jährchen warte ich da schon noch ...' Die denkt irgendwie, dass ich da in totaler Gefahr wäre. Und dann hat sie auch mal so gesagt: ‚Ja, also wenn du dann ein Kind kriegst, wir schaffen das gemeinsam.' Und ich so: ‚Mama! Wie will ich bitte ein Kind kriegen, wenn die entsprechenden Voraussetzungen fehlen?'"
Miele: „Sie wollte dir vielleicht auch nur ein sicheres Gefühl geben ..."
Florine: „Ja, gut. Sicher. Ich habe zu ihr gesagt, ein paar Jährchen wird es noch dauern. Und sie: ‚Was meinst du jetzt mit ein paar Jährchen, du wartest gefälligst, bis du erwachsen bist.' Und ich so: ‚Ah, nee, weiß ich noch nicht!'"

Mutter und Tochter

Pubertierende Mädchen und ihre Mütter. Die Beziehung zwischen Anja und Florine ändert sich weiter und bleibt ein wunder Punkt. Anja denkt darüber nach, warum die ansonsten sehr verantwortungsvolle Tochter für die Familie nur noch das Allernötigste tut. Kleinere und größere Konfliktsituationen sind immer schwer zu besprechen – dann schreiben sich die beiden lieber Zettel als zu reden. Anja mag auch nicht das erleben, was sie als „schnippisch" oder „zickig" empfindet. Gleichzeitig bemerkt sie Florines körperliche Reifung: „Ihre Gebärden, ihre gesamte Körpersprache ist weiblich, also das ist kein Mädchen mehr, sondern eine junge Frau." Und eines ist definitiv erst mal vorbei: die Offenheit, mit der Florine noch bis vor wenigen Monaten alles, sogar Jungs-Themen, mit ihr geteilt hat. „Also früher war sie ein offenes Buch für mich. Jetzt ist es schon so, dass ich bestimmte Namen sehr oft höre. Und dass ich einen bestimmten Blick sehe, ihre Augen einen Glanz bekommen. Und dann aber versucht wird, das sofort wieder zu deckeln. Ich glaube, dass sie das jetzt eher mit ihren Freundinnen bespricht, da bin ich nicht mehr die Partnerin für diese Gespräche, und ich denke, dass das auch richtig ist." Wie wäre das, wenn Florine einen Freund hätte? „Ob ich das akzeptieren kann? Ich werde das nach außen hin natürlich nicht so zeigen, aber innen drin wird das für mich ganz heftig sein. Ich weiß nicht, ob das Eifersucht ist, aber ich muss ja was abgeben. Von Florine, wo ich, wir ja bisher immer einen sehr engen Kontakt hatten."
Florine weiß, dass ein Freund „komisch" für ihre Mutter wäre, aber sie ist zuversichtlich, dass das auch gut klappen könnte – wenn er nicht gerade „ein Punk mit 300 Piercings im Gesicht" wäre ... Aber in ihren Augen reden sie jetzt weniger miteinander, weil sie weniger Zeit miteinander haben. Und weil manche Themen einfach schwieriger gewor-

den sind ... wenn sie auch versucht, nicht direkt zu rebellieren, so gibt sie doch nicht mehr so schnell nach. „Aber ich bin froh, dass es immer noch so ist wie vor zwei Jahren, was das betrifft – ich kenne ja viele, wo die Kinder die Eltern beschimpfen und umgekehrt. Was bei uns nicht so ist, das finde ich sehr gut so."

Florines Mutter über deren Entwicklung im April 2006

Anja: „Ich bin im Grunde unheimlich stolz auf Florine. Ich bewundere an ihr, dass sie eine eigene Meinung hat, und auch in der Lage ist, die zu vertreten und nicht umzukippen, wenn jemand anders was anderes meint. Das finde ich sehr schön. Und was ich auch gut an ihr finde, ist, dass sie Nein sagen kann. Also sie schaut schon sehr genau, wem sie wo helfen kann oder solche Sachen. Aber wenn es für sie an einen Punkt kommt, an dem es nicht weitergeht, kann sie Nein sagen. Sie kann ganz klar Grenzen ziehen. Ich erlebe oft bei Jugendlichen, dass sie das nicht können, insbesondere bei Mädchen."

Florines Blick zurück im April 2006

Florine merkt an, „dass sie noch lange nicht fertig ist mit der Pubertät oder wie man das auch immer nennen möchte." Das Ganze hat später bei ihr angefangen als bei den meisten. Florine mit ihrer tiefgründigen, reflektierenden Art und ihrem ausgeprägten Sozialverhalten gehört zu einem Mädchentypus, der sonst eher unauffällig ist. Sie entspricht nicht den Klischees von der kreischenden Pubertätszicke oder dem kurzberockten Mädchenvamp.

Wie würdest du deine Veränderungen beschreiben?
Florine: „Von meiner Persönlichkeit her bin ich vielleicht ein bisschen ruhiger geworden. Vielleicht auch weniger auffällig für andere Leute. Ich denke, das lag daran, dass ich zwei Jahre lang in Klassen war, in denen ich mich nicht einfach so geben konnte, wie ich gerade war. In denen ich viel aufpassen musste. Und was ich auch gelernt habe, ist, mich nicht zu sehr um die Meinung von anderen Leuten zu scheren, zumindest wenn sie nicht relevant für mich sind. Wenn sie sich irgendwie dumm über mich lustig machen, ist mir das wirklich egal ... Und dass ich meinen Freundeskreis eingegrenzt habe. Auch durch den Umzug, weil dabei deutlich geworden ist, was Kameraden sind, was richtige Freunde sind, und nur mit denen halte ich Kon-

takt. Dann denke ich, dass ich früher viel unbeschwerter war. Und dass ich seit einem Jahr andauernd erschöpft bin. Was vielleicht auch daran liegen könnte, dass ich nicht schlafe. Aber dass ich mich jetzt nur noch in Gegenwart viel weniger Leute richtig fallen lassen kann."

Was vermisst du?
Florine: „Ich vermisse manchmal ein paar Leute, mit denen ich ganz normal richtig quatschen kann. Deshalb rufe ich ganz oft meine Freunde in Leipzig an, einfach weil ich mal nur über irgendwas mit Leuten reden kann, die mich wirklich verstehen."

Wünschst du dir manchmal einen Freund?
Florine: „Ich hätte nichts dagegen. Aber ich bin da nicht auf Zwang. Und ich denke einfach, dass ich momentan keinen Freund habe – gut, man muss eigentlich nicht … Viele haben einen Freund, obwohl sie gar nicht verliebt sind oder nur so tun, als wären sie es. Oder das Gefühl in sich heraufbeschwören, was ich nicht mache. Und wenn es niemanden gibt, in den ich verliebt bin, wie soll ich dann einen Freund haben? Das klappt nicht."

Hast du Angst, abgewiesen zu werden?
Florine: „Ich hatte das schon mal, dass ich abgewiesen wurde, aber ich bin jemand, der sich von vorneherein darauf einstellt. Mir also ganz realistisch sage, dass es durchaus sein kann, dass es nicht so ist, dass mein Gefühl erwidert wird. Das macht es einfacher, wenn man da realistisch rangeht. Und das mache ich immer."

Möchtest du später mal eine eigene Familie haben?
Florine: „Ich möchte unbedingt eine Familie haben. Wie will man denn ein ganzes Leben verbringen, wenn man niemanden hat, der einem mal hilft, wenn es irgendwie schlecht geht? – Kinder sind doch was Tolles. Ich kann das nicht nachvollziehen, wenn Mädchen in meinem Alter sagen, sie wollen keine Kinder. Das finde ich eher unnatürlich, wenn eine Frau stirbt, ohne ein Kind zu haben."

Moritz: Es muss aus Liebe sein

Von Wolfgang Klauser

> Moritz: „Wenn man miteinander schläft, dann muss es aus Liebe sein. Nicht nur so aus Spaß, das muss aus Liebe sein ..."

Party mit Zungenkuss

Ein warmer Spätsommerabend. Es beginnt zu dämmern. Patsch, patsch, Moritz schlägt wie wild um sich: „Scheiß Mücken," schreit er genervt. „Das ist jetzt schon der dreihundertste Mückenstich ... so ein Scheiß, das juckt schon überall."; „Du bist halt ein sooo Süßer," ruft ihm Richard zu, „die fahren einfach total auf dich ab ..." Moritz lächelt kurz, doch sein Blick verfolgt weiter konzentriert den Blutsauger, der gerade dabei ist, seinen Oberarm anzuzapfen: „Jetzt kriege ich dich ..." – Patsch! „Jetzt nervst du nicht mehr, du blödes Teil!" Moritz hält die erlegte Mücke wie eine Trophäe hoch und wirft sie triumphierend in die glühende Holzkohle. „Moritz, wir wollen nicht deine kleinen Tierchen essen", lacht Lisa. „Wann gibt's endlich richtiges Fleisch?"; „Wir haben Kohldampf", schreit Jenny. „Genau ... Moritz, wo bleiben die Würstchen?" fragt Clara.

Moritz schmeißt eine Grillparty. Im Schrebergarten seiner Eltern hängen bei Cola, Chips und Süßigkeiten lässig ab: Moritz, zwei Jungs und sechs Mädchen. „Macht die Musik leiser", ruft Moritz vom Grill rüber und wendet halbfertige Schweinenackensteaks, Schaschlikspieße und dicke Würstchen. „Nicht, dass sich hier irgendwelche Spießer noch beschweren", meint er und schneidet ein Fleischstück an. „Na Meisterkoch", fragt sein anderer Kumpel Robert, „wann servieren Sie uns ihr Dreigänge-Menü?" Moritz probiert zufrieden und stellt den Teller mit dem Grillgut in die Runde: „Haben wir eigentlich genügend Ketchup gekauft?" Während er der Sache nachgeht, schaufelt der Rest der Clique kleinere Fleischberge auf die Teller. „Eh, lass mir auch noch was übrig", protestiert Moritz und fischt sich schnell einen Schaschlikspieß von

Heikes Teller runter. „Moritz, mal wieder ein richtiger Gentleman", kommentiert Heike die Aktion. „Wieso?" fragt Moritz kauend, „ich habe halt auch Hunger". – „Auf Heike oder ihren Spieß?", feixt Richard. Moritz widmet sich voll und ganz der Ketchup-Flasche.

Es ist September 2005 in Leipzig. Wir grillen mit den Jugendlichen die zweite Runde Fleisch und beantworten nicht endende Fragen über unseren „Pubertätsdreh", wie Fernsehen funktioniert und warum das hier nicht „so eine Big-Brother-Sendung" wird! Als das Thema Richtung Liebesbeziehungen und erste Knutschereien wechselt, bekommen Mädchen leicht gerötete Wangen und eine kreischigere Stimmlage, Jungs liefern Sprüche. Doch insgesamt geht's locker weiter.

Lisa: „Nein, wirklich? – Es hat jeder jeden geküsst?"
Moritz „Ja, beim letzten Flaschendrehen, ich habe sogar mit Richard Zungenkuss gemacht ..."
Richard: „Was? – Das weiß ich gar nicht mehr!"
Moritz: „Nein, das ist doch nur Quatsch ..."
Robert: „Daran erinnere ich mich, da musste doch jeder sagen, mit wem er gerne schlafen würde, das war ein bisschen sinnlos ..."
Lisa: „Und da hast du die Jenny genannt?"
Robert: „Nein, spinnst du? Aber die Jenny hat gesagt, dass sie mit mir schlafen möchte ..."
Richard: „Bis jetzt ist aber noch nichts passiert, oder?
Robert: „Bist du wahnsinnig ...?"
Moritz: „Lisa hat doch diesen komischen Typ getroffen, und dann haben die sich ständig gesimst ..."
Lisa: „Na ja, da haben wir immer so SMS geschrieben: ‚Wollen wir ins Kino gehen und so ...' Dann hat der Typ auch immer am Telefon übelst drauflosgequatscht. Und dann haben wir uns verabredet und standen wie zwei Fragezeichen voreinander: ‚Was wollen wir machen?' – ‚Keine Ahnung.' – ‚Wollen wir ins Kino gehen?' – ‚Weiß nicht ...' Das ist mir dann zu blöd geworden. Ich bin einfach gegangen ..."
Richard: „Also ein richtiger Reinfall sozusagen ...
Jenny: „Ich habe mich mal mit einem älteren Typen getroffen. Der meinte dauernd: ‚Ja, also du müsstest was an deinen Klamotten ändern, also wenn du im Minirock rumlaufen würdest oder im bauchfreien Top, dann würden die Jungs viel mehr auf dich stehen.' Das war im April, da war es doch noch saukalt ..."
Robert: „Der muss es ja wissen, ob die Jungs drauf stehen ..."
Moritz: „Der Schwuli ..."

Lisa: „Ist da was passiert?"
Jenny: „Nein, zum Glück nicht ... er meinte dann noch so: ‚Was würdest du jetzt tun, wenn ich dich küssen würde?'"
Richard: „Schreien und weglaufen!"
Moritz: „Der trägt wahrscheinlich selbst immer bauchfreie Tops ... oder Strumpfhosen ..."
Richard: „Strapse!"
Moritz: „Stringtangas!"

Die Jungs beginnen herumzualbern. Man merkt deutlich, dass sie „so eine Anmache von älteren Typen einfach zum Kotzen finden", und sie die Mädchen vor „solchen alten Bagger-Typen" gerne beschützen würden, andererseits spüren sie aber auch, dass ihre gleichaltrigen Freundinnen sich schon eher für ältere Jungs interessieren.

Inzwischen ist es dunkel. Alle sitzen auf der Hollywoodschaukel eng beieinander. Moritz hat es sich auf dem Schoß von Heike bequem gemacht. Sie stöhnt und ächzt unter seinem Fliegengewicht von knapp über 50 Kilogramm, möchte aber seine Nähe auch nicht missen. Bahnt sich da was an?

Was finden sie an Mädchen gut, was nicht so gut? Ganz still sitzen die Mädchen da und warten gespannt auf die Antworten der Jungs. Die schauen sich gegenseitig fragend an. Wer fängt bloß an?

Robert: „Na ja, also manchmal finde ich an Mädchen nicht so gut ... Die meisten sind so, dass die ziemlich viel kieksen und kichern und hinterher sind sie ... zickig ..."
Moritz: „...arrogant."
Robert: „Genau! Du sagst es!"
Moritz: „Und auch hochnäsig. Die denken, sie sind besser ..."
Robert: „Gut ist an Mädchen, dass man mit denen meistens eigentlich ganz normal reden kann ... Also man kann auch wie Freunde zueinander sein."
Clara: „Ja, ich hasse Machos und so ..."
Moritz: „So Latino Lovers wie wir."
Clara: „Ja, und die dürfen nicht so gelackt sein ..."
Lisa: „Und was findest du an Jungs gut?"
Clara: „Wenn die witzig sind, wenn die süß sind ..."
Lisa: „Ihr wollt doch jetzt bestimmt wissen, was ich an Jungs gut finde und was nicht?"

Alle: „Ja!"

Lisa: „Also, ich finde an Jungs gut: die können coole Kumpels sein. Ich finde cool, dass die immer …ach …"

Moritz: „Wie sollten die dich anmachen, also so, dass du auf die reagierst?"

Richard: „Sollen die nur in deiner Nähe sein oder dich wirklich ansprechen?"

Moritz: „Einfach so auf der Straße …"

Robert: „Sollen die dich einfach nur angucken oder … hm?"

Lisa: „Nee, das ist unterschiedlich. Das können auch schüchterne Jungs sein oder total verrückte …"

Moritz: „Latino Lovers. Mädchen denken oft, dass sie klüger wären als Jungs. Das stimmt doch gar nicht. Vorurteile …"

Heike: „Ich habe keine Vorurteile …"

Moritz (schüchtern): „Heike …"

Robert: „Du hast nur Vorurteile. Was findest denn du an Jungs toll und was nicht, Heike?"

Heike: „Das kann man so allgemein nicht sagen, Jungs sind ja alle verschieden. Mit euch jetzt kann man gut reden, so kumpelhaft und so. Aber es gibt auch ganz schlimme Typen, die immer so cool sind und sich toll finden. So Machos … Bei mir nebenan, da wohnt ein Typ. Ich habe den nie so richtig beachtet. Aber heute habe ich den Müll runtergebracht, ich sah übelst schlimm aus, mit fettigen Haaren und ekelhaftem T-Shirt, und plötzlich kommt der mir entgegen. Ich habe den angeguckt: Häh, ich habe den noch nie gesehen. Und der sah übelst gut aus, schwarze Haare …"

Moritz (leicht gedrückt): „Also hat der dir gefallen?"

Heike: „Ja, ich habe den aber vorher noch nie so richtig beachtet gehabt … Ich also zu ihm: ‚Ja. Äh. Hallo.' Und bin dann schnell weitergegangen und kam mir übelst doof vor, weil ich so scheiße aussah …"

Moritz (spricht eher zu sich selbst): „Das ist ja dann auch das Problem, ob man schüchtern ist oder nicht. Dass man sich nun endlich traut …"

Richard: „Na, Moritz, würdest du dich denn trauen?"

Moritz: „Eher nicht. Ich bin eher so ein schüchterner Typ …"

Robert: „Da ist die große Angst dabei, dass man sich lächerlich macht, dass es einem dann peinlich ist … Man muss es aber auch mal probieren. Also, wenn du es nicht probierst, dann weißt du doch nie …"

Richard: „Einfach kreativ sein, das ist toll."

Moritz: „Plastikblumen schenken."

Jenny: „Aber so ein Liebesbrief ist auch scheiße ..."
Lisa: „Weiß eigentlich jemand, wie spät es schon ist?"
Moritz: „Schon fast elf. Meinen Eltern habe ich gesagt, dass wir alle um zehn da sind ... lasst uns schnell abdüsen ... Jenny, hilfst du mir morgen mit dem Geschirr?"

Alle fahren zusammen per Taxi zu Moritz. Die Eltern haben erlaubt, dass sie bei ihm im Zimmer übernachten dürfen – sechs Mädchen und drei Jungs. „Null Problem", sagt Moritz, „wir dürfen bloß nicht zu laut sein." Wir fragen: „Und was macht ihr?" – „Ne Riesenorgie", lacht Richard. „Wir werden die Nacht durchmachen, vielleicht einen Film gucken, noch was futtern und quatschen ...", meint Moritz. Wir fragen: „Und über was?" – „Natürlich geheime Sachen", sagt Moritz mit großen Augen. Wir kündigen uns für morgen früh an.

Sonntag, 8 Uhr 45. Wir klingeln penetrant bei Familie Mönnich. Endlich, eine übernächtigte Stimme kommt leise aus der Türsprechanlage: „Jaaa, haloooo?" – „Moritz!", rufen wir vergnügt. „Hollywood steht vor deiner Türe ..." – „Ach ... scheiße", hört man noch aus dem Lautsprecher und schon öffnet mit einem elektrischen Summen die Haustüre. Die Mönnichs leben in einer ausgebauten Dachgeschosswohnung. Jedes Mal ein atemraubender Aufstieg in den fünften Stock mit Lichtkoffer, Stativ, Tonmischer, Akkus und der Kamera.

Die Wohnungstür steht sperrangelweit offen. Davor liegen in einem kompletten Durcheinander knapp ein Dutzend Schuhe – alles angesagte Marken, Sneakers in den schillerndsten Formen und Farben. Wir gehen zu Moritz' Zimmer. In dem etwa zwölf Quadratmeter großen Raum sitzen neun Jugendliche in Nachthemd, T-Shirt und Boxershorts, ungekämmt, blass, mit dunklen Augenringen und alle mit einer Kaffeetasse in der Hand. „So eine Scheiße", sagen die Mädchen im Chor, als sie die Kamera entdecken. „Wir sehen doch total übelst aus ... und das kommt ins Fernsehen ... und alles nur wegen deiner Pubertät, Moritz." Moritz schaut in die Runde. „Ey, sagt mal, habt ihr das eigentlich mitgekriegt, dass Moritz in der Nacht total gestöhnt hat?", fragt Lisa aufgekratzt. „Ouahhh, aaaah ... die ganze Zeit, echt krass Moritz." – „Das stimmt doch nicht", sagt Moritz leicht irritiert. „Das hast du dir doch wieder ausgedacht, Lisa. Ich sage nur – Schädelbruch." „Nein, das stimmt, Moritz", sagt Richard. „Du hast ganz unruhig geschlafen." – „Wohl schön geträumt", lacht Jenny. „Ich sage nur: Ouahhh, aaaah, ouahhh ..." Lisa ist nicht mehr zu stoppen. „Das waren sicher gaaanz unanständige Träume", lacht Richard. „Gut, dass die Kamera nicht dabei war ..." Alle lachen.

Dann wird noch ein bisschen von der Nacht erzählt. Vater Timo hatte irgendwann angemahnt, sie wären zu laut. Jenny hatte sich zum Fernsehen ins Wohnzimmer verzogen, und die anderen hatten genüsslich geredet und gelästert. Moritz lädt seine „Clique" oft zu Partys ein, obwohl die Eltern der Mädchen anfangs vorsichtig waren: „Es könnte ja irgendwie gefährlich sein für ihr Kind, ich könnte sie verführen, oder ihr was in die Bowle mixen ...", grinst er. Dabei sind sich alle einig: Das Wildeste, was sie machen, ist Flaschendrehen. „Wenn man nur Alkohol trinkt, dann ist das auch langweilig ...", sagt Moritz geheimnisvoll. „Manchmal sind die Mädchen beim Küssen oder Zungenküssen scheu oder wollen das nicht. Dann wünscht man sich, dass die sagen: ‚Ach nee, ich mache das jetzt, ist mir egal' ..." Und dann gesteht er, nicht ohne Stolz: „Ich habe schon mal ein Mädchen geküsst, ja beim Flaschendrehen ... Das war eigentlich, wie soll ich das erklären, normal, gut, schön ..."

Erste Liebe – Erster Liebeskummer

Ein paar Wochen später ruft Moritz total aufgekratzt an. „Ich habe jetzt eine Freundin! Heike und ich sind so zusammen ..." Hat es schon auf der Party gefunkt? „Ich finde die Heike schon länger richtig gut", erzählt Moritz. „Na ja, dann sind wir halt zusammen weg gewesen und dann habe ich mich getraut ... und sie gefragt." Moritz ist ganz happy. „Das ist ein schönes Gefühl, eine erste Liebe zu haben." Ob wir das junge Glück mal begleiten dürfen? „Kein Problem", sagt Moritz, „ich werde mit Heike sprechen ..."

Die folgenden Telefonate werden einsilbiger: „Heike hat keine Zeit ... vielleicht nächste Woche ... im November kann sie gar nicht ... vor Weihnachten ist es ganz schlecht bei ihr ..." Moritz ist von seiner „neuen Liebe" schon ein bisschen genervt. Nie hat Heike Zeit für ihn, meist sehen sie sich nur im Unterricht und „da kann man ja vor den anderen auch nichts machen". Moritz kann mit der Situation noch nicht umgehen. „Ich sitze oft stundenlang in meinem Zimmer rum und bin schlecht gelaunt," erzählt er. Irgendwann spricht ihn seine Mutter Kerstin an, warum er in der letzten Zeit so komisch drauf ist. Moritz erklärt seinen Eltern die Lage, und Papa Timo meint: „Ich glaube nicht, dass das eine wahre und ernste Liebe ist mit Heike, die wirst du noch finden ..." Moritz ist ratlos.

Ende Dezember treffen wir uns wieder. „Heike hat nun auch endlich Zeit", verspricht Moritz noch am Telefon. In Leipzig ist aber keine Heike da, dafür kommt übers Wochenende sein bester Freund Florian aus Karlsruhe zu Besuch. Die beiden kennen sich noch aus der Sandkiste. Auch wenn Florian nun schon mehr als sechs Jahre nicht mehr in Leipzig lebt, sehen sich die Jungs regelmäßig und verbringen immer in den Sommerferien mehrere Wochen miteinander. Moritz holt ihn am Bahnhof ab und rückt gleich raus mit seinem großen Thema.

Moritz: „Ich habe jetzt eine Freundin ... Heike ... sie geht in meine Klasse ...
Florian ist ganz aufgeregt: „Und meinst du, das ist was Ernstes?"
Moritz: „Ja, denke ich schon. Also für sie ist es das zumindest, ich habe zumindest das Gefühl, dass das für sie sehr ernst ist ..."
Florian: „Hast du das deinen Eltern schon gesagt?"
Moritz: „Ja, habe ich schon ..."
Florian: „Und, wie haben sie reagiert?"
Moritz: „Mein Vater kam irgendwann mal rein und meinte: ‚Du hast dich jetzt also entschieden', oder irgendwie so was ... Meine Eltern übertreiben manchmal ein bisschen ... Die wollen immer alles wissen und so und das nervt irgendwie manchmal ein bisschen. Was soll's? Das sind halt Eltern. Gibt es bei dir was Neues?"
Florian: „Ach ja, in der Schule läuft es einigermaßen gut, und sonst eigentlich nichts Neues ... Und wie war das Weihnachtsfest, was hast du so gekriegt?"

Ein wunder Punkt bei Moritz. Er hatte sich einen Computer gewünscht, aber nur anderes bekommen, das ihn enttäuscht hatte, sogar der früher so heiß begehrte Bräter von Oma. Jetzt hofft er auf bessere Noten und eine Belohnung, mit der er sich dann endlich den Computer leisten kann. Aber das ist auch nicht leicht, wenn man immer anderes im Kopf hat: „Ich strenge mich an, lerne ganz viel für die Klassenarbeit, und dann wird es trotzdem nur eine vier oder eine drei. Ich kann dir ja nachher ein Foto von Heike zeigen. Ich habe ein Klassenfoto von uns."
– „Ist es eigentlich gut, so eine Freundin innerhalb der Klasse zu haben?", fragt Florian. Für Moritz ist es grade richtig stressig, dass alle wissen, dass sie zusammen sind und sich einmischen, wenn sie merken, dass sie sich so selten außerhalb sehen. Er wird ganz ernst: „Sie hat viermal in der Woche Training ..."

Die Jungs stürzen hastig aus der Straßenbahn. „Ich habe total Hunger", sagt Florian. „Ich auch", nickt Moritz. „Komm wir plündern gleich den Kühlschrank und essen in meinem Zimmer ..." Aber erst mal holt er das Klassenfoto und erzählt die schöne Geschichte, wie alles im Kino anfing, als sie „Die Reise der Pinguine" sahen: „Dann haben wir Händchen gehalten und die Hände gestreichelt und so ... – Und wie findest du sie?"

Florian: „Ja, also jetzt vom Aussehen her nicht so gut, aber kann das sein, dass sie da nicht so gut getroffen ist?"
Moritz: „Ich finde auf dem Foto geht es eigentlich noch einigermaßen, aber wenn du sie mal live erlebst, dann ist sie echt gut." (Moritz strahlt)
Florian: „Was gefällt dir an ihr so gut? Riecht sie zum Beispiel gut und ist sie nett?"
Moritz: „Mit ihr kann man eigentlich sehr gut reden, und sie ist auch vom Charakter nett und ich finde sie hübsch. Wenn du sie nicht hübsch findest, ist das ja nicht so schlimm. Sie ist halt so vom Wesen anziehend. Wie läuft es eigentlich bei dir mit der Liebe?"
Florian: „Ich sage mal so, ich habe die Richtige noch nicht gefunden. Und na ja, vielleicht bin ich auch zu schüchtern."
Moritz: „Bei mir und Heike wird das jetzt auch nicht so sein, dass wir irgendwann heiraten werden oder so. Das ist halt so die erste Beziehung. Du findest auch schon noch deine Richtige ..."
Florian: „Ich will es hoffen. Ich bin jetzt eher so ein bisschen schüchtern, kennst du das auch?"
Moritz: „Ja, ich war früher, also vor der Beziehung, ziemlich schüchtern, aber jetzt ist es schon ein bisschen abgeschwächt. Das ging eigentlich von uns beiden aus."
Florian: „Bist du richtig verliebt in sie?"
Moritz: „Wir sind ja jetzt schon zwei Monate zusammen, und so langsam denke ich, dass das nicht unbedingt die erste, wirklich richtige, große Liebe ist, wo man sagt: ‚Ja, mit der will ich zwei Jahre oder so zusammen sein.' Bei der großen Liebe, da kommt alles automatisch, man ruft sich automatisch gegenseitig an und man will sich immer treffen und man vermisst den anderen. Das habe ich nicht so richtig, das Gefühl, dass das bei uns beiden so ist ..."
Florian: „Ich würde an deiner Stelle jetzt nicht mehr so nach anderen Mädchen gucken ..."
Moritz: „Ja, ich gucke nur auf sie ... Ja, also letztens hat mein Vater über seine erste Liebe geredet, dass er immer Herzklopfen hatte und sie

immer sehen wollte. Da habe ich gedacht, bei mir und Heike ist das nicht so. Wenn sie sagt, sie ist richtig in mich verliebt, das ist die erste große Liebe für sie, dann finde ich, kommt da normalerweise automatisch mehr, dieses Zueinanderhingezogensein, das spüre ich bei ihr nicht so richtig."

Florian: „Aber trotzdem wäre ich neidisch auf euch …"

Moritz: „Bei uns in der Clique hatten wir noch ein Paar, Jenny und Robert, die haben sich auch wieder getrennt. Der Robert hat ein paar Eigenarten, der hat so übertrieben. Dass er sie so liebt, aber in Wirklichkeit ist von ihm gar nichts gekommen, er hat sie nie angerufen. Er hat sich nie Zeit genommen für sie. Und das ist daran auch gescheitert …"

Florian: „Glaubst du, dass wird bei Euch auch passieren? Also mich würde das schon belasten, dass sie nie anruft."

Moritz: „Ich habe es ihr schon zweimal gesagt und bis jetzt bessert es sich noch nicht. Ich habe ihr gesagt, dass sie sich melden soll, ob sie nun über Neujahr wegfährt oder nicht. Und das hat sie auch nicht gemacht."

Florian: „Mir würde es schwerfallen, deswegen vielleicht mit ihr Schluss zu machen …"

Moritz: „Ja, mir auch. Aber wenn man merkt, das belastet einen, dass man so viel Energie verbraucht durch die Beziehung, dann muss man sagen: ‚Wir können Freunde bleiben, das war nicht so das, was es sein soll.' Und dass wir jetzt einen Schlussstrich ziehen. Das muss sie akzeptieren. Ach, ich weiß einfach nicht …"

Interview im Dezember 2005

Was bedeutet Liebe für dich?

Moritz: „Da hat man einen Menschen, mit dem man Geheimnisse austauschen kann und dem man alles anvertrauen kann, und bei dem sind meine Sachen, die ich ihm anvertraue, auch sicher. Jemand, mit dem man Zärtlichkeiten austauschen kann, den man lieb haben kann, mit dem man sich treffen kann … Verliebt sein kommt wie ein Kribbeln im Bauch, ein schönes Gefühl, das kann man nicht so ausdrücken, dass das Angst ist oder das kann man nicht beschreiben … Also dieses richtige Kribbeln im Bauch und ein bisschen Unsicherheit habe ich manchmal schon. Aber Heike und ich sind vertraut, wir kennen uns schon vier Jahre. Ein bisschen merkt man, dass man unsicher ist, aber so richtig ist das nicht, das Gefühl …"

Habt ihr euch schon geküsst?

Moritz: „Ich habe mich schon mal mit ihr geküsst, und das war so: Man hatte schon gewusst, jetzt küsst man sich das erste Mal. Und dann hatte man die Unsicherheit: ‚Hm, ich weiß jetzt nicht, ob das gut für den anderen ist und ob ich gut war.'"

Und Sexualität?

Moritz: „Ich denke, unsere Beziehung ist so auf einem Stand, da ist es noch nicht irgendwie Gefummel oder Petting, da ist es nur jetzt erst mal Vertrauen aufbauen, und dass Intimität entstehen kann, so nur küssen und kuscheln, das ist halt noch nicht weiter. Und keine sexuellen Erfahrungen."

Sprecht ihr über solche Sachen?

Moritz: „Wir sprechen nicht über Sexualität oder wie der andere jetzt beim Küssen war. Das muss sich noch entwickeln, da brauchen wir ein bisschen die Intimität, und das Vertrauen muss sich noch aufbauen, dann redet man über so was mehr."

Hat sie schon bei dir übernachtet?

Moritz: „Heike hat noch nie bei mir übernachtet, wir haben uns immer nur am Nachmittag getroffen ... Ich fände es schön, wenn sie mal übernachten würde, aber es ist nicht zwingend notwendig. Also ich habe jetzt nicht das Verlangen, dass sie hier übernachtet."

Und deine Eltern?

Moritz: „Die fragen mich oft nach Heike aus, wollen wissen, was ich ihr zu Weihnachten geschenkt habe, und ich denke, das geht sie nichts an, und damit haben meine Eltern irgendwie ein Problem. Aber das ist meine Sache und nicht ihre Sache."

Redest du mit ihnen über deine Probleme?

Moritz: „Ich hatte in der letzten Zeit ziemliche Probleme mit Heike, denn von ihrer Seite kam keine Initiative. Das hat mich ziemlich belastet. Darüber habe ich mit meiner Mutter geredet. Das war für mich sehr befreiend, da konnte ich die ganze Last loswerden, und sie hat mir gute Tipps gegeben. Sie hat gesagt, dass ich mit ihr reden soll, und wenn es nicht geht, dass ich dann mit ihr Schluss machen soll. Aber das denke ich nicht."

Ballerspiele und das Ende der Liebe

Es ist Schluss. Oder nicht? Seit Wochen schleichen beide aneinander vorbei, ohne auch nur ein Wort miteinander zu reden. „Ich glaube, dass Schluss ist", sagt Moritz traurig am Telefon. Wir fragen: „Wer hat denn Schluss gemacht?" – „Eigentlich keiner – wir reden ja nicht miteinander." Die 15-jährige Jenny, Moritz' und Heikes beste Freundin, soll nun als Mittlerin der beiden Liebeskranken fungieren und erst mal mit beiden Seiten alleine sprechen. Ein Experiment.

An diesem Abend wird das Wohnzimmer komplett auf den Kopf gestellt. Regale und Lampen verschoben, Mehrfachsteckdosenleisten quer durch den Raum ausgerollt und der Esstisch zum Abstellplatz von fünf 21''-PC-Monitoren umfunktioniert. „Moritz, dein Computer lässt sich einfach nicht in unser Netzwerk integrieren", sagt Jennys jüngerer Bruder. „Ich werde ihn wohl oder übel einmal platt machen müssen." – „Hmmh", antwortet Moritz und befürchtet Schlimmstes für seinen nagelneuen PC.

Es steigt eine WLAN-Party. Jenny und ihr Bruder haben Moritz und noch zwei „Computermaniacs" – „die Zwillinge" genannt, weil sie eineiige Zwillinge sind – zu sich eingeladen. Gespielt wird ein Computer-Ballerspiel, jeder gegen jeden, und das die ganze Nacht.

Während die anderen noch an den PCs basteln, toasten Moritz und Jenny in der Küche Berge von Sandwiches, gefüllt mit Käse, Salami und Ketchup oder Majo.

Jenny: „Wie stellst du dir das mit Heike vor: Soll das jetzt so weitergehen, dass ihr euch anschweigt und du sie anzickst?"
Moritz: „Ich weiß nicht. Ich wollte mit ihr Schluss machen, aber sie ist weggerannt."
Jenny: „Und wie lange willst du das noch so … wenn das ewig … das belastet ja auch die anderen. Weil wir ja auch gute Freunde von euch beiden sind. Und wenn ihr immer nicht miteinander redet und du dich über sie lustig machst …"
Moritz: „Ich mache mich ja nicht über sie lustig. Das ist nur irgendwie eine Scheiß-Situation. Sie müsste ja eigentlich wieder ankommen, weil sie ja weggelaufen ist …"
Jenny: „Meinst du, du würdest das annehmen? Es ist einfach doof, weil ihr beide so stille Typen seid. Es muss dich doch nerven, wenn du jeden Tag in die Schule gehst, sie siehst. Warum gehst du nicht einfach zu ihr hin und redest mit ihr?"

Moritz: „Das ist einfach gesagt. Wir haben es ja noch nicht mal in der Beziehung geschafft, so richtig miteinander zu reden. Sie hatte immer so wenig Zeit. Sie hat viermal die Woche Training, und dann wardas noch mit ihrem Vaterwochenende. Das war einfach ..."

Jenny: „Wenn du es jetzt ewig hinausschiebst, wird es doch auch nicht besser. Hat sie dir überhaupt mal so viel bedeutet, dass das jetzt so schwer für dich ist?"

Moritz: „Ja, ich denke viel über sie nach und warum das so kommen musste. Ich weiß nicht ... da war schon was. Aber das wurde dann so oft wiederholt. Und wir haben uns halt viel zu wenig gesehen. Das, finde ich, ist einer der wichtigsten Punkte, dass man sich sehr oft sieht."

Jenny: „Und wenn ihr was zu zweit gemacht habt, dann waren Robert und ich ja immer noch dabei, dann waren wir zu viert ..."

Moritz: „Wir waren drei Monate zusammen, und sie war einmal bei mir. Das geht nicht ..."

Jenny: „Aber irgendwann müsst ihr euch ja mal aussprechen, oder? Egal, von wem es zuerst kommt."

Moritz: „Hat sie mal was gesagt, dass sie irgendwann auch mit mir reden wollte? Oder sagt sie jetzt auch: ,Ja, ich warte, bis er kommt ...'?"

Jenny: „Nee, sie belastet das auch schon, das merkt man. Und wenn sie jetzt auf dich zukommen würde, was glaubst du, wie du reagieren würdest, wärst du dann erleichtert oder hättest du Panik?"

Moritz: „Nee, ich hätte keine Panik, aber mulmig wäre mir bestimmt. Ich wüsste nicht, wie ich mich geben würde ..."

Jenny: „Und was würdest du ihr sagen wollen?"

Moritz: „Ja, warum es so weit gekommen ist? Dass alles zwischen uns ausgesprochen ist, dass wir einigermaßen normal miteinander umgehen können."

Jenny: „Und was hast du jetzt für eine Vorstellung von einer guten Beziehung?"

Moritz: „Dass man viel Zeit miteinander verbringt, dass man sich nähert, und dass man sich gut kennt ... Das lief ja bei Richard und dir auch nicht so gut."

Jenny: „Da kam vieles zusammen. Robert hatte auch nicht viel Zeit, war ja auch entweder bei seinem Vater ... und glaubte, dass ich immer alles tun müsste ... Es muss aber einfach von beiden Seiten viel kommen, und man muss sich vor allem respektieren und auch vertrauen können ..."

Moritz: „Das ist, denke ich, am wichtigsten, das Vertrauen. Dass man sich alles sagen kann, dass nicht alles gleich wieder weitergetratscht wird ..."

Jenny: „Was glaubst du, was du in eurer Beziehung falsch gemacht hast?"

Moritz: „Ich denke so, dass ich viel zu schüchtern war, dass ich nicht richtig auf sie zugegangen bin ..."

Jenny: „Glaubst du, dass du daraus gelernt hast und es bei der nächsten Beziehung besser laufen wird?"

Moritz: „Ja, ich denke, also ich hoffe es, dass es besser wird in der nächsten Beziehung, irgendwann mal."

Am nächsten Tag haben sich Jenny und Heike für den frühen Nachmittag in der Stadt verabredet. Jenny ist fix und fertig. „Die Ballerei am Computer ging die ganze Nacht", erzählt sie. „Ich fühle mich jetzt wie ferngesteuert." Und Heike ist wahnsinnig aufgeregt. Zum ersten Mal über ihre Ängste, Sorgen, Verletzungen zu sprechen, das fällt schwer. Die beiden Mädchen setzen sich auf die Wiese neben der Leipziger Thomaskirche. Die Stadt ist voll von bummelnden Touristen und Wochenendeinkäufern.

Jenny: „Wie fühlst du dich jetzt mit Moritz?"

Heike: „Inzwischen wieder ganz gut. Ich fühle mich befreit. Am Anfang war es ziemlich kompliziert oder ist es noch. Weil ich ihn immer sehe, er mich ignoriert, und ich ihn auch. Aber ich versuche, das Beste daraus zu machen."

Jenny: „Willst du versuchen, ihn darauf anzusprechen?"

Heike: „Vielleicht nicht gerade darauf, aber halt mal überhaupt wieder mit ihm zu reden ... Vielleicht sollte ich den ersten Schritt machen, aber ... Ich will nicht wissen, wie er reagiert. Überhaupt, er ist schüchtern, ich bin schüchtern, er ist stur, ich bin stur. So war es schon die ganze Zeit."

Jenny: „Warum bist du eigentlich ... Er wollte doch irgendwie mit dir reden und du bist dann einfach abgehauen."

Heike: „Ich weiß nicht, was er da erzählt hat. Wir sind ganz normal nebeneinander gelaufen. Und er ist einfach stehen geblieben, und ich bin weitergelaufen. Wenn man das als Wegrennen sieht, okay. Ich wollte mir einfach nicht anhören, was er zu sagen hat, wenn ich ehrlich bin. Ich hatte Angst, dass er mich irgendwie verletzt. Außerdem habe ich auch meinen Stolz, und ich wollte Schluss machen. Nicht er sollte Schluss machen."

Jenny: „Und was glaubst du, ist überhaupt schief gegangen, warum musste es so krachen zwischen euch?"

Heike: „Er hat sich ja immer beschwert, dass ich keine Zeit habe, dass

Steckbrief: Moritz Mönnich
im Mai 2006

Alter: 15 Jahre
Geburtstag: 19. März 1991
Größe: 1,71 m
Schuhgröße: 41
Gewicht: 53 kg
Lieblingsessen: hat kein Lieblingsessen: „Mir schmeckt einfach vieles."
Zuhause: eine 5-Zimmer-Dachgeschosswohnung in Leipzig
Schule: Immanuel-Kant-Gymnasium in Leipzig, Klasse 9c
Mutter: Buchhändlerin
Vater: Maler
Geschwister: Pia (knapp drei Jahre alt)
Taschengeld: 25 Euro in der Woche
Berufswunsch: Koch und Restaurantbesitzer in Australien
Ferien: 2 Wochen Bornholm, 1 Woche Ostsee, Rest der Sommerferien in Leipzig
Hobbys: Partys, Reisen und Kochen
Spitzname: hat keinen Spitznamen
Lieblingsfach: Sport
Lieblingsband: The Beatles, Green Day

ich nie was mit ihm machen will. Aber ich habe nun mal viermal die Woche Training, einen Tag habe ich sowieso keine Zeit, am Wochenende habe ich Spiele. Und es ist ja nicht so, dass ich nichts mit ihm machen wollte, aber ich will einfach nicht die ganze Zeit nur mit ihm rumhängen. Keiner von uns hatte Ideen, was wir unternehmen könnten. Das war immer so: ‚Hast du Zeit?' – ‚Ja.' – ‚Wollen wir was machen?' – ‚Was denn?' So, und dann war Stille. Oder dann wollte er immer, dass auch du dabei bist … Er hat das nicht verstanden, dass ich auch meine Freiräume brauche. Dass wir uns vielleicht weniger sehen, aber dafür was Schönes machen und nicht ständig aufeinander rumhocken. Und was er alles von mir denkt! Er hatte ständig was an mir zu meckern. Wenn er mich nicht so akzeptiert wie ich bin, dann finde ich das auch nicht besonders toll. Sicherlich habe ich auch Fehler gemacht, aber irgendwie kam es mir immer so vor, als ob er die ganze Schuld nur bei mir gesucht hat."

Jenny: „Wie ist es dazu gekommen, dass ihr zusammengekommen seid?"
Heike: „Vorher hatte ich ja nicht so viel mit ihm zu tun, es war so eine unbeteiligte Freundschaft. Irgendwann hatten wir richtig viel Spaß alle zusammen als große Clique. Da habe ich ihn näher kennengelernt und ihn erst mal näher betrachtet, als Jungen sozusagen. Er hatte dieses Grinsen, damals fand ich das total süß. Der hat so einen riesengroßen Mund. Und wenn der dann einmal grinst, dann übers ganze Gesicht ... Wir waren einmal im Kino, und danach kam die Bahn nicht. Wir saßen auf einer Bank rum und haben uns unterhalten und versucht, über die Gefühle zu reden. Aber so richtig gelungen ist uns das nicht. Das war mehr so wie ein Theaterstück. Jeder hat versucht zu sagen, was er denkt, aber richtig geschafft hat er es eigentlich nicht."
Jenny: „Denkst du noch oft darüber nach, was du falsch gemacht hast, oder ist es dir nun mittlerweile egal?"
Heike: „Ich habe oft darüber nachgedacht, aber mittlerweile habe ich einen Schlussstrich gezogen. Für mich ist das jetzt abgeschlossen, für mich hat ein neuer Lebensabschnitt begonnen."

Moritz' Blick zurück

Moritz ist kein Kind mehr, aber auch kein Erwachsener, er steckt noch mittendrin in seiner persönlichen Entwicklung. Und das ab sofort wieder unter Ausschluss der Öffentlichkeit. „Einerseits ist es irgendwie befreiend, nicht mehr gefilmt zu werden, mit all den Fragen, die man sonst nur mit seinen besten Freunden bespricht", sagt Moritz, „andererseits finde ich es auch unheimlich schade, dass es vorbei ist und vermisse es wieder. Ist schon komisch ..."

Wie würdest du jetzt Pubertät beschreiben?
Moritz: „Dass man in dieser Zeit mehr Aufgaben kriegt und mehr Verantwortung. Das finde ich eigentlich gut. Dass man viele körperliche Veränderungen durchlebt, dass man größer wird und Haare bekommt, dass die Stimme sich verändert ... Zum richtigen erwachsenen Mann fehlt mir noch der Bart oder Brusthaare oder dass ich ein bisschen dicker werde, nicht so dünn bleibe."

Und was findest du nicht so gut an dir?
Moritz: „Ich finde, dass ich immer noch zu klein bin, dass ich einen zu großen Mund habe. Ich finde meine Haare nicht besonders toll, die wachsen wegem einem Haufen Wirbel so schief und krumm."

Was hat sich in den letzten zwei Jahren sonst noch bei dir verändert?
Moritz: „Ich habe von meinen Eltern mehr Freiheiten bekommen, ich darf jetzt länger draußen bleiben und auch mal länger aufbleiben abends, wenn morgens Schule ist. Mir ist wichtiger geworden, Freunde zu treffen und Party zu machen. Früher war das so: ‚Ja, ich spiele jetzt mal was.' Das hat sich ziemlich verändert."

Und körperlich?
Moritz: „Also, mir wachsen auf der Brust noch keine Haare, das ist bei meinem Vater auch erst sehr spät losgegangen. Barthaare habe ich schon ein paar, das ist aber nur so ein Bartflaum, die sieht man nicht richtig, weil die Haare blond sind. Und Schamhaare habe ich auch schon seit Längerem, die wachsen schneller, bei mir zumindest … Und meine Frisur hat sich auch wieder verändert. Ich lasse mir jetzt die Haare länger wachsen und mache mir keinen Iro mehr. Weil ich das nicht mehr gut finde, diesen Iro."

Und was ist mit den Mädchen?
Moritz: „Na, Mädchen spielen jetzt schon eine größere Rolle als vor zwei Jahren. Man sucht jetzt nach einem festen Partner, und man achtet auch auf der Straße mehr auf andere Mädchen …"

Was machst du, um Mädchen zu gefallen?
Moritz: „Wenn ich mich mit Heike getroffen habe, dann habe ich schon auf meine Körpergerüche geachtet und mehr Deo drauf gemacht oder mehr Parfüm, aber nicht so extrem, dass ich mich jetzt zweimal am Tag geduscht hätte …"

Du hast zum ersten Mal Liebeskummer. Wie geht es dir?
Moritz: „Eigentlich fühle ich mich in solchen Situationen ziemlich einsam und allein gelassen. Ich weiß nicht, was ich da machen soll. Und auch meine Freunde können mir da nicht so richtig weiterhelfen."

Und deine Eltern?
Moritz: „Mit meinen Eltern kann ich nur manchmal darüber reden. Wenn ich überhaupt keinen Bock habe und dann meine Eltern reinkommen und fragen: ‚Was ist denn nun los mit dir?' – Das kann ich nicht."

Hast du auch Stress zu Hause?
Moritz: „Ich habe den meisten Stress mit meinem Vater, wenn es um die häuslichen Aufgaben geht. Wenn ich das dann nicht pünktlich mache oder ohne Aufforderung, dann wird gleich wieder rumgemeckert, und mein Vater brüllt mich dann auch manchmal an. Dann dauert das erst mal so einen Tag, da sprechen wir gar nicht miteinander. Und dann sind wir halt mal zusammen in der Küche, und dann ist das eigentlich schnell gelöst, das Problem, dann vertragen wir uns auch wieder …"

Wie stellst du dir deine Zukunft vor?
Moritz: „Ich möchte auf jeden Fall einen guten Schulabschluss machen und dann ins Ausland gehen. Australien wäre echt geil, das ist ein superschönes Land. Und vielleicht da auch als Koch arbeiten, einen guten Job haben, um auch unabhängig von meinen Eltern zu werden. Und irgendwann auch eine Freundin haben, eine Frau und Kinder. Aber erst dann, wenn ich mein eigenes Leben auf die Reihe bekommen habe … Auf jeden Fall möchte ich was erreichen in meinem Leben. Wenn ich dann Rentner bin, dass ich sagen kann: ‚Ich habe was geschafft in meinem Leben.'"

Die anderen dürfen das aber! – Von der Mehrheit abweichen – Folgen im Jugend- und Erwachsenenalter

von Karina Weichold

Man stelle sich eine ganz normale 7. Klasse vor. Hier sitzen Jungen und Mädchen mit ganz unterschiedlicher körperlicher Erscheinung trotz gleichen Alters. Einige wenige haben noch kindliche Formen, Mädchen tragen Zöpfe, die Jungen sind klein und schmächtig. Eine andere kleine Gruppe sieht schon aus wie Erwachsene: Strähnchen im Haar, der BH schneidet unter dem Arm etwas ein und scheint durch das enge T-Shirt, hochgewachsene Jungen mit erstem Bartflaum. Wie soll die Lehrerin reagieren? Überfordert sie nicht die „Kleinen" und unterfordert die „Großen"? Wie geht sie mit der Mehrheit um, die äußerlich gleich entwickelt erscheinen? Das Miteinander anscheinend so unterschiedlich weit entwickelter Jugendlicher scheint schwierig, und in der Tat ist es so, dass dem erwachsen aussehenden Jugendlichen von anderen mehr Verantwortung übertragen wird, mehr Selbstständigkeit abverlangt und eingeräumt wird. Andererseits können die Fähigkeiten von Spätpubertierenden unterschätzt werden, denn ihnen wird aufgrund ihres kindlichen Aussehens weniger zugetraut und sie werden von anderen stärker bevormundet. Es spricht also vieles dafür, dass sowohl Jugendliche mit einer frühen als auch mit einer späten Pubertät – verglichen mit anderen Gleichaltrigen – soziale Probleme oder negative Gefühle im Jugendalter haben. Im Folgenden soll untersucht werden, welche Folgen eigentlich die Tatsache hat, dass man etwas früher oder später dran ist in der Pubertät.

Ein Modell zur Erklärung der Konsequenzen des Entwicklungstempos in der Pubertät geht davon aus, dass jegliche Abweichung von der Mehrheit (auch hinsichtlich des körperlichen Entwicklungsstandes) als Bedrohung angesehen wird. Jugendliche wollen sich gegenseitig so ähnlich wie möglich sein, weichen aber ganz offensichtlich von der Mehrheit in einem sehr bedeutenden Kriterium ab, der körperlichen Entwicklung, was zu Anpassungsproblemen führen soll.

Ein anderes Modell stellt demgegenüber insbesondere die frühe körperliche Reife als Problem heraus. Man geht hier davon aus, dass Frühreife noch nicht den emotionalen und intellektuellen Entwicklungsstand besitzen, den der Körper signalisiert (beispielsweise hinkt die Gehirnentwicklung hinterher). Der von der Umwelt unterstellte Erwachsenenstatus ist also eigentlich noch nicht völlig erreicht, und die frühentwickelten Jugendlichen können somit auf die ihnen gestellten Heraus- und Anforderungen nicht angemessen reagieren. Frühe sind demnach schlechter vorbereitet, ihre Entwicklungsaufgaben adäquat zu lösen. Außerdem fallen bei ihnen mit einer höheren Wahrscheinlichkeit mehrere Quellen von Stress zeitlich zusammen: die Bewältigung der frühen körperlichen Reife, die Reaktionen der anderen darauf, mögliche Schulwechsel und neue Klassenzusammensetzungen, beispielsweise infolge des Übergangs zur weiterführenden Schule in Klassenstufe 5.

In den heutigen Modellvorstellungen geht man noch einen Schritt weiter, fasst das pubertäre Geschehen komplexer auf und erklärt somit Konsequenzen früher oder später Reife. Insgesamt spricht man hier von einem Wechselspiel zwischen hormonellen und körperlichen Veränderungen sowie Veränderungen im Gehirn, die mit der Entwicklung der sekundären Geschlechtsmerkmale und den sozialen Erfahrungen, die Pubertierende machen, deren psychosoziale Anpassung erklären. Dabei nehmen Hormone Einfluss auf das Verhalten, vermittelt über die frühe oder späte Ausbildung von Brüsten, Schamhaaren etc. und damit verbundenen sozialen Reaktionen (zum Beispiel Hänselei durch andere Jugendliche). Zweitens interagieren Hormone und die Gehirnentwicklung und bedingen die Anpassung der Jugendlichen (beispielsweise ihr Risikoverhalten wie das Experimentieren mit Drogen). Außerdem spielt für die Erklärung von Folgen früher beziehungsweise später körperlicher Reife in der Pubertät auch eine Rolle, welche Erfahrungen in der Kindheit gemacht wurden und inwieweit bestimmte „Empfindlichkeiten" vorliegen (zum Beispiel eine ausgeprägte biologische Reaktion in Stresssituationen, die nur schwer zu regulieren ist).

Es gibt eine ganze Reihe Studien, in denen Früh- und Spätpubertierende über das gesamte Jugendalter oder sogar bis ins Erwachsenenalter untersucht wurden. Dabei gibt es insgesamt weitaus mehr Studien, die die Folgen von Unterschieden im körperlichen Entwicklungstempo bei Mädchen untersuchten und weniger bei Jungen. Dies liegt daran, dass insgesamt die Pubertät bei Mädchen negativer belegt ist als bei Jungen und somit per se schwerwiegendere Folgen beispielsweise einer frühen Reife für Mädchen gesehen werden. Darüber hinaus ist es bei Mädchen leichter, den Zeitpunkt der Pubertät relativ zu anderen zu bestimmen:

Oft wird das Alter der ersten Regelblutung bei Befragungen im Rahmen von wissenschaftlichen Studien genutzt, und das können auch Frauen im Erwachsenenalter sehr akkurat berichten.

Wichtig ist für die Einordnung der folgenden Ausführungen die Vorbemerkung, dass es sich bei Jungen und Mädchen mit früher oder später Reife jeweils um sehr kleine Gruppen in einem Altersbereich handelt. Durch eine Analyse der Verteilung des körperlichen Entwicklungsstandes für Jungen und Mädchen eines Alters werden jeweils drei Gruppen generiert: solche mit früher Reife (körperliche Entwicklung ist weiter oder viel weiter als die der Mehrheit; 15 Prozent), diejenigen mit später Reife (körperliche Entwicklung ist verzögert oder sehr verzögert verglichen mit der Mehrheit; 15 Prozent) und Jugendliche mit normativem Entwicklungstempo (Entwicklungsstand entspricht den meisten der Gleichaltrigen gleichen Geschlechts; 70 Prozent). Dabei sind keine klinisch auffälligen Jugendlichen mit extrem früher oder später Reife gemeint, sondern die beiden Enden des normal verteilten Entwicklungsstandes zu einem bestimmten Zeitpunkt der Pubertät. Für alle Jugendlichen hat die Bewältigung der pubertären Veränderungen mit Stress und negativen Gefühlen zu tun, besonders aber diejenigen, die Früh- oder Spätreifende im Sinne der oben genannten Definition sind beziehungsweise dies auch über mehrere Jahre des Jugendalters sind, stehen besonderen Anforderungen gegenüber und bedürfen (trotz der kleinen Gruppengröße) besonderer Aufmerksamkeit.

Früh oder spät? – Das macht einen Unterschied für Freunde und Familie

Früher oder später in die Pubertät zu kommen hat zunächst Folgen für die Zusammensetzung des Freundeskreises, mit denen sich die Jugendlichen abgeben. Frühreife Mädchen geben sich eher mit älteren Jugendlichen ab und früher mit älteren Jungen, die für sie weitaus attraktiver sind als gleichaltrige, die für sie noch Kinder sind. Interessant sind ältere Jungen, die schon erwachsen aussehen und alle Insignien des Erwachsenenalters übernommen haben, die Alkohol trinken, rauchen oder schon berufstätig sind. „Souverän kokettiert die 14-Jährige mit manch 16-Jährigem" (über Rebecca). Auch haben frühreife Mädchen eher die Tendenz, sich mit anderen Frühreifen zusammenzutun. Der Umgang mit ebenfalls reifen, meist aber älteren Jugendlichen führt dazu, dass sie häufiger in ihrer Freizeit in Diskotheken oder auf Partys gehen als andere gleichen Alters. Zu diesen Gelegenheiten sind sie vielen

Versuchungen ausgesetzt, die für ihr Alter eigentlich unangemessen erscheinen wie zum Beispiel Alkohol trinken oder in jungem Alter schon sehr lange ausgehen. Da scheint es nicht verwunderlich, dass Forschungsbefunde zeigen, dass frühreife Mädchen auch eher romantische Beziehungen haben, häufiger an Sex denken, öfter mit Jungen ausgehen und insgesamt sexuell erfahrener sind als andere gleichen Alters. Beispielsweise haben unter den 13- bis 16-Jährigen 80 Prozent der Mädchen mit früher pubertärer Reife einen festen Freund, während es bei den Spätentwicklern nur 50 Prozent sind. Diese Freunde sind dann meist älter, wie auch der von Rebecca: „Ich habe jetzt einen festen Freund! … Er ist 16 und 8 Monate alt, er ist fast zwei Jahre älter". Für Mädchen mit einer eher verzögerten Reife ist dies kaum nachvollziehbar. „Bei mir in der Klasse sind das ganz viele, die haben einen 20-Jährigen, das ist mir zu alt." (Florine).

Erklärt wird der Zusammenhang zwischen Entwicklungstempo und Beziehungen zu Freunden bei Mädchen einerseits durch die Hormone, denn die frühen Anstiege in den Geschlechtshormonen gehen mit gesteigertem sexuellen Interesse einher. Andererseits spielen soziale Geschehnisse eine Rolle, denn wenn die früh Pubertierenden mit Älteren Zeit verbringen, erhöht sich auch die Wahrscheinlichkeit, dass sie früh erste romantische oder intime Beziehungen eingehen und das erste Mal Sex haben. Umgekehrt gilt, dass dies seltener der Fall ist, wenn Mädchen mit früher Reife stark in Gemeinschaften eingebunden sind, die ein hohes Ausmaß an sozialer Kontrolle ausüben (etwa die Kirchengemeinde).

Bei Jungen sind die Befunde von Studien weniger eindeutig. Zumindest eingangs des Jugendalters sollen sich Jungen mit früher körperlicher Reife eher mit Freunden umgeben, die schon mal Normen und Grenzen verletzen und vielleicht auch problematisches Verhalten zeigen wie Diebstahl oder Drogenkonsum. Auch haben sie eher eine Freundin: Unter den 13- bis 16-jährigen frühreifen Jungen sind es 50 Prozent verglichen mit 15 Prozent der Spätreifenden, die eine feste Freundin haben. Innerhalb des Freundeskreises werden Mädchen interessant, insbesondere für die Frühreifen. Renke sagt: „Ich finde, das macht einfach Spaß, wenn man auch was mit Mädchen zusammen macht … und mit Mädchen kommt auch eine ganz andere Stimmung auf.", Gerade dann, wenn aber noch viele Unsicherheiten bestehen, laufen Partys eher kumpelmäßig ab „… (und) nur küssen und kuscheln, das ist halt noch nicht weiter. Und keine sexuellen Erfahrungen …" (Moritz). Ebenso wie bei Mädchen sind bei Jungen die früh eskalierenden Hormonkonzentrationen (insbesondere das Testosteron) dafür verantwortlich, dass sie sich mehr und vergleichsweise früh für Mädchen interessieren. Dazu kommt auch, dass sie sich mit anderen körperlich reifen Jungen zusammentun, die vielleicht sexuell erfahrener sind und die dann zu Rollenmodellen werden. Insgesamt sind die Beziehungen jedoch eher von kurzer Dauer und haben noch wenig Verbindlichkeit.

Frühreife Jugendliche haben eine besondere Beziehung zu ihren Eltern. Die Mädchen und auch Jungen können geschickter mit ihren Eltern kommunizieren, verhalten sich selbstsicherer und treiben aktiver das Aushandeln von Konflikten in der Familie voran, verglichen mit anderen Jugendlichen gleichen Alters, die weniger körperlich entwickelt sind. Dieses zum Teil extreme Streben nach Autonomie wird in häufigen Konflikten deutlich, in denen es um die Erfüllung häuslicher Pflichten geht oder aber um das Erkämpfen von Freiräumen: „Wie lange kann ich abends draußen sein? Darf ich bei Freunden übernachten? Wie viel Taschengeld kann ich bekommen?" Dabei kann es heftig zugehen. Rebecca sagt: „Ich habe praktisch keinen Respekt mehr vor meinen Eltern", und sie sieht sich im Recht, weil die Eltern sie noch nicht wie eine Erwachsene behandeln, sondern „… immer noch als ob (sie) drei Jahre alt wäre …" und: „Sie müssen mich als werdende Erwachsene akzeptieren. Sie müssen endlich loslassen und ich entscheide dann, wie ich was mache und wann ich was mache".

In der Tat zeigen Studienbefunde, dass besonders die Mütter von Mädchen mit frühem körperlichen Entwicklungstempo besorgter sind, ihre Töchter mehr kontrollieren wollen und es für Frühreife mehr Restriktionen gibt. Eltern sind überrascht vom Selbstbewusstsein und der Wortgewandtheit ihrer zeitig pubertierenden Kinder (Renkes Stiefvater: „Jetzt läuft es so, und etwas anderes geht nicht. Und genau an dem Punkt kriegt man plötzlich kontra." Rebeccas Mutter: „Man ist völlig ratlos, weil sie in ihrer Diskussionsweise extrem schlagfertig werden kann"). Eltern halten das Streben nach Vorrechten Erwachsener für verfrüht. Das liegt daran, dass sich Eltern in ihren Vorstellungen über den Zeitpunkt bestimmter Freiheiten wie Ausgehen, bei Freunden übernachten, eine eigene Wohnung haben oder den ersten Freund mit nach Hause bringen nicht am biologischen Alter, sondern am chronologischen Alter orientieren. Renkes Stiefvater sagt beispielsweise: „Er wird ja immer für einen 16-Jährigen gehalten und nicht für einen 14-Jährigen. Sein Verhalten ist im Grunde auch entsprechend … Doch er ist erst 14, und deswegen wird er auch von uns ausgebremst. Es ist echt schwierig, ihn richtig einzustufen ..." In Familien mit Jugendlichen, die eher früh oder spät – verglichen mit der Mehrheit der Altersgleichen – reifen, klaffen also die Vorstellungen über den Zeitpunkt von Status-privilegien am weitesten auseinander.

Jugendliche hingegen wollen Rechte haben, die auch ihre Freunde haben, und orientieren sich an diesen. Da diese aber bei den Frühen eher ältere Jugendliche sind, deren Entwicklungsstand dem eigenen entspricht, gehen die Erwartungen etwa bezüglich der Ausgehzeiten frühreifer Jugendlicher und ihrer Eltern ziemlich auseinander, und das führt zu Stress und Unsicherheiten wie in Rebeccas Familie. Insbesondere dann, wenn Mädchen über mehrere Jahre während der Pubertät frühreif waren und sich somit mehrere Jahre in ihren Freiheitsbestrebungen eingeengt fühlten, hat das auch Folgen für die Familienbeziehungen im späten Jugendalter: Sie fühlen sich dann immer noch von den Eltern vereinnahmt, zu stark kontrolliert, abgelehnt und weniger emotional unterstützt.

Auch Mädchen mit eher verzögerter körperlicher Reife verhalten sich während des Aushandelns von Konflikten mit den Eltern recht erwachsen und versuchen, ihre Vorstellungen und Rechte bei den Eltern durchzusetzen. Oft wird ihr eigentlich sehr reifes Verhalten von den Eltern nicht akzeptiert und ihnen werden erst sehr spät Freiräume zugestanden. Dies liegt auch daran, dass ihnen durch ihre noch eher kindliche Erscheinung weniger zugetraut wird als anderen Gleichaltrigen.

Gefühle und Verhalten

Wie gezeigt wurde, bewegen sich Jugendliche mit einer eher frühen oder eher späteren körperlichen Reife in unterschiedlichen sozialen Situationen und Lebensumwelten, die jeweils völlig andere Anforderungen an sie stellen. Einige mögen schon vom ersten Liebeskummer geplagt sein, während andere noch mit den Eltern darum kämpfen müssen, abends eine Stunde länger fernzusehen. Die einen werden wegen ihres erwachsenen Aussehens überschätzt, die anderen überfordert. Da liegt es nahe, Folgen für Verhaltensprobleme oder negative Stimmungen anzunehmen.

Besonders Mädchen mit einer frühen Reife sind mit ihrem Gewicht und Körper unzufriedener als andere Mädchen und damit einem höheren Risiko ausgesetzt, früh mit Diäten oder exzessivem Sport zu beginnen oder gar eine Essstörung zu entwickeln. Meist schätzen sie sich dicker und unförmiger ein, als sie tatsächlich sind. Dieser „Wahrnehmungsfehler" kann dann zu einem problematischen Essverhalten führen, wenn die Mädchen früh beginnen, sich mit einem Freund zu treffen und die Familienbeziehungen zu Hause sehr angespannt sind. Frühreife Mädchen haben auch ein größeres Risiko, von depressiven oder ängstlichen Gefühlen betroffen zu sein. Sie treten insbesondere in den Phasen auf, in denen die Östrogenkonzentrationen am meisten ansteigen (zu Beginn der Pubertät) und sie haben auch mit den Konzentrationen an Testosteron und dem Stresshormon Cortisol zu tun. Darüber hinaus führt auch die geringe Zufriedenheit mit dem eigenen Körper zu Stress und depressiven Gedanken. Fast 70 Prozent aller frühreifen Mädchen wünschen sich, dünner zu sein, und sie sind insbesondere unzufrieden mit ihrem Po und den Oberschenkeln. Oft ist nicht das reale Aussehen oder der tatsächliche Anteil des Körperfetts ausschlaggebend, sondern die subjektive Einschätzung der Körperformen.

Auch Mädchen mit einer eher verzögerten körperlichen Reife können von negativen Gefühlen betroffen sein, besonders dann, wenn sie in der Schule oder im Freundeskreis wegen ihres kindlichen Aussehens oder Verhaltensweisen gehänselt werden – wie Florine in ihrer Leipziger Schule. Unter den Freunden und Klassenkameraden akzeptiert zu sein, ist Jugendlichen wichtig, die Ablehnung der anderen trifft die später reifenden Mädchen und beeinträchtigt ihr Selbstwertgefühl.

Da bei Jungen die Pubertät insgesamt positiver wahrgenommen wird, wurde lange Zeit davon ausgegangen, dass die Jungen, die frühreif sind, in vielen Aspekten der psychosozialen Anpassung Entwicklungsvorteile haben. Die Forschung zeigt zwar in der Tat, dass diejenigen mit einer späten körperlichen Entwicklung ihren Körper eher negativ bewerten wie Moritz. Obwohl Jungen mit einer späten körperlichen Reife – wie auch ihre Altersgenossen – zeitgleich mit der Bewältigung von Stress zu kämpfen haben (zum Beispiel den ersten Liebeskummer bewältigen müssen) und Spott und Hänseln ihrer Altersgleichen ausgesetzt sein können, haben sie ein geringeres Risiko als die frühreifen Jungen, tatsächlich Depressionen auszubilden. Renke sagt zum Beispiel: „Ich habe zu gar nichts Lust, und dass ich mich gut fühle, das hält meist nur kurz an ... Es gibt Momente, in denen ich mich einsam fühle ... Ich fühle mich so leer wie noch nie in meinem Leben."

Erklärt wird der Zusammenhang zwischen früher Reife und depressiver Verstimmung, der im Übrigen besonders um das 14. Lebensjahr nachzuweisen ist, dadurch, dass frühreife Jungen stärker als andere im gleichen Alter von Stress beeinflusst werden. Dieser aktuelle Stress ist weitaus mehr dafür verantwortlich, dass sie sich einsam oder lustlos fühlen als belastende Einflüsse aus der Kindheit. Darüber hinaus erleben sie zu einem frühen Zeitpunkt massive hormonelle Veränderungen, die sie insgesamt anfälliger für den Stress machen, der aus den an sie gestellten Erwartungen und negativen Erfahrungen in Familie, Schule oder Freundeskreis erwächst. Renke sagt treffend: „Ich fühle mich manchmal tagelang nur schlecht, weil das einfach zu viel ist.", und: „Ich habe ... entweder gar nichts im Kopf oder ich habe zu viel im Kopf. Ich denke, das wird hoffentlich bald besser ..."

Eine Reihe von Untersuchungen zeigte auch, dass eine frühe Reife bei Mädchen mit dem Konsum von legalen (Alkohol, Zigaretten) und illegalen Drogen einhergeht, das bedeutet, sie beginnen eher zu experimentieren als die Mehrheit der anderen im gleichen Alter und konsumieren auch mehr und häufiger. Dieser Zusammenhang wird durch den besonderen Freundeskreis und dessen Modellfunktion erklärt, den frühreife Mädchen haben, nämlich männliche Freunde, die älter sind, eventuell schon arbeiten und deren Konsumverhalten ein für ihr Alter normatives Verhalten darstellt. Für Jungen zeigt die Forschung, dass sowohl diejenigen mit einer frühen als auch späten körperlichen Reife früher und häufiger trinken oder rauchen. Dahinter stehen jedoch zwei völlig unterschiedliche Erklärungsmechanismen: Für Jungen mit später Reife konnte gezeigt werden, dass sie in sozialen Situationen sehr angespannt sind und sich durch Alkohol locker fühlen wollen. Auch soll der Konsum von Alkohol und anderen Drogen helfen, mehr Prestige zu gewinnen. Für Jungen mit einer frühen Reife konnte demgegenüber gezeigt werden, dass sie nicht deswegen trinken, um negative Gefühle damit zu bewältigen, sondern ihr Verhalten als Ausdruck eines weiter entwickelten, erwachsenentypischen Konsumverhaltens im Freundeskreis zu sehen ist. Oft kommt es zu exzessivem Konsum, der durch seine negativen Konsequenzen „heilend" wirkt, und dann von moderatem Konsum abgelöst wird („lieber nur so ein wenig beschwippst sein", sagt Renke).

Die weitere Forschung konzentrierte sich auf die Folgen des Entwicklungstempos in der Pubertät auf aggressives und kriminelles Verhalten sowie auf die Anpassung in der Schule. Für Mädchen mit früher Reife zeigte sich, dass sie aggressiver sind und dass sie auch ein höheres Risiko haben, kriminell auffällig zu werden, verglichen mit der großen

Mehrheit der Altersgleichen. Dies trifft jedoch insbesondere auf die zu, die schon vor der Pubertät Verhaltensauffälligkeiten gezeigt haben (entweder depressiv oder aggressiv waren) und in deren Umwelt sich entsprechende Verhaltensmodelle befinden. Beispielsweise konnte man zeigen, dass frühreife Mädchen sich nur dann aggressiver und von der Norm abweichend verhielten (etwa Schuleschwänzen), wenn sie in einer koedukativen Schule ausgebildet wurden, nicht aber bei denen, die reine Mädchenschulen besuchten. Auch Jungen mit früher Reife sind aggressiver und verhalten sich nicht immer gemäß Normen und Vorgaben (insbesondere die Schule betreffend) – über die erklärenden Mechanismen weiß man jedoch heute erst sehr wenig.

Die Anpassung in der Schule soll nun als Letztes beleuchtet werden – welche Besonderheiten zeigen hier die Jugendlichen mit einer späten und frühen Reife verglichen mit der Mehrheit ihrer Altersgenossen? Aus dem Vorangegangenen wird deutlich, dass Jungen und Mädchen mit früher und auch später pubertärer Reife ein höheres Risiko für ausgeprägte Stressreaktionen und negative Gefühlszustände haben, häufiger legale und illegale Drogen konsumieren und gegen Normen und ihnen gestellte Regeln verstoßen. Dies könnte auch Folgen für ihre Investition in Aus- und Weiterbildung haben.

Für Mädchen wurde anhand großer Stichproben gezeigt, dass sich Spätentwickler mehr auf ihre Ausbildung konzentrieren als andere im gleichen Alter. Sie haben sich höhere Bildungsziele gesteckt, haben im Mittel bessere Schulnoten und haben weniger Probleme in der Schule (zum Beispiel bezüglich Abwesenheit). Dies soll daran liegen, dass sie versuchen, ihren körperlichen Entwicklungsrückstand zu kompensieren, indem sie in der Schule gut und über ihre Leistungen anerkannt sind. Demgegenüber ist die Investition in die Schulausbildung bei Frühreifen weniger stark ausgeprägt, sie haben schlechtere Noten, eine negativere Einstellung zur Schule und sind häufiger abwesend.

Bei den Jungen scheint es umgekehrt zu sein: Hier haben diejenigen mit einer späten Reife mehr Probleme und schlechtere Leistungen in der Schule und die Frühreifen sind erfolgreicher. Man hat versucht, diese Befunde näher zu erklären und fand, dass wohl die Unterschiede in den Schulleistungen früh und spät reifender Mädchen und Jungen zu einem großen Teil nicht von Unterschieden in ihrer kognitiven Leistungsfähigkeit herrühren. In den meisten Domänen (zum Beispiel bei verbalen Kompetenzen), die für Schulnoten bedeutsam sind, unterscheiden sich die Jugendlichen nämlich nicht. Demnach müssen ihre sozialen Erfahrungen, ihre unterschiedlichen Einflüsse aus dem Freundeskreis und der Familie oder aber emotionale Probleme bedeutsamer für den Schulerfolg sein.

Für die Jungendlichen ist die Pubertät in vieler Hinsicht kein Spaziergang. Die vorausgegangenen Befunde zeigen jedoch, dass Mädchen mit einer frühen Reife und Jungen mit einer späten Reife besonders belastet und weniger gut angepasst sind. Die geschilderten Konsequenzen sind auch durch eine veränderte Sensitivität für Personen oder Reize mit Modellcharakter zu erklären: Zeigt man Jugendlichen Worte mit positivem, neutralem, negativem oder sexuellem Inhalt (etwa Petting oder Küssen), dann werden besonders die Früh-, aber auch die Spätreifen von den sexuellen Worten angezogen und beide Gruppen sind weniger in der Lage als andere Gleichaltrige, eine einfache semantische Aufgabe korrekt zu erfüllen (zum Beispiel zu entscheiden, ob das Wort groß oder klein geschrieben wird). Beobachtet man jedoch simultan im Gehirn Aktivierungsmuster, so zeigen sich Unterschiede: Bei den Frühreifen werden Hirnregionen aktiviert, die für ein großes Interesse an dem Wort und seinen Inhalten sprechen. Demgegenüber werden bei den Spätreifen Regionen stärker abgesprochen, die auf Abwehr und Rückzug hindeuten. Das heißt also, für Jugendliche mit abweichendem Entwicklungstempo ist die Pubertät ein Thema, das sie sehr stark beschäftigt und das verhindern kann, dass sie Aufgaben (etwa im schulischen Bereich) erfolgreich bewältigen können.

Schließlich zeigt die Forschung, dass alle genannten Konsequenzen früher und später Reife insbesondere im frühen Jugendalter auftreten und sich in den folgenden Jahren bei den meisten „auswachsen". Dies liegt einerseits daran, dass andere Gleichaltrige in ihrer körperlichen Entwicklung aufholen und die ehemals Frühreifen nicht mehr ausgegrenzt werden, sondern zu wichtigen Informationsquellen werden (zum Beispiel hinsichtlich der Monatshygiene oder sexueller Erfahrungen). Andererseits sind die Konsequenzen weniger schwerwiegend, wenn sich die Jungen und Mädchen nur eine kurze Zeit als anders empfinden und von ihren Mitschülern abgelehnt werden, verglichen mit solchen, die über mehrere Jahre von der Gruppe oder Schulklasse ausgeschlossen werden.

Und als Erwachsene?

Ist es nun automatisch so, dass die kleinen Gruppen der Jugendlichen, die verglichen mit der Mehrheit früher oder später reifen und während des Jugendalters mehr Probleme haben, auch als Erwachsene auffälliger und weniger gut angepasst sind? Sind Abweichungen im körperlichen Entwicklungstempo also der Beginn eines eher problematischen Entwicklungsverlaufes, der sich bis ins höhere Alter fortsetzt? Einige Studien, die Jugendliche bis ins Erwachsenenalter (3. und 4. Lebensdekade) verfolgt haben, können zumindest ein paar Anhaltspunkte geben, um dies zu beantworten.

Frauen, die früh in die Pubertät gekommen sind, haben meist einen geringen Ausbildungsabschluss, was insbesondere dadurch erklärt wird, dass sie sehr früh erste romantische und intime Beziehungen hatten und eher geheiratet und Kinder bekommen haben. Frühe formieren also eher eine eigene Familie, was oft auf Kosten ihrer Berufsausbildung geht. Dieses hohe Interesse an einer eigenen Familie ist schon im Jugendalter zu beobachten: Frühreife Mädchen reagieren besonders heftig, interessiert und positiv (auch reflektiert in biologischen Messungen), wenn man ihnen Bilder von Babys vorlegt. Weiterhin haben sie als Erwachsene ein höheres Risiko, kriminell auffällig zu werden, insbesondere dann, wenn sie sich im Jugendalter mit einem Partner zusammengetan haben, der älter war und in dieser Hinsicht auch auffällig geworden ist.

Für Männer liegen sehr wenige Forschungsbefunde vor, jedoch weiß man, dass solche mit einer ehemals frühen körperlichen Reife in der Pubertät beruflich erfolgreicher als andere Gleichaltrige sind. Weiterhin zeigt eine Studie, dass Männer, die während der Pubertät spät reiften, hinsichtlich ihres Alkoholkonsums als Erwachsene auffällig bleiben. Sie haben auch ein größeres Risiko, aufgrund von Straftaten, die unter Alkoholeinfluss begangen wurden, Probleme mit dem Gesetz zu haben. Dies mag auch dazu führen, dass Männer mit später Reife Übergänge ins Erwachsenenalter wie Heirat oder Elternschaft zeitlich hinausschieben.

Schließlich wurde in einer Untersuchung zur Persönlichkeitsentwicklung gezeigt, dass sich frühreife Mädchen im Alter von 30 Jahren weitaus besser in verschiedenen Domänen ihrer Persönlichkeit angepasst hatten, als eigentlich (von ihren Problemen im Jugendalter her) zu erwarten war. Sie haben Verantwortung für andere übernommen, hatten vielfältige Interessen, waren emotional stabil und hatten eine integere Persönlichkeit. Demgegenüber hatten die Frauen mit ehemals später

Reife in der Pubertät eine weniger gelungene Anpassung: Sie gaben in frustrierenden Situationen schneller auf, waren launischer und fühlten sich oft vom Leben enttäuscht. Warum sich wider Erwarten die ehemaligen Frühen so positiv entwickelt hatten, wurde dadurch erklärt, dass sie durch den vielfältigen Stress, dem sie während des Jugendalters mehr als andere ausgesetzt waren, effektive Bewältigungsstrategien in problematischen Situationen erlernt hatten und dies für ihre weitere Entwicklung vorteilhaft war. Demgegenüber wuchsen die spät reifenden Mädchen in der Pubertät sehr behütet auf und hatten weniger mit Herausforderungen und Problemen zu kämpfen. Dieses Nicht-Erlernen von effektiven Bewältigungsmustern hatte im Erwachsenenalter negative Folgen.

Bei Jungen war zu beobachten, dass die Frühreifen im Jugendalter selbstbewusster waren und sich positiv wahrnahmen. Auch als Erwachsene waren die ehemaligen Frühen erfolgreicher, hatten ein größeres Prestige, waren kooperativer, sozialer und konnten sich in schwierigen Situationen besser kontrollieren. Demgegenüber schienen diejenigen, die in der Pubertät spät reiften, sowohl als Jugendliche als auch als Erwachsene impulsiver und selbstsicherer zu sein, waren offener für neue Erfahrungen und außergewöhnliche Aktivitäten als die ehemals Frühreifen.

Dies zeigt also, dass im Jugendalter nicht unbedingt der weitere Entwicklungsverlauf festgelegt wird. Zwar kann der Lebensweg insbesondere bei Mädchen mit früher Reife in der Pubertät durch eine ungünstige Wahl des Partners insofern beeinflusst werden, dass familiäre Übergänge sehr früh erfolgen und dadurch die berufliche Karriere ins Hintertreffen gerät. Jedoch zeigt die Forschung auch, dass sie sich zu Frauen entwickeln können, die integer und psychisch gut angepasst sind. Spät pubertierenden Mädchen kann es demgegenüber im Jugendalter an Herausforderungen mangeln, weil sie unterschätzt und überbehütet werden. Damit können für sie wichtige Lernsituationen für den Umgang mit Stress und Problemen wegfallen, was sie als Erwachsene nachholen müssen. Jungen mit einer frühen Reife in der Pubertät sind trotz ihrer emotionalen Probleme im Jugendalter als Erwachsene sehr gut angepasst und genießen ein hohes Prestige. Demgegenüber scheinen sich bei denen, die eher spät pubertierten, Kompensationsstrategien des geringen sozialen Status (zum Beispiel exzessiver Alkoholkonsum) bis ins Erwachsenenalter zu verfestigen, sie haben jedoch eine offene, soziale und experimentierfreudige Persönlichkeit.

Optionen für eine erfolgreiche Entwicklung
Zusammengenommen zeigt sich, dass auch ausgangs des Jugendalters und zu Beginn des Erwachsenenalters Optionen für Veränderungen des Lebensweges und der Persönlichkeitsentwicklung bestehen. Diese können durch den Kontakt zu verschiedenen Umwelten, in denen neue Erfahrungen gemacht werden können, die psychische und soziale Verfassung formen.

Positive Einflüsse können, einerseits, vom Jugendlichen selbst ausgehen, nämlich beispielsweise dann, wenn sie engagiert ihre Ziele und Zukunftsträume verfolgen und sich dabei nicht von anderen beirren lassen. Renke sagt: „Ich habe vor, Schlagzeug zu studieren, weil ich auch so gerne was mit meiner Musik machen will", oder Moritz will „einen guten Schulabschluss machen und dann ins Ausland gehen – ... und vielleicht da auch als Koch arbeiten". Eigene Interessen, Wünsche und Ziele mit Beharrlichkeit zu verfolgen, stellt eine Stärke und Entwicklungsressource dar, die den Übergang ins Erwachsenenalter positiv beeinflussen kann. Dazu zählt auch, dass sich Jugendliche (insbesondere aber diejenigen, die mit mehr Problemen behaftet sind, nämlich die Früh- und Spätreifen), in ihrer freien Zeit in Gruppen bewegen, die ähnliche Ziele verfolgen und idealerweise von Erwachsenen optimal angeleitet werden. Florine geht beispielsweise ins Umwelt- und Bildungszentrum, in dem sie am PC für die Jugendredaktion arbeitet: „Hier kann man super Themen mit Tiefgang bearbeiten."

Andererseits kann auch die kritische Auseinandersetzung mit Wert- und Glaubensfragen eine gelungene längerfristige Anpassung der Jugendlichen unterstützen. Dazu zählt die Anbindung an eine Kirchengemeinde, die Jugendliche in problematischen Situationen stützen und positive erwachsene Rollenmodelle und Vertrauenspersonen bereitstellen kann, die der Orientierung helfen. Renke denkt hier anlässlich seiner Konfirmation über seinen Glauben nach: „... dass ich immer wieder an Gott glaube, in manchen Situationen. Dann gibt einem das so ein gewisses Gefühl von Hilfe, wenn man sich dann einfach mal ruhig hinsetzt und irgendwas betet ... Es gibt Sachen, da kann ich einfach nicht dran glauben, wie zum Beispiel die Entstehungsgeschichte in der Bibel ... Es gibt aber auch Sachen, die einem wieder irgendwie richtig vorkommen."

Außerdem ist die Familie ein wichtiger Ort für Früh- und Spätpubertierende, um trotz erhöhten Stresses positive Erfahrungen zu machen, die das künftige Leben günstig beeinflussen. Die Jugendlichen merken oft selbst, dass Streit heftig eskalieren kann, trotzdem bleiben sie aber den Eltern emotional verbunden (Rebecca: „Wenn sich die Wogen geglättet haben, gehe ich aber meistens zu ihnen und sage, wie gern ich sie habe"). Insbesondere die Eltern frühreifer Jugendlicher vergegenwärtigen sich nicht die immer noch bestehende positive Bindung zwischen ihnen und ihrem Kind und wünschen sich in einer „Augen-zu-und-durch"-Strategie, dass die Familie gemeinsam gut durch die Pubertät kommt. Dass sich das Verhalten der Eltern gegenüber Pubertierenden verändern muss, ist wichtig, besonders jedoch, wenn es die eher belasteten Jugendlichen sind, deren körperliche Entwicklung von der Mehrheit der Gleichaltrigen abweicht. Lassen sie sich auf das Kind ein, entspannt sich auch die Familiensituation und die Jugendlichen können Eltern und Geschwister wieder mehr als eine Ressource und Stütze in ihrem Leben sehen. Renkes Mutter: „... den größten Fehler, den man als Eltern machen kann, ist der, dass man immer meint, Recht haben zu müssen". Verändert sich das Verhalten der Eltern und entwickelt sich die Kommunikation in der Familie hin zu einer gleichberechtigten Beziehung, dann öffnen sich die Jugendlichen auch ihren Eltern bei Themen, die man eigentlich eher im Freundeskreis bespricht. Moritz sagt: „Das hat mich ziemlich belastet, da habe ich richtige Probleme (mit meiner Freundin) gehabt. Da habe ich halt mit meiner Mutter darüber geredet. Das war für mich sehr befreiend, das Gespräch, da konnte ich die ganze Last loswerden, und sie hat mir gute Tipps gegeben, was ich jetzt machen soll." Die Forschung zeigt ganz klar, dass wenn sich Jugendliche von selbst den Eltern öffnen (ohne permanentes Nachfragen der Eltern), sie während des Jugendalters weniger Anpassungsprobleme haben, mehr Unterstützung in den Eltern sehen und der Übergang ins Erwachsenenalter besser gelingt. Für dieses Öffnen bedarf es jedoch der Angebote von Seiten der Eltern, einer passenden Situation und natürlich der emotionalen Bindung." „Man spürt, wie nah sich Florine und ihre Mama sind"). Dabei sollten sich die Jungen und Mädchen trotz der aktuellen schwierigen Situation immer angenommen fühlen und vermittelt bekommen, dass sie so geliebt werden, wie sie sind. Renkes Mutter: „Wenn ich jetzt meinen großen Renke angucke, dann bin ich ... stolz auf ihn ... Mensch, der soll kein Stück anders sein!", und Florines Mutter: „Mein grundsätzliches Gefühl ist, dass ich unheimlich stolz auf Florine bin."

Schließlich kann auch eine angemessene Aufklärung und Erziehung in der Schule und durch die Medien positiven Einfluss und Unterstützung für Jugendliche mit früher oder später körperlicher Reife bieten. Sexualunterricht scheint heute nicht dem aktuellen Wissensstand zu entsprechen, setzt beispielsweise für diejenigen, die früher dran sind, zu spät ein. Aufklärung zu einem frühen Zeitpunkt in die Klassen zu bringen und dabei zu betonen, welche enorme Variation im Zeitpunkt der Pubertät als normal anzusehen ist, ermöglicht Frühreifen, nicht unvorbereitet den körperlichen Veränderungen und Reaktionen anderer gegenüberzustehen und nicht zu glauben, dass sie abnormal sind. Früh über sexuelle Entwicklung Bescheid zu wissen, geht nicht damit einher, dass Jugendliche früh sexuell aktiv werden. Die heute vermittelten Inhalte und genutzten Vermittlungsstrategien gehen oft an den Jugendlichen vorbei (Florine: „In der 5. Klasse hat unsere Lehrerin dann so eine Binde und einen Tampon rumgereicht"). Optimale Maßnahmen fokussieren auch auf die möglichen Probleme, die im Zuge der körperlichen Veränderungen in der Pubertät auftreten können (zum Beispiel depressive Gefühle, Ablehnung durch andere Gleichaltrige), bieten Hilfe und Unterstützung an und sind insgesamt ressourcenorientiert, fördern also den Selbstwert und die Kompetenzen der Pubertierenden, statt ihre Fehler und Defizite (etwa in den Schulleistungen) in den Vordergrund zu stellen. Frühreif Pubertierende haben darüber hinaus ein ganz ausgeprägtes Interesse an sexuellen Inhalten in verschiedenen Medien (Bücher, Musik, TV). Medien könnten also in Zukunft weitaus besser als bisher genutzt werden, um Botschaften an Frühreife zu vermitteln, beispielsweise die Verhütung betreffend.

Zusammenfassung

Die Pubertät ist einer der bedeutendsten Lebensabschnitte eines Menschen, der mit umfassenden körperlichen Veränderungen einhergeht, in dem sich die Beziehungen in allen Umwelten verändern und eine große Anpassungsleistung gefordert ist. Der Weg vom Kind zum Erwachsenen erscheint schwierig, insbesondere dann, wenn die biologische Uhr etwas anders tickt als bei der großen Mehrheit der Jungen und Mädchen im gleichen Alter. Dennoch haben unsere Pubertierenden nicht nur Probleme, negative Gefühle oder werden abgelehnt, sie haben auch Ressourcen und Kompetenzen, die von außen immer wieder herausgekitzelt und gefördert werden sollten und die sie während dieses Entwicklungsabschnitts bis hin ins Erwachsenenalter positiv beeinflussen können. „Pubertät ist auch eine Art Ausprobierphase, in der man praktisch für sein späteres Leben in einer gewissen Art und Weise nachforscht, was man machen will", sagt Renke. Jugendliche probieren aus, wie es sich anfühlt, erwachsen zu sein, und sind dann wieder Kind – was für ein faszinierender Entwicklungsabschnitt mit so vielen verschiedenen Fassetten, die man an einer Person beobachten kann. Und trotz der Probleme, Tränen, Abstürze, die die Pubertät ausmachen, gehen die meisten unbeschadet oder sogar gestärkt ins Erwachsenenalter und denken dann gern an die vielen aufregenden „ersten Male" zurück: den ersten BH kaufen, morgens schnell das Bettlaken verstecken, sich zum ersten Mal betrinken, den ersten Freund oder Liebeskummer haben …

Was können Eltern tun, um ihre Kinder während der Pubertät zu unterstützen?

- Sich über die Veränderungen im Zuge der Pubertät, normale Unterschiede im Zeitpunkt der Reife und deren Konsequenzen im Vorfeld informieren
- Während der Kindheit eine unterstützende, sorgende, stabile und verlässliche Bezugsperson sein, insbesondere dann, wenn die Beziehung zu einem Elternteil abbricht und neue Partner in das Familiensystem kommen
- Klare Regeln und Normen vorgeben, die jedoch mit fortschreitender Entwicklung nach Diskussion revidiert werden können
- Das Gewähren von Freiräumen nicht nur vom chronologischen Alter abhängig machen
- Den Jugendlichen fördern und lieben, auf das Kind stolz sein und dies auch zeigen
- Beim Jugendlichen Stärken identifizieren und diese fördern, statt permanent auf Fehlern, Problemen und Defiziten herumzuhacken
- Den Selbstwert der Jugendlichen durch positive Rückmeldungen stärken
- Sorgen und Probleme ernst nehmen, Hilfe und Lösungsvorschläge anbieten
- Streit und Machtverlust nicht persönlich nehmen
- Konflikte in der Familie in längeren Diskursen aushandeln und schrittweise Macht an den Jugendlichen abgeben, sodass sich eine Kommunikation von Gleich zu Gleich aufbauen kann
- Konflikte und Streit nicht eskalieren lassen oder handgreiflich werden, lieber eine Auszeit nehmen
- Interessen und Aktivitäten der Jugendlichen fördern und unterstützen, die sie von sich aus machen wollen oder die sie tun, um ein Ziel zu erreichen (zum Beispiel, um einen bestimmten Beruf zu ergreifen), und die sie in der Gemeinschaft tun, optimal unter Anleitung eines anderen Erwachsenen
- Sich vom Jugendlichen etwas über die Freunde erzählen lassen, sie einladen und diese nicht per se als Quelle negativer Einflüsse sehen
- Insbesondere die Beziehungen zu gleichaltrigen Freunden unterstützen
- Bei massiven Problemen professionelle Hilfe suchen

Anhang

Literatur

Arlt, Marianne: Pubertät ist, wenn die Eltern schwierig werden: Tagebuch einer betroffenen Mutter. Freiburg, Herder 1992, 2006

Driest, Johanna: Crazy for love. München, Heyne 2005

Eder, Renate: Ihr versteht mich einfach nicht! Kinder durch die Pubertät begleiten. München, Knaur 2005

Guggenbühl, Allan: Pubertät – echt ätzend: Gelassen durch die schwierigen Jahre. Freiburg, Herder 2000, 2006

Klosinski, Günther: Pubertät heute: Lebenssituationen – Konflikte – Herausforderungen. München, Kösel 2004

Lebert, Benjamin: Crazy. Köln, Kiepenheuer und Witsch 1999

Linke, Chris & Dena: Lass mich doch mal ausreden! Szenen einer Pubertät. Berlin, Ullstein 2006

Papastefanou, Christiane: Guter Rat ist teuer: Können Ratgeberbücher Eltern über die Pubertät ihrer Kinder retten? www.familienhandbuch.de

Schäfer, Claudia: Montessori in der Pubertät. Ein Elternratgeber. München, dtv 2005

Schüler 2004: Die Entwicklung von Kindern und Jugendlichen. Seelze, Friedrich Verlag 2004

Schümann, Helmut: Der Pubertist: Überlebenshandbuch für Eltern. Hamburg, Rowohlt 2005

Sichtermann, Barbara: Frühlingserwachen. Pubertät – Wie Sex und Erotik alles verändern. Hamburg, Rowohlt 2002

Wüschner, Peter: Grenzerfahrung Pubertät: Neues Überlebenstraining für Eltern. Frankfurt, Eichborn 2005

Die Autoren

Die Herausgeberin
Dr. Susanne Becker, ZDF-Redakteurin, hat bei Dokumentationen Regie geführt und neue Doku-Formate wie die ZDF-Erfolgsdokumentation „Sternflüstern" mitentwickelt. Die promovierte Literaturwissenschaftlerin lehrte an der Columbia University New York und der Universität Mainz und ist seit 1998 Lehrbeauftragte des Medienstudiengangs der Universität Siegen. Die Langzeitdokumentation „Zeit der Wunder" sieht sie als Chance, mit-erlebbar zu machen, wie Kinder selbst die Zeit der Pubertät empfinden.

Die Autoren
Dominique Klughammer studierte an der Hochschule für Fernsehen und Film in München Dokumentarfilm und Fernsehpublizistik. Sie hat zahlreiche Filme gedreht, von denen mehrere Auszeichnungen und Preise bekommen haben, u.a. 2004 für Jung, erfolgreich – und arbeitslos den Bayerischen Fernsehpreis. Außerdem hat sie einen Lehrauftrag an der Hochschule für Fernsehen und Film in München, wo sie auch lebt.

Wolfgang Klauser, freier Fernsehautor und Journalist, hat für verschiedene Fernsehsender Dokumentarfilme gedreht. Er lebt in Hamburg.

Dr. Karina Weichold arbeitet als wissenschaftliche Assistentin im Bereich Entwicklungspsychologie an der Universität Jena. Schwerpunkt ihrer Forschungstätigkeit ist die Pubertät. Gemeinsam mit Prof. Rainer K. Silbereisen leitet sie eine Längsschnittstudie zu den Folgen früher und später körperlicher Entwicklung in der Pubertät bei Mädchen.

Anhang

Literatur

Arlt, Marianne: Pubertät ist, wenn die Eltern schwierig werden: Tagebuch einer betroffenen Mutter. Freiburg, Herder 1992, 2006
Driest, Johanna: Crazy for love. München, Heyne 2005
Eder, Renate: Ihr versteht mich einfach nicht! Kinder durch die Pubertät begleiten. München, Knaur 2005
Guggenbühl, Allan: Pubertät – echt ätzend: Gelassen durch die schwierigen Jahre. Freiburg, Herder 2000, 2006
Klosinski, Günther: Pubertät heute: Lebenssituationen – Konflikte – Herausforderungen. München, Kösel 2004
Lebert, Benjamin: Crazy. Köln, Kiepenheuer und Witsch 1999
Linke, Chris & Dena: Lass mich doch mal ausreden! Szenen einer Pubertät. Berlin, Ullstein 2006
Papastefanou, Christiane: Guter Rat ist teuer: Können Ratgeberbücher Eltern über die Pubertät ihrer Kinder retten? www.familienhandbuch.de
Schäfer, Claudia: Montessori in der Pubertät. Ein Elternratgeber. München, dtv 2005
Schüler 2004: Die Entwicklung von Kindern und Jugendlichen. Seelze, Friedrich Verlag 2004
Schümann, Helmut: Der Pubertist: Überlebenshandbuch für Eltern. Hamburg, Rowohlt 2005
Sichtermann, Barbara: Frühlingserwachen. Pubertät – Wie Sex und Erotik alles verändern. Hamburg, Rowohlt 2002
Wüschner, Peter: Grenzerfahrung Pubertät: Neues Überlebenstraining für Eltern. Frankfurt, Eichborn 2005

Die Autoren

Die Herausgeberin
Dr. Susanne Becker, ZDF-Redakteurin, hat bei Dokumentationen Regie geführt und neue Doku-Formate wie die ZDF-Erfolgsdokumentation „Sternflüstern" mitentwickelt. Die promovierte Literaturwissenschaftlerin lehrte an der Columbia University New York und der Universität Mainz und ist seit 1998 Lehrbeauftragte des Medienstudiengangs der Universität Siegen. Die Langzeitdokumentation „Zeit der Wunder" sieht sie als Chance, mit-erlebbar zu machen, wie Kinder selbst die Zeit der Pubertät empfinden.

Die Autoren
Dominique Klughammer studierte an der Hochschule für Fernsehen und Film in München Dokumentarfilm und Fernsehpublizistik. Sie hat zahlreiche Filme gedreht, von denen mehrere Auszeichnungen und Preise bekommen haben, u.a. 2004 für Jung, erfolgreich – und arbeitslos den Bayerischen Fernsehpreis. Außerdem hat sie einen Lehrauftrag an der Hochschule für Fernsehen und Film in München, wo sie auch lebt.

Wolfgang Klauser, freier Fernsehautor und Journalist, hat für verschiedene Fernsehsender Dokumentarfilme gedreht. Er lebt in Hamburg.

Dr. Karina Weichold arbeitet als wissenschaftliche Assistentin im Bereich Entwicklungspsychologie an der Universität Jena. Schwerpunkt ihrer Forschungstätigkeit ist die Pubertät. Gemeinsam mit Prof. Rainer K. Silbereisen leitet sie eine Längsschnittstudie zu den Folgen früher und später körperlicher Entwicklung in der Pubertät bei Mädchen.